大学生体能训练
前沿理论与方法应用实践研究

熊哲牮　曾　勇　高　峰◎著

吉林出版集团股份有限公司
全国百佳图书出版单位

图书在版编目（CIP）数据

大学生体能训练前沿理论与方法应用实践研究 / 熊
哲牮，曾勇，高峰著. -- 长春：吉林出版集团股份有限
公司，2024.2
ISBN 978-7-5731-4535-2

Ⅰ.①大… Ⅱ.①熊… ②曾… ③高… Ⅲ.①大学生
－体能－身体训练－研究 Ⅳ.①G808.14

中国国家版本馆CIP数据核字（2024）第036834号

DAXUESHENG TINENG XUNLIAN QIANYAN LILUN YU FANGFA YINGYONG SHIJIAN YANJIU

大学生体能训练前沿理论与方法应用实践研究

著　　者	熊哲牮　曾　勇　高　峰
责任编辑	杨亚仙
装帧设计	清　风

出　　版	吉林出版集团股份有限公司
发　　行	吉林出版集团社科图书有限公司
地　　址	吉林省长春市南关区福祉大路5788号　邮编：130118
印　　刷	长春新华印刷集团有限公司
电　　话	0431-81629711（总编办）
抖 音 号	吉林出版集团社科图书有限公司37009026326

开　　本	720mm×1000mm　1/16
印　　张	16.25
字　　数	310千
版　　次	2024年2月第1版
印　　次	2024年2月第1次印刷

书　　号	ISBN 978-7-5731-4535-2
定　　价	78.00元

如有印装质量问题，请与市场营销中心联系调换。0431-81629729

前　言

随着科技的发展和社会的进步，人们越来越重视身体健康和运动训练。大学生是社会未来的中坚力量，他们的身心健康对于个人发展和推动社会进步都具有重要意义。体能训练是提高身体素质和增强身体机能的重要手段，对于大学生来说是不可或缺的。

在当今社会，大学生需要具备良好的体能素质来适应日益增长的学习压力。体能训练不仅有助于增强大学生的身体耐力、灵敏度和协调性，而且有助于提高大学生的心理素质和自信心。因此，对大学生体能训练的理论与方法进行研究与实践具有重要的现实意义。

本书旨在探讨大学生体能训练的前沿理论与方法，着重于应用实践的研究。剖析了体能及体能训练的基本理论，阐述了大学生体能训练的基本原则、内容及价值、任务与手段等；对当前体能训练的理论基础进行深入探讨。同时，结合现代体能训练的方法和技术，如功能性训练、间歇性训练、核心力量训练等，根据大学生的身体状况和训练目标，制订科学合理且具有个性化的训练计划。这些训练计划充分考虑大学生的身体特点和不同阶段的训练需求，让他们在科学指导下进行有针对性的体能训练。此外，本书还分别阐述了动态热身和拉伸技巧，力量素质、柔韧素质、速度素质、灵敏素质、耐力素质等基础体能与专项体能训练的基本方法及应用实践。并且基于体能训练的基本原理和基本原则等内容，积极构建科学合理的大学生体能训练评价体系与监控机制，促进体能训练方法与技术的不断发展。

在一定程度上，本书为大学生体能训练提供新的思路和方法，促进大学生的身心健康和全面发展，对于其他运动训练和体育教育领域也具有一定的参考价值。

本书在写作过程中参考并引用了一些专家、学者的研究成果和相关资料，在此向这些专家、学者表示由衷的感谢。由于时间仓促、水平有限，书中难免有一些不妥之处，恳请专家和读者批评指正。

作　者

2023 年 9 月

目　　录

第一章 大学生体能训练的基本理论分析

第一节 大学生体能训练的理论基础

一、体能的基本概述

体能，是指人体在一定时间内通过有氧运动和无氧运动，从能量系统供应的角度，达到一定的强度和规律性的训练，所表现出来的心肺、肌肉、神经等生理系统的适应性。[①] 体能训练不仅是一种身体上的训练，而且是一种心理和精神上的训练。

体能是一种身体的适应性，是由长期的训练而形成的。它包括身体各个器官和系统的适应性，如心肺、肌肉和神经系统的适应性。长期进行有氧运动可以增强心肺系统的适应性，使得心脏更加强壮，肺部更加健康；而进行力量训练则可以增强肌肉和神经系统的适应性，使得肌肉更加发达，神经系统更加灵敏。

体能是一种身体能量的协调性。人体需要各种能量来支持运动，包括有氧能量和无氧能量。人们在进行不同的运动时，身体需要不同的能量进行供应。例如，在进行长跑时，身体需要更多的有氧能量来支持运动；在进行短跑时，身体则需要更多的无氧能量来支持运动。如果身体能量的协调性不好，就会导致运动表现下降，容易产生疲劳甚至使身体受到伤害。

体能是一种心理和精神上的适应性。例如，在进行长时间的耐力训练时，需要克服疲劳和疼痛等不适感，增强意志力和耐力，提高心理上的适应性；在进行集体运动时，需要与队友合作，增强团队协作和沟通能力，提高精神上的适应性。

二、体能训练的基本概述

(一) 体能训练的概念

体能训练，是指通过一系列方法和手段，提高人体的基本运动能力，包括力量、速度、耐力、协调、柔韧和灵敏等运动素质。这些素质是人体表现出来的基础运动

---

① 耿建华. 体能训练原理与方法 [M]. 西安：陕西师范大学出版总社有限公司，2013：20—22.

能力,是评价运动员竞技水平的重要指标。

(二)体能训练的目的

体能训练的目的是全面提高运动员的身体素质,提高运动员的运动表现和竞技水平。通过针对性的训练,可以让人体的形态学特征和机能特征得到改善,从而提高运动能力。例如,通过力量训练可以增强肌肉力量和耐力,提高爆发力和稳定性;通过速度训练可以让人体更快地完成动作,提高反应速度和灵敏度;通过耐力训练可以增强心肺功能和代谢能力,提高人体的持久力和耐受力。

(三)体能训练的设计

在选择或设计体能训练手段时,应尽可能与专项技术动作形式、结构相关联,考虑能量代谢的特点,以提高专项所需的素质。同时,体能素质训练也应与技术、战术、心理训练有机结合,形成完整的训练体系。

(四)体能训练的注意事项

体能训练是提高运动员整体竞技水平不可或缺的一部分,是运动员取得优异成绩的重要保障。因此,进行科学、系统、有针对性的体能训练,对于提高运动员的竞技水平和健康水平具有重要意义。在实施体能训练时,应该注意训练的频率、强度、时间和恢复等因素。合理的训练频率和强度可以保证训练的效果,反之则可能导致身体的疲劳和受伤。同时,训练时间和恢复也是非常重要的,过长的训练时间和缺乏恢复都会导致身体的疲劳和损伤,从而影响训练的效果和运动员的身体健康。

三、体育教学中体能训练的作用

在体育教学中,体能训练是非常重要的一部分。良好的体能训练不仅可以帮助学生快速掌握运动技能,提高运动素质,而且可以培养学生的意志品质,增强整体身心素质。[①]

(一)有助于提升学生的运动素质

运动素质是指人体在运动中所表现出来的各种基本运动能力,包括力量、速度、耐力、协调、柔韧和灵敏等。这些素质的提升能够全面提升学生的身体机能,使其保持最佳状态参与学习,并获得科学健康的成长。例如,通过力量训练可以增强学生的肌肉力量和耐力,提高爆发力和稳定性,使其在各种运动项目中表现出色;通过速度训练可以提高学生的反应速度和灵敏度,使其更快地完成动作。

---

① 时生元.浅谈我国体能训练的发展 [J].青海体育科技,2022,64 (2):27—29.

（二）有助于增强学生的身心素质

对于身心发育逐渐成熟的大学生而言，通过科学合理的体能训练，可以提高身体抵抗能力，增强身体的机能和健康水平；还可以提高心理素质，如自信心、意志力、耐心等，帮助学生更好地适应学习和生活的各种挑战，促进其全面发展。

（三）有助于学生快速掌握运动技能

运动技能的学习需要身体的协调和反应能力，而体能训练可以提升学生的力量、速度、协调性等方面的能力，使其更好地掌握各种运动技能。例如，在篮球教学中，可以通过体能训练提高学生的运球、投篮、防守等技能水平，更好地掌握篮球技巧。

（四）有助于培养学生的意志品质

在体能训练中，学生需要克服各种困难和挑战，如疲劳、疼痛等不适感，这可以培养学生的坚韧性和毅力，增强其自信心和自尊心。此外，通过体能训练还可以培养学生的团队合作精神、纪律性和责任感等良好的意志品质，为其未来的成长和发展打下坚实的基础。

（五）有助于为学生未来的生活和工作打下良好的基础

随着社会的发展和竞争的加剧，人们需要具备更好的身体素质和心理素质来应对各种挑战。通过体能训练，可以让学生养成健康的生活方式和学习习惯，培养其坚韧不拔的精神和毅力，增强其自信心和自尊心，从而更好地适应未来的生活和工作。

（六）有助于给学生提供更多的锻炼机会

在体育教学中，可以通过各种体能训练活动提高学生的身体素质和运动技能，如田径比赛、游泳比赛、球类比赛等。这些活动不仅可以锻炼学生的身体，而且可以增强其团队合作能力和竞争意识，为学生未来的成长和发展提供更多的机会。

综上所述，在体育教学中，体能训练具有非常重要的作用。通过科学合理的体能训练，可以提高学生的运动素质和整体身心素质，有助于学生快速掌握运动技能，有助于培养学生的意志品质。因此，体育教师应该在体育教学中注重体能训练，并根据学生的特点进行个性化的训练设计，为学生提供更多的锻炼机会，使其养成健康的生活方式和学习习惯。

第二节　大学生体能训练的分类与原则

一、大学生体能训练的分类

体能训练是大学生活中非常重要的一部分，具有提高身体素质、增强运动表现、预防和减少运动损伤、提高生活质量等多个方面的价值。

一般体能训练是对全身多个部位进行的训练，包括力量、速度、耐力、柔韧性和协调性等运动素质的训练。这些训练可以促进身体的全面发展，提高身体素质，为专项体能训练打下坚实的基础。比如，力量训练可以通过俯卧撑、单杠垂体引体向上、双杠支撑臂屈伸等动作训练上肢力量，通过仰卧起坐、俯卧挺身、侧卧起坐等动作训练躯干力量，通过蛙跳、单脚跳、深蹲等动作训练下肢力量；速度训练可以通过短距离跑、快速俯撑、听声音跑或是做出反应等练习，提高反应速度和动作速度；耐力训练可以通过长跑、游泳、慢走等有氧运动，提高心肺功能，增强身体的耐力和代谢水平；柔韧性和协调性训练可以通过瑜伽、拉伸、普拉提等动作，增加身体的柔韧性和关节活动范围，减少运动损伤的发生。

专项体能训练是指针对某项特定的运动进行的训练，包括爆发力、敏捷性和平衡性等训练。这些训练可以针对特定运动的需求和特点，提高运动员在比赛中的表现和技能水平。比如，篮球运动员需要进行跳跃能力、反应速度和耐力的训练；游泳运动员需要加强耐力、呼吸技巧和肢体协调性的训练。

在实践中，一般体能训练和专项体能训练并不是完全独立的，而是相互补充、相互促进的。一般体能训练可以提高身体的综合素质，为专项体能训练打下基础；专项体能训练可以在一般体能训练的基础上，进一步提高运动员的技能水平和比赛表现。同时，体能训练也需要与合理的饮食和充足的休息相结合，确保身体得到充分的营养和恢复。随着人类社会的进步，综合国内学者对体能训练的研究，将体能训练按照其训练性质和训练对象主要分为健康体能、学校体能和竞技体能三类。[①]

（一）健康体能

健康体能是人类保持健康和幸福生活的重要基础之一。拥有良好的健康体能可以提高身体的耐力和能量，增强对疾病的抵抗力，减少患慢性疾病的风险，同时也能提高心理幸福感和生活质量。

1. 心肺耐力

心肺耐力，是指心肺系统在长时间内有效工作的能力，可以通过有氧运动来提高。例如，长跑、游泳、骑自行车可以增强心肺系统的功能，提高身体的耐力和能量水平。

2. 肌肉力量

肌肉力量，是指肌肉能够产生的最大力量，可以通过负重训练和爆发力训练来

---

① 符传嘉，张丹生，毛文斗. 现代体能训练理论研究与实践指导［M］. 长春：吉林大学出版社，2013：30—40.

提高。例如，举重、俯卧撑等力量训练可以增强肌肉的力量和体力，提高身体的能力和稳定性。

3. 肌肉耐力

肌肉耐力，是指肌肉能够持续工作的能力，可以通过长时间的有氧运动和重复性动作来提高。例如，长时间的慢跑、快走、游泳等有氧运动可以增强肌肉的耐力和持久性，提高身体的持久力和运动能力。

4. 柔韧性和协调性

柔韧性是指身体在不同动作和姿势下的灵活性和伸展性，可以通过瑜伽、舞蹈、体操等运动来提高。协调性是指身体不同部位在动作时的配合和协调能力，可以通过各种球类运动、舞蹈、武术等运动来提高。

保持健康体能的建议包括：每周进行至少150分钟的中等强度有氧运动，或者75分钟的高强度有氧运动；进行适量的力量训练，如举重、俯卧撑等；保持饮食均衡，摄入足够的蛋白质、碳水化合物、脂肪、维生素和矿物质；保持足够的睡眠时间，避免过度疲劳和缺乏睡眠；注意保持良好的姿势和正确的运动方法，避免运动损伤。

健康体能对于人们的日常生活和健康状况非常重要。通过适当的运动和良好的饮食习惯，可以保持和提升健康体能水平。同时，拥有良好的健康体能也能够提高人们的心理幸福感和生活质量，让人们更加健康、快乐地生活。

（二）学校体能

学校体能教育不仅是提高学生身体素质和运动能力的重要途径，而且具有更广泛的意义和价值。

1. 提高学生的运动技能和身体素质

通过体育锻炼，学生不仅可以提高免疫力和抗病能力，预防或减轻许多慢性疾病，如肥胖、高血压、糖尿病等，而且可以增强肌肉力量、心肺功能和代谢水平，提升运动技巧和运动技能，为未来的生活和训练打下坚实基础。因此，无论是在日常活动中还是在体育竞技中，拥有良好的身体素质和运动技能都是重要的优势。

2. 增强学生的心理健康和社交能力

通过体育活动，学生可以释放压力，缓解焦虑和抑郁，提高自尊心和自信心。同时，参与集体体育活动可以增强学生的团队协作和社交能力，帮助学生更好地适应社会。

3. 培养学生的优秀品质和价值观

通过体育竞赛，学生可以学会公平竞争、尊重规则、追求卓越的体育精神。同时，体育活动可以培养学生的毅力、耐力和决心等优秀品质，对学生的全面发展具有积极的影响。

4. 促进学生的全面发展

学校应该加强对体育教育的投入和管理，提供更好的体育设施和更丰富的体育活动，为学生提供更好的体能教育环境。同时，学校应该注重体育教育的质量和效果，确保学生能够通过体育活动获得全面的发展。

（三）竞技体能

竞技体能是运动员在竞技体育中取得成功的重要因素之一。在比赛中，运动员需要具备出色的耐力、速度、力量、协调性和灵敏性等素质，才能应对各种比赛环境和比赛要求。这些素质的综合能力被称为竞技体能。

运动员需要通过科学合理的训练方法和技巧，在长期的坚持和努力下，不断提高自己的竞技体能水平。在训练过程中，运动员需要注重全面的身体训练，包括力量训练、耐力训练、速度训练、协调性训练和灵敏性训练等。同时，还需要根据不同的运动项目和比赛要求，进行有针对性的训练，提高自己的专项技能水平。除了训练之外，运动员还需要注重营养和休息，保证身体得到充分的营养和休息，提高竞技体能水平。合理的饮食和充足的睡眠能够促进身体的恢复和健康，使身体更加适应高强度的训练和比赛，能够发挥出最好的水平，创造更加优异的运动成绩。

二、大学生体能训练的原则

（一）自觉性原则

1. 自觉性原则的概念

体能训练中的自觉性原则是指，在体育锻炼中，参与者应自觉主动地坚持锻炼，进而养成习惯，并乐在其中。贯彻自觉性原则是坚持体能训练的重要基础，只有当参与者对锻炼有着强烈的内在需求和目标意识，才能持之以恒地进行锻炼，并逐步提高自身的体能水平。

2. 自觉性原则的重要性

（1）自觉性原则能够激发参与者的内在动力和积极性

当参与者充分认识到体能训练的重要性和作用，了解体育锻炼的益处，就会产生内在的激励和动力，主动参与并坚持体能训练。这种内在的激励和动力能够产生一种积极的心态和情感体验，使参与者更加乐于参与锻炼，从而形成一种良性循环。

（2）自觉性原则能够帮助参与者养成良好的锻炼习惯

当参与者对锻炼有着明确的目标和计划时，他们能够更加有针对性地进行锻炼，逐步提高锻炼的难度和强度，进而养成一种良好的锻炼习惯。通过持之以恒的锻炼，参与者的身体素质和体能水平将得到显著提高，同时也会形成一种积极的心理习惯和行为模式，对未来的学习和生活产生积极的影响。

（3）自觉性原则能够提高参与者的自我管理和自我控制能力

在体能训练中，参与者需要克服各种困难和挑战，如身体疲劳、心理厌倦、环境恶劣等。通过坚持不懈的锻炼，参与者能够学会如何管理自己的时间和情绪，如何控制自己的饮食和生活习惯，从而培养出一种自我管理和自我控制的能力，这对未来的生活和工作具有重要的意义。

3. 自觉性原则所采取的措施

（1）培养体育锻炼的意识

通过宣传教育、讲解示范、榜样引领等方式，向参与者传授体育锻炼的重要性和作用，激发他们参与体育锻炼的内在需求和动力。

（2）明确锻炼目标

为参与者设定明确的锻炼目标，如每周锻炼次数、每次锻炼时长等，鼓励他们通过自身的努力实现目标。同时，要定期对参与者的锻炼情况进行监测和反馈，给予激励和指导。

（3）提高锻炼知识和技能

提供相关的知识和技能培训，使参与者了解锻炼的方法和技巧，提高锻炼的效果和体验。同时，要注意根据参与者的身体状况和锻炼目标，制订个性化的训练计划和方案。

（4）营造良好的锻炼环境

创造一个有利于锻炼的环境，如提供锻炼场所、设施或组织锻炼团队等，让参与者能够方便地参与锻炼。同时，要注意安全问题，确保锻炼场所的安全性和设施设备的完好性，并提供正确的使用和维护方法。

（5）激励与监督相结合

对参与者的锻炼情况进行记录和反馈，给予激励和指导，监督不良的锻炼行为，引导参与者养成正确的锻炼习惯。同时，可以设置合理的奖励机制，激励参与者坚持锻炼。

在贯彻自觉性原则的过程中，需要注重培养参与者的体育锻炼意识，提高他们的锻炼知识和技能，营造良好的锻炼环境，并采取激励与监督相结合的方式，引导他们养成正确的锻炼习惯。这样，参与者不仅能够提高自身的身体素质和健康水平，而且能够培养出一种良好的生活习惯和积极的心态，为未来的学习和生活打下坚实的基础。

（二）循序渐进原则

1. 循序渐进原则的概念

体能训练中的循序渐进原则是指，在体能训练中，根据人体的生理和心理特点，按照一定的步骤和程序，逐步增加训练难度和负荷，以达到提高体能水平的目的。这一原则强调在训练过程中应逐步提高训练负荷，避免过度训练和损伤，确保训练效果的稳定性和长期可持续性。

2. 循序渐进原则的重要性

循序渐进原则在体能训练中具有重要作用。由于人体的生理和心理特点决定了人们在面对高强度训练时会产生适应性和反应时间，如果训练负荷增加过快或过度，容易导致身体疲劳、损伤和训练效果不佳。因此，在体能训练中，应根据参与者的实际情况，逐步增加训练难度和负荷，使身体逐渐适应更高的运动强度和更高的技能要求。

3. 循序渐进原则的注意事项

在贯彻循序渐进原则的过程中，需要注意以下几点。

（1）设定合理的训练目标和计划

根据参与者的实际情况，如年龄、性别、身体状况、运动经验等，设定合理的训练目标和计划，逐步提高训练难度和负荷，适应身体的发展变化。

（2）提高对基础训练的重视程度

在逐步提高训练难度的过程中，应重视基础训练，确保基础技能的保持稳定，并逐渐提高。只有在打好基础的情况下，才能逐步增加训练难度和负荷。

（3）注重阶段性的提高

在训练过程中，可以根据参与者的实际情况，设置阶段性的目标，如每周或每月进行一次体能测试，以监测训练进展和效果。通过阶段性的提高，可以激励参与者继续努力，保持训练的积极性和动力。

（4）逐步增加训练负荷

在训练过程中，应根据参与者的反应和训练进展，逐步增加训练负荷，使身体逐渐适应更高的运动强度和技能的要求。同时，应根据参与者的身体状况和反应，及时调整训练负荷，避免因过度训练导致身体受到损伤。

（5）注重训练质量和效果

在注重训练量的同时，更要注重训练的质量和效果。在训练过程中，应该注重技术动作的规范性和准确性，以达到更好的训练效果。

（6）合理的休息和恢复

在训练过程中，应根据不同参与者的身体状况和运动经验，对训练进行合理调整，同时给予充分的休息和恢复时间，避免因过度训练引起的身体损伤和疲劳，提高训练效果和持久性。

在贯彻这一原则的过程中，需要设定合理的训练目标和计划，逐步增加训练难度和负荷，重视基础训练，进行阶段性的提高，并给予充分的休息和恢复时间。这样可以确保训练效果的稳定性和长期可持续性，提高参与者的体能水平。同时，需要注意根据具体情况进行调整，避免急于求成，注重训练质量和效果，确保循序渐进原则在体能训练中可以发挥出最大的作用。

（三）持之以恒原则

1. 持之以恒原则的概念

体能训练中的持之以恒原则是指要经常进行体育锻炼，使之成为日常生活中必不可少的一项内容。只有通过长期的坚持和积累，才能达到锻炼身体、增强体质、提高健康水平的效果。

2. 持之以恒原则的重要性

持之以恒原则的重要性在于它能够帮助参与者养成良好的锻炼习惯，改善身体状况。体育锻炼对机体给予刺激，每次刺激都产生一定的作用痕迹，这种痕迹的积累使机体结构和机能产生新的适应，既能够增强身体素质，又能够进一步强化动作技能的条件反射。

3. 持之以恒原则所采取的措施

（1）制订合理的训练计划和目标

设定明确、具体、可度量的目标有助于保持锻炼的动力和积极性。例如，可以设定每周锻炼三次，每次锻炼时间在 30 分钟以上的目标。同时，制订合理的训练计划可以帮助规划锻炼时间和内容，使锻炼成为日常生活的一部分。

（2）创造良好的锻炼环境

选择一个适合的锻炼场所，如健身房、公园、运动场等，可以提高锻炼的兴趣。例如，在健身房锻炼可以享受空调、热水浴等设施，提高锻炼的舒适度。此外，可以与朋友、家人或健身伙伴一起锻炼，分享锻炼经验和互相鼓励，增加锻炼的乐趣和动力。

（3）克服自身的惰性

自身的惰性是坚持锻炼的常见障碍，可以通过制订科学的锻炼计划、分解锻炼任务、奖励自己等方式来克服。例如，设定每天晚上 7 点为固定的锻炼时间；每周完成三次跑步、两次力量训练等；完成一个任务后可以看电影、购物等。

（4）注重锻炼效果反馈

定期记录锻炼进度和成果，如体重、体脂率、运动成绩等，可以激励自己继续努力。例如，可以每周测量体重并记录下来，发现自己体重或体脂率下降了，可以激励自己继续保持锻炼。同时，要关注身体反应和锻炼效果，如有不适或效果不佳，应及时调整训练计划和方式。

（四）全面性原则

1. 全面性原则的概念

体能训练中的全面性原则是指在进行体育锻炼时，应该追求身心全面和谐的发展，使身体形态、机能、身体素质及心理素质等方面都得到全面的发展和提高。这一原则旨在强调体育锻炼的全面性和综合性，遵循"用进废退"的规律，使身体各局部得到全面、协调的发展。

2. 全面性原则的实践

（1）全面性原则符合"用进废退"的规律，能够使神经、肌肉、内脏等生理机能得到全面的发展。通过全面的锻炼，可以使身体各部位得到合理的锻炼，促进身体各部位的协调发展，为人体从事各种运动创造必要条件。

（2）长期进行全面性体育锻炼能使人在力量、速度、耐力、灵敏、柔韧等身体素质方面得到提高。这些身体素质的发展是相辅相成的，通过全面的锻炼，可以使这些身体素质相互促进，达到整体提升的效果。

（3）长期进行全面性体育锻炼可以增强人体的免疫能力，提高对疾病的抵抗力，保持身体健康。全面的体育锻炼既可以刺激身体产生更多的免疫细胞，增强身体的免疫力，也可以提高身体的抵抗力。

（4）全面性体育锻炼可以培养人的正确姿势，全面提高人的身体曲线美，并且能塑造健壮、匀称的体形，培养人的美感和审美意识。通过全面的锻炼，可以纠正不良的身体姿势，使身体的曲线更加优美，同时也可以提高人的审美意识，培养人对身体美的感知和追求。

3. 全面性原则的注意事项

在实践中，全面性原则的应用需要注重以下几个方面。

（1）制订全面的训练计划，包括身体各个部位、各项素质的训练，以达到全面发展的目标。

（2）选择多种运动项目和方式，使身体各部位得到不同的刺激和锻炼，避免过度训练或训练不足的情况。

（3）注意训练的强度和时间，避免因过度训练导致身体疲劳和受伤，同时也要保证训练的时间和质量。

（4）加强营养和休息的补充，为身体的恢复和发展提供充足的营养和休息条件。

通过全面的锻炼，不仅可以使身体得到全面的发展和提高，人的体质和免疫力得到增强，而且可以培养人的美感和审美意识。因此，在体育锻炼中，应该始终遵循全面性原则，以达到身心全面和谐发展的目标。

在实践中，大学生应该充分认识到体能训练的重要性，并遵循这些基本原则进行锻炼。学校和体育教师也应该积极引导和指导大学生进行体能训练，营造良好的体育文化氛围，提高大学生的体育素质和健康水平。同时，社会和家庭也应该支持大学生的体能训练，提供必要的条件和帮助，共同促进大学生的健康成长。

第三节　大学生体能训练的要求与方法

一、大学生体能训练的要求

（一）加强指导，提高主观能动性

加强指导是提高大学生体能训练效果的重要措施之一。教练可以通过制订个性化的训练计划、提供技术指导和示范、定期检查和调整训练计划及激励等方式，提高学生的主观能动性，从而更好地提高他们的体能水平。其中，提高主观能动性是大学生体能训练的重要目标之一。主观能动性是指个体积极主动地参与活动，自觉地付出努力并取得成功的心理状态。通过激发兴趣、增加自信心、培养自我约束能力、培养团队合作精神和创设成功体验等方法，可以有效地提高学生的主观能动性，让学生更加自觉地参与体能训练，提高训练效果，促进身心健康和全面发展。

1. 提供技术指导和示范

在训练过程中，教练可以为学生提供技术指导和示范，帮助他们掌握正确的技巧和姿势，从而提高训练效果。

2. 定期检查和调整训练计划

定期检查和调整训练计划可以确保训练的持续性和有效性，也可以根据学生的进步和表现进行调整，以更好地提高他们的体能水平。

3. 采用多样化的激励措施

教练可以采用多样化的训练方法和手段，以及各种激励方式，如表扬、奖励等，激发学生对体能训练的兴趣和热情。例如，采用游戏、竞赛等形式，增加训练的趣味性和互动性，激发学生的主观能动性，让他们更加积极地参与训练。

4. 增加自信心

通过逐步增加训练难度和成就感的途径，增强学生的自信心。在训练过程中，可以及时给予学生肯定和鼓励，让他们感受到自己的进步和成就。

5. 培养自我约束能力

通过制订明确的训练计划和目标，培养学生的自我约束能力，让学生明确自己的训练目标和计划，进而形成自我约束和自我管理的意识。

6. 培养团队合作精神

通过团队合作的形式，可以提升训练效果和促进学生之间的互信与协作，培养学生的团队合作精神和集体荣誉感。在团队中，学生可以相互帮助、相互激励，进而形成共同进步的氛围。

7. 创设成功体验

通过创设成功体验，让学生体验到成功的喜悦和成就感。在训练过程中，可以为学生提供适当的机会和挑战，让他们感受到自己的能力和成就。

（二）严格训练，严格要求

严格训练和严格要求是提高大学生体能训练效果的关键措施之一。严格训练和严格要求可以帮助学生更好地掌握技能和技巧，提高体能水平，同时也可以培养他们的纪律性和毅力。

1. 制订明确的训练计划和目标

制订明确的训练计划和目标，可以让学生有明确的学习目的和要求，更加高效地安排时间，有针对性地进行训练，更好地掌握技能和技巧。同时，可以帮助学生更好地监督自己的训练进度，及时发现不足并改进。

2. 逐步增加训练难度和挑战性

适度的挑战可以激励学生自我超越，提高自我要求，从而更好地提高体能水平。当学生看到自己的进步和改变，也会感到更有动力和满足感。而逐步增加训练难度可以帮助学生逐渐适应更高强度的训练，并增强他们对挫折和失败的忍受力，这有助于他们在面对更具挑战性的训练任务时保持积极性和毅力。

3. 严格要求姿势和技术

在训练过程中，正确的姿势和技术是体能训练的基础。只有掌握了正确的技术，才能最大限度地发挥身体的潜能，帮助学生更好地掌握技能和技巧，提高学生的表现水平和训练效果，同时有助于减少不必要的肌肉疲劳和受伤风险。

4. 培养自我纪律性和自我约束能力

通过自我约束和自我管理，学生可以更好地理解自己的责任和义务，更好地控制自己的行为和情绪，培养自我纪律性和自我约束能力，更好地遵守训练要求和规定，更准确地执行教练的指示。

5. 及时给予反馈和指导

及时给予学生反馈和指导，可以让他们及时了解自己的优点和不足，通过调整自己的训练策略，采取有效的措施进行改进，有效节省时间，提升学生的训练效率。

（三）全面发展，突出重点

大学生体能训练既需要全面发展，也需要突出重点。全面发展是指全面提升身体的各项素质，包括力量、速度、耐力、柔韧性和协调性等，这需要多样化的训练方法和手段，涵盖不同的运动形式和技能要求。同时，在全面发展的基础上，还需要突出重点，针对学生的不同需求和训练目标，制订更加具体、针对性的训练计划和要求。

1. 制订全面的训练计划

根据学生的身体状况和特点，制订全面的训练计划，提升身体的各项素质。

2. 突出重点目标

在全面的训练计划的基础上，突出重点目标。例如，将加强上肢力量、提高耐力水平、增强柔韧性等设为训练的重点目标，并根据这些目标制订更加具体的训练计划和要求。

3. 针对性训练

针对不同的训练目标和需求，采取不同的训练方法和手段。例如，采用自由器械进行力量训练、进行有氧运动提高心肺功能、进行柔韧性训练增加关节活动范围等。

4. 定期评估和调整

定期评估学生的训练效果和身体状况，根据评估结果进行必要的调整，帮助教师、教练、学生了解训练情况，以便更好地提高大学生的体能水平，促进身心健康和全面发展。

二、大学生体能训练的方法

体能训练是一项重要的体育训练。通过科学的训练方法和技巧，可以提高身体的耐力、速度、力量、协调性和灵敏性等方面的素质。

（一）分解训练法

分解训练法是一种将完整的技术动作或战术配合过程分解成若干个环节或部分，然后按环节或部分分别进行训练的方法。这种训练方法通常应用于技术动作或战术配合过程较为复杂、可予以分解的情况下，且运用完整训练法又不易使运动员掌握。

1. 分解训练法的应用方式

分解训练法有多种应用方式，包括单纯分解法、递进分解法、顺进分解法和逆进分解法。

（1）单纯分解法

单纯分解法是将训练内容分成若干部分，先学习、掌握各个部分，再综合各个部分进行整体训练。这种方法适用于技术动作或战术配合过程比较简单的情况。

（2）递进分解法

递进分解法是将训练内容分成若干部分，先训练第一部分，掌握后再训练第二部分，掌握后将一、二部分合起来练，掌握两部分后再练第三部分，最后将三部分合起来练。这种方法适用于技术动作或战术配合过程比较复杂的情况，可以逐步掌握每个部分，从而更好地掌握整体技术或战术。

（3）顺进分解法

顺进分解法是将训练内容分解成若干部分，先训练第一部分，掌握后再训练第一部分和第二部分；掌握后在将三部分一起训练，如此步步前进，直至完整的掌握技术或战术。这种方法适用于技术动作或战术配合过程比较长、难以一次性掌握的情况，可以逐步掌握每个部分，从而更好地掌握整体技术或战术。

（4）逆进分解法

与顺进分解法相反，逆进分解法是先训练最后一部分，逐次增加训练内容到最前一部分。这种方法适用于技术动作或战术配合过程的最后部分最为关键的情况，通过先掌握关键部分，再逐步增加训练内容，可以更好地掌握整体技术或战术。

无论采用哪种分解训练法，都需要结合运动员的实际情况进行。在训练前，需要对技术动作或战术配合过程进行详细的分析，确定分解的环节或部分，并根据运动员的训练水平和技术水平进行合理的安排。在训练过程中，需要注意每个环节或部分的训练质量和技术细节，并在必要时进行相应的调整。同时，也需要注意与其他训练方法的结合，以达到最佳的训练效果。

2. 分解训练法的注意事项

（1）分解的环节或部分要合理，能够反映技术动作或战术配合过程的本质和关键要素。

（2）分解的环节或部分的训练要与整体技术动作或战术配合过程相符合，能够为整体技术动作或战术配合过程服务。

（3）分解的环节或部分的训练要循序渐进，先易后难，逐步提高。

（4）在训练中，要注意技术细节和动作规范性，避免因为某个环节或部分的误差导致整体技术动作或战术配合的失误。

（5）在训练后，进行总结和反思，分析训练的成功和不足之处，并制订相应的改进方案。

总之，分解训练法是一种有效的体育训练方法，通过合理的分解、科学的安排和认真的训练，可以帮助运动员更好地掌握技术动作或战术配合过程，提高运动员的运动水平和竞技能力。

（二）完整训练法

完整训练法是一种按照技术动作或战术配合的完整结构进行训练的方法，其特点是保持技术动作或战术配合的完整性和各个部分之间的内在联系，不将其分解为若干部分进行训练。这种方法主要用于单一动作的训练、个人成套动作的训练或集体配合战术的训练。

在个人成套动作的训练中，完整训练法可以帮助运动员掌握整套动作的流畅性和稳定性，提高动作的完成质量和水平。例如，在体操、游泳、滑冰等项目中，运动员需要完成一整套动作，完整训练法可以帮助运动员整体掌握动作的结构和节奏。

在集体配合战术的训练中，完整训练法可以帮助运动员掌握集体配合战术的完整结构和各个部分之间的内在联系，提高集体配合的协调性和连贯性。例如，在篮球、足球、排球等项目中，运动员需要配合完成进攻和防守战术，完整训练法可以帮助运动员整体掌握战术的结构和要求。但是，如果技术动作或战术配合比较复杂，运用完整训练法难以掌握时，可将其分解为若干部分，分别进行训练。分解训练法可以帮助运动员更好地掌握每个部分的技术细节和动作规范性，从而更好地掌握整体技术动作或战术配合。[①]

在运用完整训练法时，需要注意以下几点。

（1）训练要从技术动作或战术配合的开始部分到结束部分进行完整的练习，不要中断。

（2）注意技术动作或战术配合的各个部分之间的紧密联系和协调配合。

（3）逐步提高训练的负荷强度和质量，不断提高技术动作或战术配合的完整性和稳定性。

（4）在个人成套动作的训练中，应根据训练目的和要求，合理安排动作的顺序和难度，确保动作的流畅性和稳定性。

（5）在集体配合战术的训练中，应以一次配合的最终战术效果为训练质量的评价标准，注重配合的协调性和连贯性。

总之，完整训练法是一种有效的训练方法，可以帮助运动员完整地掌握技术动作或战术配合，提高运动水平和竞技能力。但是，在使用时需要根据实际情况进行合理的安排和运用。

---

① 刘晔，郑晓鸿．体能训练基本理论与实用方法 ［M］．北京：北京体育大学出版社，2011：66．

（三）重复训练法

重复训练法是一种反复多次地重复同一技术动作或战术配合的练习方法，可以帮助运动员加深对技术动作或战术配合的理解和掌握，提高技术动作或战术配合的稳定性和准确性。这种训练方法主要用于单一动作或个人成套动作的训练，以及集体配合战术的训练。

在个人成套动作的训练中，重复训练法可以帮助运动员掌握整套动作的结构和节奏，提高动作的质量和水平。例如，在体操、游泳、滑冰等项目中，运动员需要完成一整套动作，重复训练法可以帮助运动员反复练习整套动作，建立良好的肌肉记忆和条件反射，提高整套动作的稳定性和准确性。

在集体配合战术的训练中，重复训练法可以帮助运动员掌握集体配合战术的要点和细节，提高配合的协调性和连贯性。例如，在篮球、足球、排球等项目中，运动员需要配合完成进攻和防守战术，重复训练法可以帮助运动员反复练习配合的技巧和要点，建立良好的配合默契和条件反射，提高配合的协调性和连贯性。

重复训练法的优点在于可以帮助运动员加深对技术动作或战术配合的理解和掌握，提高技术动作或战术配合的稳定性和准确性，建立良好的肌肉记忆和条件反射，提高运动员的反应速度和灵敏性。在运用重复训练法时，需要注意以下几点。

（1）重复训练的次数要适当，应根据运动员的训练水平和身体状况进行合理的安排，避免过度训练和受伤。

（2）逐步提高训练的负荷强度和质量，不断提高技术动作或战术配合的完整性和稳定性。

（3）在重复训练中，应注意技术动作或战术配合的细节和规范性，及时发现和纠正错误，加深印象，加深理解。

（4）在重复训练中，应注意呼吸和节奏的掌握，保持技术的连贯性和稳定性。

（5）在重复训练中，应注意结合实践要求，灵活地组织完整的战术训练，提高运动员的实践能力和竞技水平。

总之，重复训练法是一种有效的训练方法，可以帮助运动员加深对技术动作或战术配合的理解和掌握，提高运动水平和竞技能力。但是，在使用时需要根据实际情况进行合理的安排和运用。

（四）间歇训练法

间歇训练法是一种有氧运动和无氧运动结合的健身训练方法。这种训练法的基本原理是在练习期间和中间间歇期间，对机体的负荷强度和时间进行严格控制，促使心率保持在最佳范围之内，从而改善心泵功能。

在间歇训练中，练习的时间和间歇时间的长短可以根据个人情况进行调整。一般来说，练习期间的心率应达到最大心率的 60%～80%，而间歇期间的心率应恢复到最大心率的 50%～60%。这样可以让身体在不完全恢复的状态下反复进行练习，从而增强心肺功能和肌肉耐力。

间歇训练法的优点在于它可以在短时间内快速提高身体素质和运动能力。由于训练时心率保持在最佳范围内，这种训练方法还可以有效地减少脂肪和提高代谢率。此外，由于间歇训练法对身体的负荷较大，因此，在训练中应注意合理安排练习时间和间歇时间，避免过度疲劳和受伤。

在实践中，间歇训练法可以应用于各种运动项目，如跑步、游泳、骑车、健身等。在跑步中，常见的间歇训练方式包括快跑和慢跑交替进行，每组练习时间和间歇时间一般在 30 秒～5 分钟。在健身中，常见的间歇训练方式包括高强度力量训练和低强度有氧运动交替进行，每组练习时间和间歇时间一般在 1～10 分钟。

总之，间歇训练法是一种科学有效的健身训练方法，但需要注意合理安排训练强度和训练时间，避免过度疲劳和受伤。

（五）连续训练法

连续训练法是一种有助于提高心肺功能、耐力和代谢率的健身训练方法。它与间歇训练法不同，间歇训练法是通过交替进行高强度和低强度的运动，提高心肺功能和耐力；而连续训练法是保持一定的强度，连续进行一段时间的运动。

在连续训练中，练习时间一般较长，持续时间一般在 10～60 分钟。练习的强度一般保持在最大心率的 60%～80%，这个强度可以维持较长的训练时间而不至于太过疲劳，也可以提高心肺功能和耐力。这种训练方法特别适合初学者和需要提高有氧运动能力的人。

连续训练法的优点在于它可以帮助初学者逐步适应运动，提高身体素质和运动能力。同时，由于连续训练的强度较高，身体需要更长时间的恢复，因此，这种训练方法可以帮助身体适应长时间的训练，为参加比赛做好准备。此外，由于连续训练的强度相对较低，可以保持较长时间，因此，这种训练方法可以消耗更多的脂肪，提高代谢率。

然而，连续训练的强度较高，身体需要更长时间的恢复。在训练中，需要注意合理安排练习与休息时间，避免过度疲劳。此外，每个人的身体状况和运动能力不同，应该根据个人的实际情况进行相对应的调整，避免盲目追求训练时间和训练强度。

（六）循环训练法

循环训练法是一种有效的健身训练方法，它由一系列练习站或练习点组成，每个练习站或练习点包含不同的训练内容和要求。通常情况下，循环训练法包括3～10个练习站或练习点，每个练习站或练习点包含不同的训练内容和要求，其中，训练内容根据不同的训练目的和要求进行组合和安排，包括力量训练、有氧运动、柔韧性训练等。在循环训练中，每个练习站或练习点的任务完成时间通常为1～5分钟，整个循环的完成时间通常为10～30分钟。为达到全面的训练效果，运动员需要在规定的时间内，按照规定的顺序和路线，依次完成每个练习站或练习点的任务。通过循环训练法，运动员可以在一个比较生动的环境中进行训练，避免单调的训练方式，提高运动员的积极性和参与度。此外，由于每个练习站或练习点的任务完成时间较短，运动员可以在整个循环中保持较高的运动强度和注意力，从而取得更好的训练效果。

然而，循环训练法需要注意合理安排训练内容和训练时间，避免过度疲劳和受伤。每个运动员的身体状况和运动能力不同，应根据个人情况进行调整，以达到最佳的训练效果。此外，在循环训练中，需要注意每个练习站或练习点的任务完成时间和整个循环的完成时间，以及每个练习站或练习点的顺序和路线安排，以达到最佳的训练效果。

（七）变换训练法

变换训练法是一种针对运动员身体训练和战术的有效训练方法。通过变换运动负荷、练习内容、练习形式及条件，达到提高运动员积极性、趣味性、适应性及应变能力的目的，使运动员得到全面的训练和提高，为取得更好的成绩打下坚实的基础。

在运用变换训练法时，可以通过变换运动负荷，使机体产生与有关运动项目相匹配的适应性变化，提高承受专项比赛时不同运动负荷的能力。例如，在足球比赛中，运动员需要在90分钟的比赛中不断承受不同的运动负荷，包括短时间的冲刺、持久的奔跑和强烈的对抗等。因此，在训练中，可以通过变换运动负荷，使运动员适应不同类型和强度的运动负荷，提高身体的适应能力。此外，变换练习内容也可以提高运动员的训练兴趣和积极性。例如，在篮球训练中，可以通过变换不同的练习内容，包括基本的运球、投篮、传球和防守等，使运动员在各个方面得到全面的训练和提高。同时，变换练习形式和条件可以激发运动员的训练情绪，累积负荷"痕迹"，交替刺激不同体位，防止产生过度疲劳，提高训练效果。例如，在游泳训练中，可以通过变换不同的练习形式和条件，包括自由泳、仰泳、蛙泳和蝶泳等，使运动员在不同的水动力学条件下得到全面的训练和提高。

总的来说，运用变换训练法时应掌握适当的强度、量和节奏，根据运动员的实际情况制订训练计划，并且适时进行调整和变换。同时，应注意变换的内容和形式应该与比赛的要求相一致，以提高运动员的适应性和应变能力。

（八）负重训练法

负重训练法是一种针对肌肉力量和耐力的有效健身训练方法，被广泛应用于健身和体育训练中。通过负重训练，可以有效地提高肌肉力量和耐力，帮助运动员燃烧体内脂肪，提高身体代谢率，从而达到锻炼身体的目的。在运用该训练法时，需要合理安排负重训练的强度和时间，避免出现过度疲劳和受伤的情况。同时，训练前需要进行热身运动，训练后进行适当的拉伸和放松，预防肌肉拉伤和促进身体恢复。

1. 负重训练的划分

负重训练主要分为静力性练习和动力性练习两种。

（1）静力性练习

静力性练习主要是等长收缩练习，通过保持肌肉收缩时的长度不变，提高肌肉力量，但容易产生疲劳。

（2）动力性练习

动力性练习是肌肉收缩长度发生变化，使全身或部分肢体发生运动的练习，可以提高绝对力量、速度力量和力量耐力。

2. 负重训练的形式

负重训练的形式包括固定阻力练习、等动力量练习、超等长力量练习和循环训练。

（1）固定阻力练习

固定阻力练习是一种传统的训练方式，通过使用杠铃、哑铃等重物进行肌肉收缩，提高肌肉力量和耐力。这种训练方法可以有效地锻炼肌肉，但需要注意掌握正确的姿势和呼吸方法，避免受伤。

（2）等动力量练习

等动力量练习是使用专门的训练器械，使肌肉在整个运动范围内保持恒定的阻力，从而更好地锻炼肌肉。这种训练方法可以有效地提高肌肉的耐力和力量，但需要注意控制运动幅度和速度，避免受伤。

（3）超等长力量练习

超等长力量练习是利用肌肉的弹性来提高肌肉力量和爆发力，通过跳跃、俯卧撑等动作锻炼肌肉的超等长力量。这种训练方法可以有效地提高肌肉的爆发力和灵敏度，但需要注意掌握正确的姿势和技巧，避免受伤。

（4）循环训练

循环训练是将多种训练项目结合起来，按照一定的顺序进行循环练习，从而提高全身各部位肌肉的力量和耐力。这种训练方法可以有效地提高全身肌肉的协调性和力量，但需要注意合理安排训练项目和时间，避免过度疲劳。

（九）比赛训练法

比赛训练法是一种综合性的训练方法，旨在全面提高运动员的竞技能力和比赛表现能力。通过模拟或真实的比赛条件，按比赛的规则和方式进行训练，可以增强运动员的心理素质和比赛策略，帮助他们更好地适应比赛环境，提高技术水平和比赛表现能力，应对比赛中出现的挑战。同时，比赛训练法还可以帮助教练更好地了解运动员的表现和问题，从而更好地指导运动员进行训练和比赛。

1. 教学性比赛方法

这是一种在比赛中教授和巩固技术、战术和心理技能的方法。教练可以通过设计一些教学性比赛，使运动员在安全、可控的环境中学习和练习技术、战术和心理技能。例如，在篮球训练中，教练可以设计一些教学性比赛，让运动员在比赛中练习投篮、传球、防守等基本技术，同时，教授战术和心理技能，如团队协作、心理调整等。

2. 适应性比赛方法

这种方法旨在通过在比赛条件下模拟对手的战术、技术和策略，帮助运动员适应各种比赛情况。通过适应性比赛，运动员可以更好地了解对手，适应比赛节奏和氛围，提高应对各种挑战的能力。例如，在羽毛球训练中，教练可以安排模拟比赛，模拟对手的技战术特点，让运动员在模拟的比赛环境中进行训练，提高适应能力和应对能力。

3. 模拟比赛方法

这种方法是通过模拟真实比赛的情况，让运动员在模拟的比赛环境中进行训练。模拟比赛可以包括模拟对手的战术、技术和策略，帮助运动员更好地适应比赛。例如，在游泳训练中，教练可以设计模拟比赛，模拟真实的比赛环境和对手的比赛策略，让运动员在模拟的比赛环境中进行训练，提高适应能力和应对能力。

4. 重复比赛方法

这种方法是通过重复特定阶段的比赛，使运动员能够熟练掌握关键技术和策略。教练可以在重复比赛中重点指导运动员，帮助他们改进技术和策略。例如，在足球训练中，教练可以重复某些关键比赛片段，让运动员反复练习和改进技术、战术和心理的技能，提高应对关键比赛情况的能力。

第四节　大学生体能训练的发展

目前，我国大学生体能训练的现状总体上不容乐观。一方面，由于现代生活方式的变化，学生普遍面临学业压力、缺乏锻炼的积极性等问题，导致他们的体能水平下降；另一方面，学校的体育教育和学生课外体育活动也存在一些问题，如教学内容太单调、缺乏专业的指导及其他外界因素等，制约了学生的体能提升。

一、大学生体能训练的改善措施

大学生体能训练的现状存在多方面的问题，需要采取有效的措施加以改善，不仅有利于学生的身体健康，而且有利于他们学习和生活质量的提升，从而帮助大学生的体能训练得到更好的发展。为了改善这种情况，大学生应该注意以下几点。

（一）增加体育锻炼时间和次数

增加体育锻炼时间和次数是改善大学生体能训练的重要措施之一。通过增加锻炼时间和次数，可以有效地提高身体素质，增强身体的耐力和力量，减少身体脂肪的积累，改善心肺功能和代谢水平。具体而言，大学生可以通过增加每周锻炼的次数和每次锻炼的时间，选择自己喜欢的运动项目，锻炼身体的耐力和力量，提高身体素质，缓解学习压力，增强心理健康。例如，可以每周进行3～5次有氧运动，每次30～60分钟，如选择跑步、骑车、游泳等运动方式；也可以每周进行2～3次力量训练，每次30～60分钟，如选择哑铃、杠铃、器械等训练方式。此外，大学生还可以将体育锻炼融入日常生活，如步行、骑车、爬楼梯等，以及利用课余时间参加各种体育活动，如校内的运动会、篮球比赛、足球比赛等，增加体育锻炼的机会。这样可以增加身体活动量，提高身体的健康水平。

需要注意的是，增加体育锻炼时间和次数应该根据自身的身体状况和课业压力合理安排，避免过度训练和运动损伤的发生。同时，大学生应该保持良好的生活习惯和饮食习惯，保证充足的睡眠和休息时间，提高体能训练的效果。通过合理的体育锻炼和良好的生活习惯，大学生可以改善身体素质，增强身体的健康水平，为未来的学习和工作打下坚实的基础。

（二）合理安排学习和运动时间

合理安排学习和运动时间对于大学生的身心健康和全面发展至关重要。大学生作为未来的国之栋梁，不仅需要具备丰富的知识和技能，而且需要拥有健康的体魄和积极的心态。因此，合理安排学习和运动时间是非常必要的。大学生应该根据自己的实际情况，制订合理的作息计划，保证每天拥有足够的睡眠和休息时间，安排适当的运动时间和学习时间。

1. 大学生应保证充足的睡眠和休息时间

睡眠是人体恢复和修复的重要过程，可以帮助身体排出毒素、提高免疫力和保持心理健康。大学生应该养成早睡早起的好习惯，保证每天有足够的睡眠和休息时间。同时，休息时间也可以让学生有足够的时间放松和娱乐，缓解学习压力，提高学习效率。

2. 大学生应制订合理的学习计划

学习是大学期间的首要任务，应该有足够的时间来复习、预习和完成作业等学习任务。同时，适当的运动可以增强身体素质和健康水平，提高身体免疫力，缓解学习压力，提高学习效率。因此，大学生应该根据自己的课程安排和学习内容，制订合理的作息计划，在学习和体育锻炼之间找到平衡点，保证每天有足够的学习时间和运动时间，做到劳逸结合，促进身心健康和全面发展。

3. 大学生应丰富自己的课余生活

适当的体育活动可以帮助大学生增强身体素质和健康水平，提高身体免疫力，缓解学习压力。参加文艺活动可以培养学生的审美能力和人文素养，丰富课余生活，提高综合素质。这些活动不仅可以增加社交机会，扩大人际关系，而且可以促进学生的身心健康和全面发展。因此，大学生应根据自己的兴趣和爱好，参加适当的体育活动和文艺活动，丰富自己的课余生活，提高自己的综合素质。

4. 大学生应具备一定的时间管理能力

合理安排学习和运动时间需要大学生具备一定的时间管理能力。大学生可以采用制订日程表、计划表等手段，合理安排时间，既要完成学习任务，又要保证每天有足够的休息时间，提高时间利用效率。同时，养成好的习惯和自我约束能力也非常重要，可以让自己更加高效、有序地学习和生活，在保持身心健康的同时，实现全方位的发展。

（三）注重锻炼心理素质和团队协作能力

参加体育比赛或活动时，注重锻炼心理素质和团队协作能力是个人和团队成功的重要因素，不仅可以帮助学生提高自信心和应对能力，而且可以增强团队协作能力。在体育比赛中取得胜利，不仅需要良好的身体素质和技术水平，而且需要具备强大的心理素质和团队协作能力。因此，在参加体育比赛或活动时，大学生应该注重锻炼自己的心理素质和团队协作能力，提高自己的综合素质。

1. 增强克服挫折的能力

面对困难的时候要迎难而上，如果有挑战性的任务也应该积极参加，勇敢的克服困难并解决问题，这样才能逐渐变得自信，让自己的心理素质变得过硬。

2. 培养积极乐观的心态

乐观的心态可以帮助学生在面对挑战和困难时，保持乐观向上的态度，相信自己可以克服一切困难。积极的心态则可以帮助学生看到问题的机会，尝试将问题视为成长的机会。

3. 学会自我调节与自我放松

学会控制自己的情绪，保持内心平静，适当调整自己的情绪状态，避免情绪失控。学会自我放松，可以帮助缓解压力和紧张情绪，保持心理平衡；也可以通过瑜伽、冥想等方式放松自己。

4. 建立自信与良好的人际关系

建立自信的方法可以是通过学习、培训、参加社交活动等方式，增加自己的知识和经验，提高自己的自信心。与他人建立良好的关系可以增强大学生的社交能力和自信心，帮助大学生更好地与团队成员合作。

5. 学会倾听和沟通

在团队中，学会倾听他人的想法和意见，并能够有效地与他人沟通，表达自己的观点，建立良好的团队关系。同时，反思自己的行为，找出自己的缺点，思考如何改进，可以帮助大学生更好地了解自己，逐渐提高自己的心理素质。

6. 学会尊重和包容

尊重团队成员的观点和想法，包容他人的缺点和不足，同时给予支持和鼓励，可以营造和谐友好的团队氛围，增强团队的凝聚力和协作能力；接受不同观点和文化的熏陶，可以增强自己的包容性和灵活性，更容易与不同性格的人合作；积极参加团队组织的各类活动，可以增强团队成员之间的联系和默契，提升团队的办事效率。

7. 寻求专业帮助

如果感到自己的心理素质较差，寻求专业人士的帮助是一个很好的选择。通过专业人士的帮助和支持，可以解决自己的心理问题，提高心理素质，为个人和团队的成功作出更大的贡献。

（1）咨询心理咨询师

心理咨询师可以提供专业的心理辅导和咨询服务，帮助大学生解决心理问题，提高心理素质。如有需要，可以通过互联网或者当地的心理健康中心找到合适的心理咨询师。

（2）寻求其他专业帮助

除了心理咨询师之外，还有其他专业人士可以提供帮助，如心理医生、心理教育专家等，可以根据自己的需要选择合适的专业帮助。

（3）参加心理培训课程

有些机构会提供心理培训课程，这些课程可以帮助大学生了解心理学知识，掌握心理调节技能，提高心理素质。如有需要，可以通过互联网或者当地的心理咨询机构找到合适的课程。

总而言之，注重锻炼心理素质和团队协作能力是个人和团队成功的重要因素，提升心理素质和团队协作能力需要不断地努力和实践。通过积极的态度和努力，可以提高自己的心理素质和团队协作能力，为个人和团队的成功打下坚实的基础。通过多方面的努力，可以共同促进大学生身心健康的发展。大学生应该重视体育锻炼，努力增强自己的身体素质，提高健康水平，为未来的学习和工作奠定坚实基础；学校和社会应该加强对大学生体能训练的引导和支持，提供更多的体育设施和资源，鼓励大学生积极参与体育锻炼；家庭也应该关注孩子的身体健康，鼓励孩子多参加体育锻炼，养成良好的生活习惯。

二、大学生体能训练的发展策略

大学生体能训练的发展是一个多方面的课题，需要从多个角度进行分析和探讨。

（一）体育课程的设置

高校通过设置体育课程，可以让学生更加科学地学习体育知识和健身方法。在大学体育课中，学生可以接触到基础体育外的其他体育知识，学习到对他们的未来生活更加有用的体育活动。

体育课程的内容应该丰富多彩，既有基础体育训练，也有专项体育训练，还要注重学生的身心健康。在课程设置中，高校应该考虑到不同学生的需求和兴趣，开设多种不同类型的体育课程，如健身课程、游泳课程、球类课程等。

此外，体育课程的设置还应该注重学生的全面发展。高校可以开设一些综合性较强的体育课程，如户外拓展、运动康复等，帮助学生提高自身的综合素质，更好地适应未来的社会生活。

（二）体育活动的宣传

高校应该加强对体育活动的宣传，让更多的学生了解和参与到体育活动中来。一方面，高校可以通过校园内的各种媒体平台进行宣传，如校园电视台、广播台、网站等。在宣传中，可以重点宣传体育活动的意义和价值；另一方面，高校可以通过社会媒体进行宣传，让更多的社会人士了解高校体育活动的情况，提高高校的社会影响力。

（三）体育竞技的组织

体育竞技能够激发学生的运动热情和积极性，提高学生的身体素质和竞技水平。在高校中，有许多不同类型的体育竞技比赛，如校运会、篮球赛、足球赛、网球赛等，这些比赛可以让学生参与到体育竞技中来，增强学生的身体素质和技能水平，增强学生的团队合作精神和集体荣誉感。通过比赛的胜利和荣誉，激发学生的学习兴趣和积极性，推动他们更加努力地参与到体育训练中来。

此外，高校也可以通过与社会上的体育机构合作，开展更多的体育竞技比赛，如全国大学生运动会、全省大学生篮球联赛等。这些比赛可以让学生参与到更高水平的体育竞技中来，提高高校的社会影响力和知名度。通过与专业体育机构合作，高校可以获得更多的体育资源和支持，为学生提供更好的体育训练条件和机会。

（四）提高体育教师的素质

体育教师是大学生体能训练的主要指导者，他们的素质直接关系到学生的训练效果和健康状况。首先，高校应该加强对体育教师的培训和进修，提高他们的专业知识和技能水平。在培训和进修中，高校应该重点培训体育教师的教学方法和教育理念，提高他们的科研能力和创新精神；其次，高校应该加强对体育教师的考核和管理，提高他们的职业素养和工作效率。在考核和管理中，高校应该重点考核体育教师的教学质量和学生的满意度，以及他们的科研成果和社会服务能力。

（五）增加体育资源的投入

体育资源是大学生体能训练的基础条件，包括场地、设施、器材等。首先，高校应该加大对体育场地和设施的投入，建设更多的体育场馆和器材，努力提高体育设施的现代化水平；其次，高校应该加强对体育设施的维护和管理，保证设施的正常运转和安全使用；最后，高校应该加大对体育教学的投入，提高体育教学的质量和水平。在投入过程中，高校可以重点投入体育教学的人才培养、科研项目和国际交流等方面，促进体育教学的创新和发展。

（六）推广健康的生活方式

健康生活方式是提高大学生身体素质和健康状况的基础条件，包括饮食、作息、运动等方面。首先，高校应该加强对学生的健康教育，让他们了解健康生活的重要性，提供相应的健康服务和支持，如健康饮食指导、健身锻炼指导等；其次，高校应该营造良好的校园文化氛围，让学生养成良好的生活习惯和行为习惯。在氛围营造中，高校可以重点营造校园体育文化、校园艺术文化等，让学生在学习和生活中得到全面的发展和成长。

（七）加强与社会的联系

加强与社会联系，可以让高校更好地了解社会对大学生体能训练的需求和期望，同时，借助社会的力量和资源，更好地促进大学生体能训练的发展和质量提升。通过与社会的紧密联系，也可以让大学生体能训练的发展更加符合社会的需求和期望，为社会的体育事业和全民健康作出更大的贡献。

一方面，高校可以与体育产业和体育组织建立联系，开展多种形式的合作和交流。例如，与体育器材和体育服饰等企业合作，为学生提供更好的体育设施和运动装备；与体育媒体合作，为学生提供更多的体育信息和宣传平台；与体育科研机构合作，共同开展体育科研项目和科研成果转化等。

另一方面，高校可以借助社会的力量和资源，开展更多的体育活动和竞技比赛。例如，与社会上的体育组织合作，举办一些高水平的体育比赛，让学生参与到更高级别的体育竞技中来；与慈善机构合作，开展一些公益性的体育活动，提高学生的社会责任感和公益意识；与社区合作，开展一些全民健身活动，让学生更好地融入到社区生活中。

（八）开展科研创新

科研创新可以促进大学生体能训练的理论研究和应用研究，提高训练的科学性和有效性。在科研创新方面，高校可以采取以下措施。

（1）加强对体育科研的投入和支持，包括提供资金、设备、场地等必要的资源。

（2）建立相应的体育科研机构和团队，吸引更多的体育教师和科研人员参与体能训练的相关研究。

（3）鼓励和支持大学生参与体育科研项目，提高他们的科研能力和创新意识。

（4）加强与体育产业和体育组织的合作，共同开展科研项目和科研成果转化，推动大学生体能训练的发展和应用。

高校应该加强对体育科研的投入和支持，建立相应的体育科研机构和团队，开展与大学生体能训练相关的科研工作。例如，可以研究大学生体能训练的方法和技巧，探索新的训练手段和设备，研究大学生体能训练的心理因素和社交影响。

（九）完善评价机制

评价机制既可以客观地评估大学生体能训练的效果和质量，为未来的训练提供参考和依据，也是提高训练水平和效果的重要手段。高校应该建立完善的评价机制，对大学生体能训练的过程和结果进行全面的评价。① 在评价中，可以从以下几个方面考虑。

1. 体能测试成绩

体能测试可以提供客观的评估指标，了解学生当前的体能水平和身体素质状况。这些指标包括学生的耐力、力量、速度、灵敏度、协调性等多个方面。同时，体能测试可以帮助教师发现学生的潜力，为他们提供更加适合的训练计划和训练目标。

---

① 张建强. 大众体育体能训练理论与实践研究［M］. 北京：人民出版社，2012：162.

2. 体育课程成绩

体育课程是大学生的必修课程之一，能够帮助学生锻炼身体，增强体能和耐力，提高身体的灵活性和协调性。通过课程的学习和锻炼，可以评估学生运动技能和理论知识的掌握程度。

3. 体育竞赛成绩

参加体育竞赛对于学生来说是一个全面发展的机会，既可以检验运动能力和竞技水平，又可以培养团队精神和竞争意识，提高社交能力。

4. 参与度和积极性

学生的参与度和积极性是反映训练效果的重要指标。高校应该通过观察和记录，评估学生参与体能训练的具体情况和态度。

5. 团队合作能力

在许多体育项目中，团队合作是非常重要的。高校应该通过评估学生的合作意识和能力，了解团队成员之间的互动和合作程度，衡量训练的效果和质量。

通过完善评价机制，高校可以更好地了解大学生的体能状况和训练效果，发现训练中的不足之处，为未来的训练提供参考和依据；也可以激励学生更加积极地参与体能训练，提高训练的效果和质量。因此，完善评价机制是促进大学生体能训练发展和质量提升的重要手段。

（十）强化健康指导

1. 帮助学生了解自己的身体状况和健康水平

通过专业的健康检查和评估，学生可以了解自己的身体状况，包括身体成分、心肺功能、肌肉力量等方面，从而更好地了解自己的健康水平。

2. 提供科学合理的训练建议和饮食指导

根据学生的身体状况和健康水平，健康指导人员可以制订个性化的训练计划和饮食指导，提供科学合理的建议，帮助学生更好地达到训练目标，避免运动损伤和疾病的发生。

3. 提高学生们的健康意识和自我保健能力

通过开展健康知识讲座和宣传活动，可以让学生了解更多的健康知识，提高他们的健康素养和自我保健能力，从而更好地维护自己的身心健康。

为了实现健康指导的目标，高校应该建立专业的健康指导机构，配备专业的健康指导人员，提供健康检查和健康评估服务，根据学生的身体状况和健康水平提供个性化的健康指导和训练计划。同时，也可以开展健康知识讲座和宣传活动，提高学生的健康意识和自我保健能力。

第二章　大学生体能训练的学科基础分析

第一节　大学生体能训练的运动心理学基础

一、运动心理学

（一）运动心理学的概念

运动心理学是心理学的一个分支学科，它将心理学原理应用于运动或锻炼情境中，旨在进一步促进运动成绩的提升。运动心理学不仅关注运动成绩，而且致力于帮助每名运动员发掘潜能，通过帮助运动员实现自我控制，增强他们的自信心，提高他们的运动成绩。即使运动员没有获得所期望成功，通过高质量的运动体验，也可以促进运动员的内在动机。[①] 运动心理学不仅关注运动员在比赛中的心理表现，而且研究运动员的心理特征、心理因素对运动成绩的影响。

（二）运动心理学的主要内容

1. 运动员的心理特征

心理特征是指个体在认知、感知、情感、意志等方面所具有的稳定特点。在运动员中，常见的心理特征包括动机、自信、情绪、应激等。

（1）动机

动机是解释个体行为的重要概念，是指个体行为的内部原因，包括内在动机和外在动机。内在动机是指个体对活动本身的兴趣和满足感，是来自个体内心深处的动力。当运动员因为对运动的热爱和追求而参与比赛时，这种内在动机就会推动他们尽全力发挥自己的能力。他们参与活动是因为他们对活动本身感兴趣，而不是因为外部的奖励或压力。外在动机是指外部因素对个体行为的激励。例如，运动员参与比赛可能会获得奖金、荣誉或他人的认可等外部激励。这些外部激励激发了个体的行为，促使运动员积极参与活动。因此，外在动机并不是来自个体内心深处的动力，而是来自外部的奖励或压力。

内在动机和外在动机对个体行为都有影响。内在动机可以激发个体的兴趣和热

---

① 李伟，苏数志，朱东春. 大学生实用体能训练与拓展研究［M］. 北京：中国商务出版社，2012：55.

情，推动他们尽全力发挥自己的能力；外在动机可以提供额外的激励，促使个体更加努力地参与活动。

（2）自信

自信是运动员在比赛中成功的关键因素之一。它是指个体对自己能力和表现的一种信念和肯定，对运动员的表现和心理状态有着重要的影响。一个自信的运动员通常会更加积极地参与比赛，更加相信自己能够取得好成绩。这种自信可以让运动员在比赛中保持镇定和专注，从而更好地应对挑战和压力。

在培养运动员的自信方面，教练可以通过多种方式实现。首先，教练可以提供积极的反馈和认可，对运动员的成就和努力表示赞赏。这种反馈可以帮助运动员认识到自己的能力和价值，增强他们的自信；其次，教练可以创造一个积极和支持的氛围，让运动员感到被重视和被支持。这种氛围可以让运动员更加放松和自信，从而更好地发挥自己的能力。此外，心理训练方法和技巧也可以帮助运动员提升自信。例如，通过想象自己取得成功的过程和体验，运动员可以增强对自己的能力和表现的信心；通过学习一些让人放松的技巧，运动员可以减轻紧张和焦虑，从而更好地应对比赛中的挑战。

（3）情绪

情绪是指个体对客观事物所产生的主观体验，是对外部环境变化的生理和心理反应。在比赛中，运动员会面临各种挑战和压力，影响他们的情绪状态。例如，运动员可能会因为比赛的成功而感到快乐和满足，也可能会因为失败而感到沮丧和失望。此外，运动员还可能因为比赛的紧张氛围、对手的表现、观众的反应等因素而产生不同的情绪体验，并对运动员的心理和行为产生影响。积极的情绪体验可以增强运动员的自信心和动力，提高他们的注意力和反应速度，从而更好地发挥自己的能力。

通过了解情绪的产生、变化和调节，以及作用和影响，教练和心理学家可以更好地指导运动员，提供有效的心理训练和指导，帮助他们调节情绪，保持积极的心态，提高比赛的表现。例如，心理学家可以教授运动员一些情绪调节技巧，如深呼吸、冥想、放松训练等，帮助他们减轻比赛前的紧张和焦虑，保持冷静和自信；也可以为运动员提供心理支持和鼓励，帮助他们克服挫折和失败，增强自信心和动力，从而更好地面对挑战和压力。

（4）应激

应激是指个体在面对外界压力、挑战或危险时的生理和心理反应。在比赛中，运动员可能会面临各种压力和挑战，如对手的强大、比赛环境的变化、高强度的竞争、观众的反应等，导致运动员产生应激反应。应激反应包括生理反应和心理反应。

生理反应包括心跳加速、呼吸急促、手心出汗、血压升高、肠胃不适等；心理反应包括焦虑、紧张、抑郁、注意力不集中、自我怀疑等。这些反应都是身体为了应对潜在的威胁而产生的自然反应。

运动心理学家认为，应激反应是正常的生理和心理反应，但是过度的应激反应可能会影响运动员的发挥和表现，导致运动员无法集中精力发挥自己的能力，影响他们的判断和决策，甚至导致运动员出现失误或受伤。[①] 除了以上几个常见的心理特征之外，运动员还可能具有其他独特的心理特点。例如，一些运动员可能会表现出高度的自我控制力，能够在压力下保持冷静并做出准确的决策。另外，一些运动员可能会表现出强烈的竞争欲望和追求卓越的精神，这些心理特征可以帮助他们在比赛中取得更好的成绩。

2. 运动员在比赛中的心理表现

在比赛中，运动员不仅需要展现出优秀的体能和技能，而且需要展现出良好的心理表现。运动员的心理表现是指个体在比赛中面对各种挑战和压力时所表现出的心理状态和行为反应。这些心理状态和行为反应会影响运动员的竞技表现和比赛成绩。

运动员可能在比赛中面临各种挑战和压力，如高强度的竞争、观众的压力、比赛环境的变化等。这些因素可能会使运动员产生不同的情绪反应，如焦虑、紧张、不安等。这些情绪反应可能会影响运动员的注意力和判断力，使他们难以集中精力发挥自己的能力。例如，如果一个运动员过于紧张，他们可能会失去对比赛的乐趣，变得消极和失去信心，从而影响他们的表现。此外，运动员的动机也会影响他们的表现。例如，如果运动员过度追求成绩，他们可能会产生压力和焦虑，失去对比赛的乐趣，从而影响他们的表现；如果运动员能够保持积极的心态和良好的动机，他们可能会更加专注于比赛，发挥出更好的水平。因此，了解运动员在比赛中的心理表现可以帮助教练更好地指导运动员，提高他们的竞技水平和比赛成绩。运动心理学家建议运动员通过一系列心理训练方法和技巧调整自己的心态，提高自信和应对压力的能力。例如，运动员可以学习深呼吸、冥想等放松技巧减轻紧张和焦虑，更好地应对比赛中的挑战和压力。

3. 运动员的心理训练方法和技巧

除了研究运动员的心理特征和心理表现之外，运动心理学还研究运动员的心理训练方法和技巧。心理训练是一种通过一系列方法和技巧改变个体心理状态的过程，

---

① 张林宝，蔡友凤，乔鹏. 现代体能训练科学理论与实践指导 [M]. 北京：中国时代经济出版社，2013：46.

可以帮助运动员调整心态，提高自信和应对压力的能力。在运动员中，常见的心理训练方法包括认知重构、自我暗示、放松训练、表象演练等。

（1）认知重构

认知重构是一种心理策略，通过重新审视和调整个体的认知过程，改变他们对事件的理解和反应方式。在运动员的情境中，认知重构可以帮助他们改变对失败或挫折的消极看法，转而看到这些经历作为成长和学习的机会。例如，如果一个运动员在比赛中失败了，他们可能会感到沮丧和失望。然而，认知重构可以帮助他们从一个更积极的角度看待这个事件。通过重新解释失败的意义，他们可以理解到失败是一个宝贵的反馈来源，帮助他们识别自己的弱点，并在未来的比赛中改进。

认知重构的过程包括几个步骤：首先，运动员需要意识到他们的消极想法和观念；其次，他们需要用更积极和现实的观点来替代这些消极观念。例如，在面对失败时，运动员可以告诉自己："这次失败是一个很好的学习机会。我会从这次经历中吸取教训，并在下一次比赛中表现得更好。"心理学家可以教导运动员如何有效地运用认知重构，帮助他们建立积极的思维模式，以应对比赛中的压力和挫折。通过学习这个过程，运动员可以调整自己的情绪和行为反应，保持积极的心态，并取得更好的成绩。

（2）自我暗示

自我暗示是一种心理技巧，通常是通过自我指导或自我陈述来改变个体的心理状态。自我暗示的作用在于影响个体的心理状态和行为。通过积极的自我暗示，运动员不仅可以改变自己的情绪和态度，提高自信心和专注力，而且可以放松身心，减少紧张和焦虑等负面情绪的影响，保持积极的心态，取得更好的成绩。因此，心理学家可以教导运动员如何有效地运用自我暗示，建立积极的思维模式，以应对比赛中的压力和挑战。

（3）放松训练

放松训练是一种通过一系列方法和技巧来放松个体的身心，减轻紧张和焦虑等负面情绪影响的心理技巧。在体育运动中，放松训练对于提高运动员的竞技水平和比赛成绩具有非常重要的作用。

放松训练的方法和技巧多种多样，包括深呼吸、冥想、渐进性肌肉松弛等。这些方法和技巧可以帮助运动员降低心率、减缓呼吸，缓解紧张和焦虑等负面情绪的影响，从而发挥自己的能力。深呼吸是一种简单而有效的放松技巧，运动员可以通过慢慢地吸气和呼气来降低心率和放松肌肉；运动员可以通过冥想，集中注意力，排除杂念和情绪，达到放松身心的状态；渐进性肌肉松弛是一种常用的放松技巧，运动员可以通过逐渐放松身体的各个部位，缓解紧张和焦虑等负面情绪的影响。

（4）表象演练

表象演练是一种心理技巧，旨在通过想象或回顾过去的成功经验增强个体的自信心和表现。在体育比赛中，表象演练可以帮助运动员在比赛前调整心态，提高竞技水平，其核心在于通过心理想象来模拟比赛或训练的情境，帮助运动员在心理和身体上做好准备。运动员可以在表象演练中想象自己成功地完成比赛，回忆自己过去的成功经验，增强自信和放松心情。

表象演练的过程包括几个步骤：首先，运动员需要明确自己的目标和计划，了解比赛或训练的具体要求；其次，他们需要集中注意力，通过反复的想象来构建一幅生动、具体的图像或场景。在这个过程中，运动员需要注意细节，包括自己的表现、对手的反应、比赛的环境等。通过想象成功的场景，运动员可以增强自信心、放松心情、提高集中注意力。

4. 运动队和教练员对运动员的心理影响

除了心理训练方法和技巧之外，运动心理学还研究运动队和教练员对运动员的心理影响。在体育运动中，教练员是运动员最重要的支持者和指导者，他们的领导方式、行为和态度等都会对运动员的心理产生重要影响。

（1）教练员的领导方式

教练员的领导方式是影响运动员心理状态和表现的重要因素之一。不同的教练员有不同的领导方式，这些方式在很大程度上决定了运动员的感受、参与度和表现。

①民主型

民主型的领导方式被认为是最有利于运动员成长的领导方式之一。这种方式的重点是团队合作，教练员会倾听运动员的意见和建议，让运动员感到被尊重和被重视。在民主型的领导方式下，运动员可以参与决策过程，对训练和比赛有更多的掌控感，从而增强他们的参与度和动机。

②权威型

权威型的领导方式强调的是命令和服从，教练员会做出所有的决策，而运动员只能服从。这种方式的优点是能够保持队伍的纪律和统一，但是它也可能会让运动员感到压力和焦虑，降低他们的动机和表现。

③自由型

自由型的领导方式会让运动员感到缺乏指导和约束。在这种方式下，教练员对运动员的行为和表现很少干预，让运动员拥有更大的自由空间。然而，这种方式也可能会导致运动员感到无所适从，不知道如何达到队伍的要求和目标，从而影响他们的表现。

因此，心理学家可以帮助教练员了解不同领导方式的特点和优缺点，并提供有效的领导技巧和方法，改善教练员的领导方式，更好地支持和激励运动员。对于教练员来说，了解和运用适当的领导方式，不仅可以提高运动员的参与度和表现，而且可以建立更健康、更富有成效的队伍文化。

（2）教练员的行为和态度

教练员的行为和态度对运动员的心理具有重大影响。教练员的行为和态度会直接影响到运动员的自信心、动机和表现。例如，教练员的表扬和鼓励可以极大地增强运动员的自信心和动机。当运动员表现出色时，会得到教练员的认可和赞扬，从而更有信心去挑战自我，不断提高自己的表现。同时，表扬和鼓励能够增强运动员对训练和比赛的热爱，提高他们的参与度和投入度。

此外，教练员对比赛结果的态度也会影响运动员的心理。如果教练员过于注重比赛结果，可能会给运动员带来过大的压力和焦虑，影响他们的表现；如果教练员能够以平和的心态对待比赛结果，鼓励运动员在比赛中发挥出自己的最佳水平，那么运动员的压力和焦虑就会降低，更容易在比赛中发挥出自己的最佳水平。

因此，教练员需要时刻注意自己的行为和态度，努力营造一个积极、健康的训练环境。教练员应该学会欣赏和鼓励运动员的成就，以激发运动员的自信心和动机。同时，教练员也应该学会在适当的时候给予运动员指导和支持，帮助他们克服困难，不断提高自己的表现。

（3）团队氛围

除了教练员的影响因素之外，团队氛围也会对运动员的心理产生重大影响。团队氛围是指队员之间的相互关系和球队的整体氛围，它可以影响运动员的动机、参与度和表现。

一个积极的团队氛围可以增强运动员的参与度和表现。在这样的氛围下，运动员感到支持和鼓励，他们能够与队友建立良好的关系，彼此信任和互相鼓励。这种积极的团队氛围可以提高运动员的自信心和动机，促使他们更加努力地训练和比赛。

因此，教练员和运动员都需要关注团队氛围的建设，营造一个积极、健康、互相支持和鼓励的训练环境。例如，教练员可以鼓励队员之间的交流和合作，建立良好的团队合作关系，提高队员之间的信任感。同时，教练员还可以通过表扬和奖励来增强运动员的参与度和表现，营造一个积极向上的训练环境。

运动心理学是一门涉及多个学科领域的综合性学科，不仅关注运动员的心理特征和心理表现，而且研究心理因素对运动成绩的影响。通过了解运动员的心理特征和心理表现，教练可以更好地指导运动员，提高他们的竞技水平和比赛成绩。同时，运动员也可以通过心理训练方法和技巧，调整自己的心态，提高自信心和应对压力的能力。在未来，运动心理学将继续发挥重要作用，为体育事业的发展作出更大的贡献。

二、运动心理学的运用方法和积极影响

（一）运动心理学的运用方法

1. 暗示训练法

暗示训练法是一种非常有效的自我提升方法，通过自我暗示影响自我意识和行为，达到自我完善和优化的目的。在体育训练中，暗示训练可以帮助运动员在比赛中调整心态，增强自信心和集中注意力，从而更好地应对挑战并取得更好的成绩。

2. 心理疏导法

心理疏导法是一种有效的帮助运动员解决问题和缓解压力的方法。通过谈话和倾听，心理疏导能够更好地了解运动员的内心想法和情感，帮助他们排解心理上的困扰和压力。在体育训练中，心理疏导可以帮助运动员克服心理障碍，提高训练效果。同时，教练和运动员可以共同探讨这些问题，找出解决问题的最佳方式。

3. 心理训练法

心理训练法是一种通过训练思维和行为影响运动员的心理和行为的方法。在体育训练中，心理训练可以帮助运动员提高自我控制力和应对压力的能力，在比赛中发挥出更好的水平。

4. 团队建设法

团队建设法是一种通过组织活动和交流，促进团队成员之间的相互了解、信任和合作，增强团队凝聚力和合作精神的方法。在体育训练中，团队建设可以帮助运动员增强团队意识，提高合作能力和竞技水平，取得更好的成绩。

（二）运动心理学的积极影响

1. 提升学生训练动机

（1）运动心理学可以通过提供体能训练的理论基础和实践指导，使学生了解体能训练对身体和心理健康的影响。通过学习运动心理学的知识，学生可以明白体能训练不仅可以帮助他们提高身体素质，而且可以增强自信心，改善心理状态，提高学习和工作效率。

（2）运动心理学可以帮助学生了解体能训练对他们个人和职业发展的重要性。通过对职业发展和个人成长的探讨，学生可以明白体能训练对他们的未来具有重要意义。例如，对于体育、健身、医疗等领域，对体能的要求比较高，具备良好的体能素质可以更好地适应这些领域的要求。

通过这些理解，学生可以增强对体能训练的认可和重视，增强训练动机，更加

投入和坚持训练。同时，运动心理学还可以提供一些具体的策略和方法，帮助学生克服训练中的困难和挑战，进一步增强学生的训练动机和恒心。

2. 增强学生自信心

（1）运动心理学可以提供一些具体的策略和方法，帮助学生克服体能训练中的困难和挑战。例如，教授学生如何制订合理的训练计划、如何应对疲劳和受伤、如何调整心态等，帮助学生克服训练中的困难和挑战。

（2）运动心理学可以帮助学生理解自己的情绪和心态，从而更好地应对训练中的挑战，并保持积极的心态。

（3）运动心理学可以提供一些具体的案例和情境，让学生了解其他人在面对困难和挑战时是如何克服的，从他们的经验中学习。这些案例可以激励学生，让他们更加相信自己可以克服困难和挑战，进一步增强自信心。

通过这些学习，学生可以逐渐增强自信心，更好地应对体能训练中的挑战。自信心是非常重要的，因为它可以帮助学生保持积极的心态，并从失败中学习。当学生在面对困难和挑战时，如果他们有足够的自信心，就可以更加坚定地面对问题，寻找解决问题的方法。

3. 改善学生心理状态

运动心理学在大学生体能训练中可以帮助学生发展更健康、更积极的心理状态。通过教授他们一些应对压力和焦虑的策略，可以更好地应对体能训练中的挑战，避免疲劳和厌倦。

在体能训练中，学生可能会面临各种挑战，如疲劳、疼痛、受伤、失败等，引起压力和焦虑。如果学生没有学会如何正确应对这些情绪，可能会对他们的训练效果和生活质量产生不良影响。因此，运动心理学可以提供一些具体的策略和方法，帮助学生学会如何应对压力和焦虑。

4. 提高训练效率

运动心理学可以帮助学生更有效地集中注意力，更快地掌握技能，提高训练效率，减少受伤的可能性。在体能训练过程中，学生需要集中注意力，努力掌握正确的技能和动作，才能更好地完成训练。但是，学生可能会面临一些干扰和困难，如注意力不集中、技能掌握慢等，影响训练的效果和质量，也容易导致学生受伤。

因此，体育教师应巧妙运用运动心理学提供的一些具体的策略和方法，教授学生如何进行冥想和深度呼吸、如何消除干扰、如何集中精力，控制自己的思维和注意力，掌握技能和动作，从而更好地完成训练，提升训练效果。

第二节　大学生体能训练的运动生理学基础

一、体能训练与运动生理学

体能训练和运动生理学之间有着密切的联系。运动生理学是体能训练的重要理论基础，为体能训练提供科学依据。

运动生理学研究人体在运动过程中的生理反应和适应机制，主要包括心血管系统的调节、呼吸系统的适应、肌肉和骨骼系统的变化、能量代谢的改变等。[①] 这些研究结果能够为体能训练提供重要的指导。例如，通过了解心肺功能和有氧代谢的知识，制订更加有效的有氧运动训练计划，提高身体的耐力和氧气利用效率；通过了解肌肉结构和力量发展的知识，制订更加有效的力量训练计划，增加肌肉力量和身体稳定性；通过了解柔韧性和关节灵活性的知识，制订更加有效的柔韧性训练计划，增加关节活动范围，减少运动损伤风险。

此外，运动生理学还涉及人体对运动的适应过程，包括身体的结构、功能和代谢等多方面的变化。这些适应过程对于提高运动员的体能水平至关重要，因此，运动生理学在体能训练中发挥着重要作用。

运动生理学能够给运动员提供科学的体能训练指导，进而了解运动生理学的相关知识，制订更加科学、有效的训练计划，合理安排训练强度和时间，评估训练的效果，帮助运动员提高自身的体能水平。

二、力量素质训练的生理学因素

力量素质的生理学因素主要包括肌肉生理横断面积、肌纤维类型、肌肉初长度、中枢神经系统的募集能力、神经系统的协调能力等多方面因素。

（一）肌肉生理横断面积

肌肉的生理横断面积是指垂直横切某块肌肉中所有肌纤维获得的横断面积。它的大小是由肌纤维的数量和直径决定的，通常以平方厘米表示。肌肉生理横断面积是影响力量素质训练的一个重要因素，肌肉的生理横断面积越大，肌肉力量越大。影响肌肉生理横断面积的主要因素如下所述：

1. 肌纤维数量

肌肉的生理横断面积与肌纤维数量有直接的关联。肌纤维是肌肉最基本的单位，

数量越多，肌肉的生理横断面积也就越大。在体能训练中，通过科学合理的训练，如重量训练、低强度有氧运动等，可以增加肌纤维的数量，进而增加肌肉的生理横断面积。

2. 肌纤维直径

除了肌纤维数量之外，肌纤维的直径也是影响肌肉生理横断面积的关键因素。肌纤维直径的增加，意味着肌纤维变得更粗，单位面积内的肌纤维数量更多，使得肌肉的生理横断面积增加。除体能训练之外，饮食中的营养摄入对肌纤维直径的增长也有一定的影响，摄入足够的蛋白质和其他营养物质可以帮助肌肉生长和发育。

3. 肌纤维排列

肌纤维的排列方向也会影响肌肉的生理横断面积。如果肌纤维的排列方向比较混乱或者呈现出不规则的形态，那么垂直横切这些肌纤维所获得的横断面积就可能会更大或者更小，从而影响肌肉的生理横断面积。此外，如果肌纤维的排列方向与肌肉的收缩方向不一致，肌肉在收缩时产生的力量就会受到影响，进而影响到肌肉的力量素质。

肌纤维的排列方向主要取决于肌肉的功能和生物力学特性。肌肉纤维的排列方向与肌肉的收缩和伸展方向有关。根据肌肉的功能，肌肉纤维可以按照垂直、平行、羽状或网状排列。垂直排列的肌纤维在肌肉收缩时能产生较大的力量，平行排列的肌纤维在肌肉收缩和伸展时都较为顺畅，羽状排列的肌纤维在肌肉产生力量时的效率较高，而网状排列的肌纤维则具有更高的灵活性。

这些不同的排列方式都有其特定的功能和优点，不同的肌肉会选择不同的排列方式以适应其特定的功能需求。例如，一些肌肉需要产生较大的力量，因此，它们的肌纤维会按照垂直方向排列；而另一些肌肉则需要灵活地控制关节的运动，因此，它们的肌纤维会按照平行或羽状方向排列。同时，一些肌肉还需要具备多种功能，因此，它们的肌纤维会按照网状方向排列。

（二）肌纤维类型

1. 白肌纤维

白肌纤维，也称快肌纤维，具有较大的运动神经末梢和支配肌肉的神经元，肌肉纤维较粗，数量较少，具有较大的收缩力量，支配它的神经元传导速度快，使这种肌肉可以产生高速度的移动，但不具备较长时间持续工作的能力。白肌属于力量型肌肉，在爆发力的产生和瞬间力量产生方面有重要作用。

2. 红肌纤维

红肌纤维，也称慢肌纤维，具有较小的运动神经末梢和支配肌肉的神经元，肌肉纤维较细，数量较多，具有较小的收缩力量，但具备较长时间持续工作的能力。

红肌属于耐力型肌肉,在长时间、低强度的运动项目中具有重要作用。

(三)肌肉初长度

肌肉的初长度是肌肉在开始收缩前的长度。在一定的生理范围内,肌肉的初长度越长,其收缩时发挥的力量就越大。因此,在力量训练中,为了获得更大的肌肉力量,通常需要在肌肉初长度适当拉伸的情况下进行收缩。这种拉伸可以通过主动或被动的方式实现,如进行热身活动、牵拉练习、动态伸展等。需要注意的是,肌肉初长度的最佳长度是因个体差异而异的,因此,在进行力量训练时需要根据个体情况确定最佳的肌肉初长度。

(四)中枢神经系统的募集能力

中枢神经系统的募集能力是指神经系统如何调动肌肉纤维参与工作的过程。在人体肌肉活动中,参与活动的运动单位的数量和活动情况是决定肌肉力量的重要因素。一般来说,参与活动的运动单位数量越多,肌肉产生的力量就越大。

人类的神经系统可以通过调整参与活动的运动单位数量来调节肌肉力量。当需要较弱的力时,神经系统会只调动少量的运动单位;而当需要较强的力时,神经系统会调动更多的运动单位,使得肌肉可以在不同的力量需求下进行灵活的调节。

在中枢神经系统中,这种募集能力是通过前运动神经元实现的。前运动神经元是位于大脑和脊髓中的神经元,它们可以控制和调节肌肉的活动。当需要肌肉产生力量时,前运动神经元会发放动作电位,从而激发肌肉纤维的活动。

人类的思维活动也是中枢神经系统的功能之一。中枢神经系统可以接受和处理来自全身各处的传入信息,并将其整合加工后成为协调的运动性传出,或者储存在中枢神经系统内,成为学习、记忆的神经基础。

总之,中枢神经系统的募集能力是人体肌肉活动中重要的调节机制之一。它可以通过调整参与活动的运动单位数量,调节肌肉力量,实现人体各种复杂的运动和活动。同时,中枢神经系统也是人类思维活动的重要器官之一。

(五)神经系统的协调能力

神经系统的协调能力是指在中枢神经系统的控制下,身体各个部分协同工作以完成特定任务的能力。这种能力是基于神经系统的复杂结构和功能实现的。

中枢神经系统包括大脑和脊髓,是神经系统的核心部分。在中枢神经系统的控制下,身体各个部分可以协同工作以完成各种复杂的任务,如行走、抓取物体、说话等。这种协调能力是通过神经元之间的信息传递和整合实现的。

神经元是神经系统的基本单位,它们通过电信号和化学信号进行信息传递。在身体的不同部位的神经元通过不同的方式相互连接,形成复杂的神经网络。当身体需要完成某个任务时，中枢神经系统会通过神经元之间的信息传递和整合，协调不同部位的动作，实现整体动作的协调和稳定。

除了中枢神经系统外，身体的其他部分也会对身体协调能力产生影响。例如，肌肉、骨骼和关节的结构和功能都会影响身体的协调能力。同时，身体的感知系统和运动系统也会对身体协调能力产生影响。感知系统可以提供关于身体和外部环境的信息，帮助中枢神经系统进行协调和控制；运动系统可以执行中枢神经系统的指令，做出不同的动作。

总之，神经系统的协调能力是人体进行各种复杂运动和活动的基础。这种能力的发展和提高需要长期的训练和实践。在训练中，可以通过培养身体的感知能力和运动能力，强化中枢神经系统的控制能力，提高身体的协调能力。

三、速度素质训练的生理学因素

速度素质主要包括反应速度、动作速度和位移速度，因此，可从这三个方面着手对影响速度素质训练的生理学因素展开分析。

（一）影响反应速度的生理因素

影响反应速度的生理因素主要有中枢神经系统的机能状态、运动条件反射的巩固程度、运动技能等。

1. 中枢神经系统的机能状态

（1）神经传导速度

中枢神经系统的机能状态可以影响神经冲动的传导速度。神经纤维的髓鞘化和神经元的连接方式等因素决定了神经冲动的传导速度。良好的中枢神经系统机能状态可以加速神经冲动的传导，提高反应速度。

（2）大脑皮层的兴奋状态和灵活性

中枢神经系统的机能状态可以影响大脑皮层的兴奋状态和灵活性。当大脑皮层的兴奋状态提高时，神经元的兴奋性也会提高，从而加速神经冲动的传导，使反应速度加快。

（3）运动单位的募集方式和运动单位的兴奋性

中枢神经系统的机能状态可以影响运动单位的募集方式和运动单位的兴奋性。良好的中枢神经系统机能状态可以更有效地调动运动单位参与活动，提高肌肉的反应速度。

2. 运动条件反射的巩固程度

运动条件反射是指在训练过程中，通过反复练习和强化，使身体对某种特定的刺激产生快速、自动化的反应。运动条件反射的巩固程度越高，身体对刺激的反应就越快，反应速度也就越快，其主要原因是条件反射的巩固程度决定了大脑皮层的兴奋过程和抑制过程的灵活性。随着运动技能的不断练习，大脑皮层运动中枢的兴奋和抑制过程会越来越灵活，兴奋的分化抑制逐渐巩固，集中的分化越来越精细，兴奋过程和抑制过程的相互转化也越来越灵活。这样，在技能形成的过程中，大脑皮层运动中枢兴奋和抑制的灵活性就会大大提高，学习和掌握动作就会更快、更容易，动作技能也就更准确、熟练。此外，运动条件反射的巩固程度还影响了神经传导的速度。随着运动技能的日益熟练，大脑皮层神经细胞之间的联系更加紧密，神经传导的速度也会加快，提高了身体的反应速度。

3. 运动技能

（1）运动技能是通过反复练习和训练形成的。在技能形成的过程中，神经元之间的联系更加紧密，神经传导的速度也会加快，提高了反应速度。

（2）运动技能的熟练程度和自动化程度越高，反应速度也会越快。这是因为熟练的技能可以减少大脑皮层的认知负担，使更多的资源可以用于提高反应速度。

（3）运动技能还可以通过改变肌肉的募集方式和运动单位的兴奋性影响反应速度。

（二）影响动作速度的生理因素

动作速度主要取决于肌肉力量、肌肉组织肌能状态和运动条件反射的巩固程度等因素。

1. 肌肉力量

肌肉力量是动作速度的基础，力量越大肌肉收缩速度则越快。然而，肌肉力量与动作速度的关系并不是绝对的。其他因素，如神经－肌肉协调性、柔韧性等也起着重要作用。其中，神经－肌肉协调性的提高能够更快地传递信号，使肌肉组织更有效地收缩，从而加快动作速度；柔韧性则限制了肌肉的伸展程度，影响了肌肉力量的发挥和动作速度的快慢。

从上述力量素质的生理学因素中可以得知，增加肌肉的横截面积可以使肌肉力量得到进一步提升。对此，我们可以在进行力量训练的同时，结合快速动作练习，如快速抬腿、弹力带训练等，增强肌肉的快速收缩能力，提高动作速度。

2. 肌肉组织肌能状态

对于动作速度而言，肌肉组织肌能状态指的是肌肉组织的能源储备和生理状态，其具体内容如下所述。

（1）能源物质的储备状况

能源物质储备是指身体内的能量来源，主要包括碳水化合物、脂肪和蛋白质等。这些物质在身体内储备充足，可以为肌肉收缩提供足够的能量，提高肌肉的收缩速度和耐力，改善动作速度。

在短跑、跳跃等需要快速爆发力的运动中，运动员需要短时间内产生更大的力量，这就需要充足的能源物质储备来提供能量。如果身体内的能源物质储备不足，肌肉就得不到足够的能量供应，收缩速度和耐力就会受到影响，动作速度也会下降。

因此，对于需要快速爆发力的运动员来说，充足的能源物质储备是非常重要的。他们需要通过合理的饮食和训练，增加体内的能源物质储备，提高肌肉的收缩速度和耐力，提高动作速度，在比赛中获得更好的成绩。

（2）神经系统的兴奋状态

神经系统的兴奋状态可以影响肌肉的收缩速度和力量输出。神经系统的兴奋状态提高时，神经传递的速度和频率都会增加，刺激肌肉更快速地进行收缩，产生更大的力量。高水平的神经兴奋状态可以增强肌肉的收缩力量和速度，提高动作效率。例如，在足球、篮球等需要快速反应和动作的运动中，运动员需要保持高度的神经兴奋状态，以便快速准确地完成动作。

（3）肌肉组织的温度状况

适宜的肌肉温度可以保证肌肉的正常收缩和运动。在寒冷的环境中，肌肉温度可能会降低，导致肌肉收缩速度和力量受到影响。因此，在运动前进行适当的热身活动是非常重要的。热身活动可以增加肌肉温度和血液循环，提高肌肉的收缩速度和力量，改善动作速度。例如，在冬季进行户外运动时，运动员应该提前进行热身活动，确保肌肉温度适宜，避免因肌肉温度过低而影响动作速度。

（4）肌肉组织的氧合状况

充足的氧合可以提高肌肉组织的能量代谢效率，改善肌肉的收缩力量和速度。有氧运动可以提高心肺功能和血液循环，增加肌肉组织的氧合程度，提高肌肉的能量代谢效率和收缩力量。例如，长跑、游泳等有氧运动可以帮助运动员提高心肺功能和肌肉组织的氧合程度，改善动作速度。

（5）肌肉组织的营养状况

合理的营养摄入可以提供肌肉组织所需的营养物质，促进肌肉组织的生长和修复，提高肌肉组织的能量代谢能力，提高肌肉的收缩力量和速度。例如，高蛋白饮食可以帮助运动员增加肌肉质量，维生素和矿物质可以支持能量代谢和免疫系统功能。合理的营养摄入还可以帮助运动员保持良好的健康状态，降低因疾病或疲劳而影响运动表现的风险，提升运动训练的效果。

3. 运动条件反射的巩固程度

运动条件反射的巩固程度对动作速度的影响主要表现在建立运动条件反射和动作的自动化程度上。通过不断地练习和强化，可以使身体的肌肉和神经对某种特定的运动刺激产生快速的反应，提高动作速度。

（1）建立运动条件反射

运动技能的实质就是建立运动条件反射，运动员在训练过程中通过不断地刺激和强化，使身体的肌肉和神经对某种特定的运动刺激产生快速的反应，减少运动员对刺激的反应时间，使动作速度更快。

（2）动作的自动化程度

运动条件反射的巩固程度提高后，身体的动作会逐渐达到自动化程度。当一个动作达到自动化程度时，运动员在完成这个动作时就不再需要过多的思考和意识控制，而是可以凭借本能和训练经验快速地完成。这种自动化的动作速度要比经过思考和意识控制的速度快得多。

（三）影响位移速度的生理因素

移动速度主要取决于步长和步频，这是影响速度的两个关键因素。步长是指每次步行时两脚之间的距离，而步频则是指每分钟步行的次数。这两个因素的变化直接影响到运动员的移动速度。

1. 影响步长的生理因素

（1）腿的长度

腿的长度是影响步长大小的重要因素。较长的腿部会使得步长相对较大，因为这意味着脚离重心更远，可以更容易地推动身体向前；较短的腿部会导致步长相对较小，因为脚离重心较近，需要更多的力量推动身体向前。

（2）下肢关节的灵活性

下肢关节的灵活性对步长也有影响。灵活的关节可以使腿部在行走时更加伸展，增加步长。膝关节和踝关节的灵活性对于步长的增加非常重要。在日常生活中，可以通过一些运动和拉伸，提高下肢关节的灵活性，如瑜伽和慢跑等。

（3）肌肉力量

肌肉力量是影响步长的关键因素之一。强大的肌肉力量可以推动腿部更加伸展，增加步长。大腿肌肉的力量对于步长的增加非常重要，通过力量训练，如蹲起和腿举等动作，可以增强大腿肌肉的力量，从而增加步长。

（4）行走速度

行走速度也是影响步长的一个重要因素。在相同的条件下，行走速度越快，步长就越长。这是因为行走速度的提高需要更多的力量推动身体向前，使得步长相应地增加。在日常生活中，可以通过加快步频或者增加行走的距离来提高行走速度，增加步长。

2. 影响步频的生理因素

（1）人体神经过程的灵活性

神经系统的调节作用使得运动器官能够更加协调地运动，从而加快步频。例如，当神经系统的灵活性提高时，大脑可以更快地向肌肉发送信号，使肌肉更迅速地收缩和放松，从而加快步频。

（2）运动器官的协调性

在跑步过程中，运动器官需要相互协调，特别是下肢运动，使得脚能够更加灵活地着地和离地。例如，当髋、膝和踝关节的协调性提高时，脚着地和离地的动作会更加流畅，从而加快步频。

（3）下肢运动环节的灵活性

下肢运动环节包括髋、膝和踝关节，这些关节的灵活性越好，越能实现更大的步频。例如，如果髋关节的灵活性更高，大腿可以更加充分地向前摆动，从而增加步长并相应地加快步频。

（4）肌肉力量及收缩速度

强大的肌肉力量可以推动身体更快地向前移动，从而加快步频。同时，肌肉的收缩速度也会影响步频，快速的肌肉收缩可以使得脚更快地着地和离地，从而加快步频。例如，强大的腿部肌肉可以更迅速地推动身体向前，从而加快步频。

（5）外部因素

一些外部因素也会影响步频，如跑步环境、地形、跑步经验等。例如，在柔软的地面或坡地上跑步可能需要调整步频以适应不同的阻力。此外，不同的地形也可能要求调整步频以适应不同的地形特点，如上坡和下坡等。跑步经验也会影响步频，经过长时间训练的运动者可能会根据不同的情境调整步频，以达到最佳的跑步效率。

四、耐力素质训练的生理学因素

耐力素质训练的生理学因素主要包括有氧代谢能力、能源物质的储存、支撑运动器官长时间工作的能力等。

（一）有氧代谢能力

有氧代谢能力是指身体在一个运动时间段内的最大氧气利用数量，通常是通过一个简单的高密度锻炼周期测得的。有氧代谢能力是身体在锻炼时利用氧气、肺和心血管系统协调工作将氧气传给全身，运动得越多，效率就越高，周期内的氧气利用率也会变得更多。在有氧代谢过程中，需要充足的氧气供应和完整的能源物质储备，其中，心输出量和肌肉的血流量是影响有氧代谢能力的关键因素。

心输出量是指心脏每分钟输出的血液量，它取决于心脏功能、每搏输出量和体循环、肺循环的机能水平等。在长时间运动中，心输出量能够保证肌肉得到充足的氧气供应，保证有氧代谢的正常进行。因此，在耐力素质训练中，提高心肺功能和血管运输能力对于提高有氧代谢能力是至关重要的。

肌肉的血流量是指肌肉每分钟得到的血液量，它直接影响到肌肉中氧气的供应和能源物质的输送。在长时间运动中，肌肉血流量增加可以促进氧气和能源物质的交换，提高有氧代谢效率，保证肌肉在长时间运动中的能量供应。因此，在耐力素质训练中，增加肌肉血流量同样是提高有氧代谢能力的重要手段之一。

总之，在耐力素质训练中，提高心肺功能和血管运输能力可以保证肌肉得到充足的氧气供应和能源物质的输送，提高有氧代谢能力，增强耐力素质，提高运动表现。

（二）能源物质的储存

肌肉中的能源物质包括三磷酸腺苷、磷酸肌酸、糖原和脂肪等。这些物质在肌肉中的储存量直接决定了肌肉在长时间运动中的供能能力。因此，这些能源物质对于耐力素质的训练和提升具有重要意义。

1. 三磷酸腺苷

三磷酸腺苷是肌肉收缩最直接的能量来源。三磷酸腺苷在细胞内含量较少，但它能够在肌肉收缩时迅速分解提供能量，是肌肉高功率输出的重要保障。然而，三磷酸腺苷在肌肉中的储存量有限，因此，肌肉需要不断地进行三磷酸腺苷的再合成，以维持其在长时间运动中的供能能力。

2. 磷酸肌酸

磷酸肌酸能够在肌肉收缩时迅速释放能量，对于维持肌肉在高强度运动中的供能具有重要作用。与三磷酸腺苷相比，肌肉中磷酸肌酸的含量相对较少，但它可以在肌肉中储存更多的能量，因此，在长时间运动中，磷酸肌酸的利用对于肌肉的供能也具有重要意义。

3. 糖原和脂肪

糖原和脂肪也是肌肉中的主要能源物质。糖原能够储存大量的能量，主要在骨骼肌和肝脏中储存。在长时间运动中，糖原是肌肉主要的能量来源，但其储存量有限，因此，需要进行适当的补充和训练，以提高糖原的储存能力。脂肪是人体最大的能源储备，能够在长时间低强度运动中被利用。在运动中，脂肪的利用能够有效地降低血糖浓度的下降，对于维持长时间的耐力运动具有重要作用。

（三）支撑运动器官长时间工作的能力

支撑运动器官长时间工作的能力对于耐力素质来说确实很重要。在长时间持续的运动中，关节软骨的厚度、关节腔的面积、肌腱与韧带的牢固性等因素都会影响运动的效果和持续时间。

1. 关节软骨的厚度

关节软骨是关节中非常重要的结构之一，它覆盖了关节内骨头的表面，具有减少关节运动时的摩擦和磨损的作用。关节软骨的厚度对于关节的健康和耐力素质有着重要的影响。

关节软骨可以减少关节运动时的摩擦和磨损。在关节运动时，关节软骨可以形成一层润滑膜，减少骨头之间的摩擦和磨损，从而保护关节。

关节软骨还可以承受关节受到的压力和负荷。在运动中，关节软骨可以分散关节受到的压力和负荷，减少关节受到的冲击力。

因此，在耐力素质训练中，需要注意保护关节软骨的健康，避免过度磨损和负荷，保持关节软骨的正常厚度和功能。同时，也可以通过合理的训练和营养补充，促进关节软骨的生长和修复，提高关节的耐力和健康水平。

2. 关节腔的面积

关节腔的面积对于关节的健康和耐力素质也有着重要的影响。关节腔是关节内两个骨头的接触面之间的空间，它的大小直接影响着关节的接触面积和受力分布。

关节腔面积越大，关节的接触面积也越大。这意味着在同样的运动状态下，关节受到的压力可以更好地分散到更多的关节面上，降低关节受到的局部压力和磨损风险。较大的关节接触面积还可以增加关节的稳定性和牢固性，降低关节位移和脱位的风险。

关节腔面积的大小也会影响关节的运动方式和灵活性。较大的关节腔面积可以提供更多的空间，使得关节可以更加灵活地运动，增加关节的弯曲度和旋转度。这有助于提高运动员的表现和动作技巧，但在某些情况下也可能会提高关节受伤的风险。

因此，适当的关节腔面积对于长时间持续的运动也是必要的。在耐力素质训练中，需要注意保护关节的健康，保持适当的关节腔面积。运动员可以通过合理的训练和保持良好的生活习惯促进关节健康的生长和发育，避免过度磨损，保持关节腔的正常功能。同时，在运动中，运动员还需要注意关节的灵活性和稳定性，避免过度伸展和扭转，降低关节受伤的风险。

3. 肌腱与韧带的牢固性

肌腱与韧带是连接肌肉与骨骼之间重要的结缔组织，它们可以传递肌肉力量到骨骼，实现运动。肌腱与韧带的牢固性对于耐力素质和运动能力具有十分重要的意义。

肌腱和韧带可以传递肌肉力量到骨骼，从而实现运动。如果肌腱与韧带不够牢固，可能会导致肌肉力量传递不足，影响运动效果。肌腱与韧带的牢固性还可以增加肌肉的稳定性和控制性，使得运动员可以更加准确地控制运动幅度和力度，降低运动损伤的风险。

肌腱与韧带的牢固性还可以增加关节的稳定性和牢固性。肌腱和韧带通过连接肌肉和骨骼，可以增加关节的接触面积和受力分布，降低关节受到的局部压力和磨损风险。同时，肌腱和韧带还可以限制关节过度的活动，降低关节位移和脱位的风险。

因此，在耐力素质训练中，注重锻炼肌腱与韧带的力量和牢固性十分重要。它可以通过力量训练、柔韧性训练和平衡训练等方法，增加肌腱与韧带的牢固性。同时，运动员需要注意保持良好的生活习惯和运动姿势，避免过度负荷和重复性运动，降低肌肉拉伤和骨骼位移的风险。在运动中，运动员还需要注意关节的稳定性和控制性，避免过度伸展和扭转，保持关节的健康和运动能力的提高。

五、柔韧素质训练的生理学因素

柔韧素质训练的生理学因素包括关节的构造、关节囊的厚薄松紧度、关节周围骨的形态结构、关节韧带、软组织的可塑性、神经系统的协调性、年龄和性别等。

（一）关节的构造

关节的构造对于人体的柔韧素质具有重要影响。

1. 关节面的形态

关节面的形态决定了关节的活动范围。一般来说，关节面的曲面越复杂，关节的活动范围就越大。例如，肩关节的活动范围比踝关节的活动范围大，这是因为肩关节的关节面较为复杂。

2. 关节周围组织的厚度

关节周围组织的厚度会影响关节的活动范围。如果关节周围的组织较厚，就会限制关节的活动范围；反之，则关节的活动范围会相对较大。

3. 关节韧性和肌肉强度

关节的韧性和肌肉的强度对会关节的活动范围产生影响。如果关节韧性好、肌肉强壮，就能够更好地支撑关节活动，扩大关节的活动范围。

（二）关节囊的厚薄松紧度

关节囊是连接关节窝和骨块的结缔组织，它包裹着关节，起到稳定关节、减少关节活动时摩擦的作用。关节囊的厚薄松紧度直接影响关节的活动范围和柔韧素质。

如果关节囊比较厚，就会限制关节的活动范围，降低关节的柔韧素质。例如，在髋关节中，关节囊比较厚，其柔韧素质相对较低。如果关节囊比较薄，就会增加关节的活动范围，提高关节的柔韧素质。例如，在肩关节中，关节囊比较薄，其柔韧素质相对较高。此外，关节囊的松紧度也会影响关节的柔韧素质。如果关节囊比较紧张，就会限制关节的活动范围，降低关节的柔韧素质；反之，就会增加关节的活动范围，提高关节的柔韧素质。

（三）关节周围骨的形态结构

关节周围骨的形态结构主要是指关节周围骨骼的形状、大小及它们的相对位置关系。这些因素都会影响关节的活动范围和柔韧素质。例如，在肘关节中，肱骨内外上髁和尺骨鹰嘴窝的相对位置关系就决定了肘关节的活动范围。如果这些结构的相对位置不正常，就会导致肘关节的活动受限，影响柔韧素质。

此外，一些骨骼的形态结构也会影响关节的柔韧素质。例如，在髋关节中，股骨和髋臼的形状和大小相互适应，使得髋关节能够进行大幅度的屈曲和旋转运动，因此，其柔韧素质相对较高。

（四）关节韧带

关节韧带是连接关节的坚韧纤维组织带，它们赋予关节稳定性和保持关节形态的作用。关节韧带对于人体的柔韧素质具有重要影响。

1. 韧带的强度和弹性

关节韧带越强壮、弹性越好，就越能够承受更大的关节活动幅度，减少关节活动的限制，提高关节的柔韧素质。例如，在膝关节中，前后交叉韧带和内外侧副韧带的强度和弹性对于膝关节的屈曲和旋转运动具有重要影响。

2. 韧带的松弛和紧张度

韧带的松弛和紧张度也会影响关节的活动范围和柔韧素质。如果韧带过于紧张，就会限制关节的活动范围，降低关节的柔韧素质；反之，就会增加关节的活动范围，提高关节的柔韧素质。

3. 韧带的位置和排列

关节韧带的位置和排列也会影响关节的活动范围和柔韧素质。如果韧带的位置和排列不正确，就会导致关节的不稳定和活动受限，降低关节的柔韧素质。

（五）软组织的可塑性

肌肉、韧带、肌腱等软组织的可塑性是影响人体柔韧素质的重要因素之一。这些软组织的可塑性主要是指它们在受到外界刺激时，能够改变其形态、长度和弹性的能力。

1. 肌肉的可塑性

肌肉的可塑性主要取决于肌肉的伸展性和弹性，伸展性好的肌肉能够更好地拉伸，增加关节的活动范围，弹性好的肌肉能够更快地恢复原状，减少肌肉损伤的可能性。因此，通过科学训练，如牵拉训练和柔韧性训练，可以改善肌肉的伸展性和弹性，提高人体的柔韧素质。

2. 韧带和肌腱的可塑性

韧带和肌腱的伸展性和弹性会随着年龄的增长而逐渐降低，但是在适当的训练下，它们的可塑性可以得到改善。例如，在舞蹈训练中，通过长时间的伸展和柔韧性训练，可以增加韧带和肌腱的伸展性和弹性，提高运动者的柔韧素质。

（六）神经系统的协调性

人体的柔韧素质不仅取决于关节的构造、肌肉、韧带、肌腱等软组织的可塑性，而且与神经系统的协调性密切相关。神经系统的协调性好，对抗肌对原动肌的阻碍作用就小，关节的活动幅度也就大，其柔韧性就好。例如，在体操表演中，优秀的表演者能够通过神经系统的精细调节，实现身体各部位的高度协调，完成各种优美的体操动作。少年儿童在生长发育过程中，神经系统的协调性较好，因此，这一阶段是柔韧素质训练的关键时期。此外，女性的肌肉韧带的伸展性、弹性比男性好，也与神经系统的协调性有关。

（七）年龄和性别

1. 年龄

年龄对柔韧素质的影响是一个复杂的过程。一般来说，年龄越小，柔韧素质越好。这是因为儿童的关节和肌肉没有定型，具有较高的柔韧性和灵活性。同时，儿童的身体组织也更加柔软，关节间距较宽，有利于柔韧性的提升。然而，随着年龄的增长，人体的骨骼、肌肉和韧带等软组织会发生不同程度的生长发育和变化，如身体的肌肉和关节逐渐退化、韧带和肌腱缩短、关节软骨变薄等，导致关节的活动范围缩小，灵活性降低，影响人体的柔韧性。

年龄对柔韧素质的影响是不可避免的，但通过适当的锻炼方法和保持良好的生活习惯，可以在一定程度上延缓这种下降趋势。在任何年龄段，维持良好的柔韧素质都有助于预防身体损伤和提高身体机能。

2. 性别

性别对柔韧素质的影响主要是生理因素的差异所致。一般来说，女性在柔韧素质方面比男性更具优势，这是因为女性的身体结构相对较细长，关节间距较小，且女性体内的激素水平也有利于柔韧性的提升。

（1）女性的肌肉和关节结构相对较细长，使得女性在柔韧性和灵活性方面表现更为出色。例如，女性的髋部更灵活，可以更好地完成下腰和劈腿等动作。此外，女性的肌肉纤维比男性更细长，使得她们的肌肉更具弹性，能够更好地完成柔韧性动作。

（2）女性的激素水平也有利于柔韧性的提升。女性体内的雌激素水平较高，有助于提高肌肉和关节的灵活性和柔韧性。同时，女性体内的生长激素和重组蛋白也有助于肌肉和关节的生长和修复，有利于柔韧性的提高。

（3）需要注意的是，这些差异并不意味着男性就不具备柔韧性和灵活性。通过科学的训练和锻炼，男性也可以提高他们的柔韧性和灵活性，达到与女性相当的水平。

第三章　大学生体能训练的前沿理论研究

第一节　体能训练的个性化训练理论研究

一、个性的基本概念

个性，也称"人格"，是指个人的精神面貌或心理面貌。个性一词来自拉丁文"persona"，原指演员所戴的"面具"，后来引申为人物、角色及其内心的特征或心理面貌。在心理学中，个性与人格都有广义和狭义之分。

广义的个性与人格是同义词，均指个人的一些意识倾向和各种稳定而独特的心理特征的总和。

狭义的个性通常指个人心理面貌中与共性相对的个别性，即个人独具的心理特征。狭义的人格通常指个人的一些与意识倾向相联系的心理特征的综合表现，有时，甚至仅指个人的品德、操行。

人的个性可以通过其言语方式、行为方式和情感方式等表现出来，是一个人区别于其他人的独特的精神面貌和心理特征。人的个性不仅表现在他们的思想、信念、理想等内在方面，而且表现在他们的仪表、风度、言谈、举止等外在方面。人的个性是相对稳定的，但不是一成不变的。随着主客观条件的变化，人的个性也会发生变化。每个人都有自己独具特色的个性，这个性既受到社会的影响，又显示出个人的独创。

二、个性化训练理论的由来

在 20 世纪 70 年代初期，一些排球教练员和运动员注意到每个运动员的个性和特点都有所不同，认识到这些个性和特点对运动表现和训练反应具有重要影响。因此，这些教练员和运动员开始尝试根据每个运动员的个性特点和表现差异，制订个性化的训练计划和指导方案。

个性化的训练计划和指导方案可以更好地适应每个运动员的实际情况和需求。为了制订更加符合运动员实际情况和需求的个性化训练计划和指导方案，有关学者开始关注每个运动员的身体条件、技能水平、心理特征等方面，通过评估和分析这些因素，制订出更加符合运动员实际情况和需求的个性化训练计划和指导方案。

个性化训练理论的出现是基于实践经验的总结和不断探索的结果。这种训练方式为运动员的选拔和训练提供了新的思路和方法，促进了运动训练领域的不断发展和进步。

随着现代科技的发展，个性化训练理论也得到了进一步的推进。例如，通过生物技术和大数据分析等手段，可以对运动员的基因、代谢、身体形态等方面进行更加深入的研究和评估，进而制订更加精准和个性化的训练计划，使得个性化训练更加科学和有效。

三、个性化训练理论的运用分析

(一) 评估个体需求和目标

了解每个大学生的个体需求和目标对于制订有效的个性化训练计划至关重要。通过评估，教练员可以了解大学生的体能状况、健康状况、训练目标和期望，为他们制订合适自己的训练计划。其中，体能测试是一种重要的评估方法。通过测试大学生的肌肉力量、耐力、灵敏性、协调性等方面的体能指标，可以了解他们的体能状况和训练需求。例如，测试肌肉力量可以确定大学生的力量水平和需要加强的肌肉群，测试耐力可以了解他们的心肺功能和耐力水平，测试灵敏性和协调性可以评估他们的灵活性和反应能力。此外，问卷调查和个别访谈也是了解大学生个体需求和目标的有效方式。问卷调查可以覆盖多个方面，如大学生的健康状况、运动经历、训练目标和期望等。个别访谈则可以更深入地了解大学生的个体需求和目标，为他们提供更加个性化和针对性的建议和指导。

(二) 制订个性化的训练计划

根据评估结果，为每个大学生制订个性化的训练计划。个性化的训练计划应该包括合适的运动项目、运动强度、运动时间和休息时间等。训练计划要充分考虑学生的个体差异和需求，如年龄、性别、体能状况、健康状况、训练目标和期望等，以达到最佳的训练效果。

在制订个性化的训练计划时，教练员应该与学生进行充分的沟通和交流，了解他们的实际情况和需求，并根据评估结果制订具体的训练计划。训练计划应该具有一定的灵活性和可调整性，以适应学生的身体条件和训练进展。

在选择运动项目时，应该考虑到学生的兴趣爱好和技能水平，选择适合他们的项目，提高他们的参与度和训练效果。同时，运动强度和运动时间的安排也应该根据学生的身体条件和训练目标进行合理安排，确保训练的安全性和有效性。

个性化的训练计划还应该包括适当的休息时间和营养指导，帮助学生更好地恢复身体和健康。教练员应该提供必要的指导和建议，帮助学生建立良好的训练习惯和健康的生活方式。

（三）定期评估和调整

个性化训练计划需要定期评估和调整，确保训练计划与学生的进步和需求保持一致。通过定期的体能测试和观察，教练员可以了解学生的进步情况和存在的问题，并根据实际情况对训练计划进行适时的调整。

定期评估可以帮助教练员了解学生的训练进展和达成目标的情况。通过比较学生的初始评估和后续评估结果，可以确定学生的进步和需要改进的方面。这些信息可以帮助教练员对训练计划进行调整，更好地满足学生的训练需求。

此外，观察学生的训练过程和运动表现也是一种重要的评估方式。教练员可以观察学生的技术动作、训练态度和运动表现，并与学生的训练计划进行对比。通过分析观察结果，教练员可以判断训练计划是否适合学生，是否需要进行调整。

总之，个性化训练计划的定期评估和调整是保持训练有效性和针对性的关键。通过评估学生的进步情况和存在的问题，并根据实际情况进行调整，教练员可以帮助学生提高训练效果，提高他们的身体素质和健康水平。

（四）关注个体反应和需求

在大学生体能训练过程中，关注学生的个体反应和需求非常重要。每个大学生在训练中可能会遇到不同的问题和困难，如身体不适、技术动作不规范、心理压力等。教练员需要及时关注学生的个体反应，提供指导和帮助，并根据个体需求进行调整，确保训练的安全性和有效性。

首先，教练员应该密切关注学生的身体反应，如疲劳程度、疼痛感、身体状况等。如果发现学生出现不适或有受伤的情况，需要及时停止训练，并给予必要的医疗护理和时间进行修养。在训练过程中，教练员还应该提醒学生保持良好的训练习惯和饮食营养，帮助学生更好地恢复身体。

其次，教练员应该关注学生在训练中的技术和动作表现。对于技术动作不规范的学生，教练员可以通过示范和讲解，帮助学生掌握正确的技术动作；对于遇到困难的学生，教练员可以与学生一起分析问题，并给予针对性的训练计划和指导。

最后，教练员应该关注学生的心理状态和情绪反应。训练过程中可能会产生压力和疲劳感，影响学生的心理健康。教练员通过观察和交流，了解学生的心理状态和情绪反应，并给予适当的支持和帮助。例如，教练员可以鼓励学生积极面对困难和挑战，激发他们的训练动力，提高他们的自信心。

四、个性化训练理论的现状与对策分析

（一）资源和投入的限制

在高校体育教育中，资源和经费投入的限制是一个普遍存在的问题。由于教育资源和经费有限，许多高校难以提供充足的专业训练资源和投入，包括教练员、设备、场地和专业训练时间等。这就导致高校难以保证每个学生在体能训练方面都能得到专业、个性化的指导，从而限制了个性化训练理论的推广和应用。个性化训练理论强调针对每个学生的身体条件、运动基础和训练目标进行个性化的训练计划和指导，这需要教练员或教师具备专业的运动知识和训练技能，同时还需要相应的资源和投入。然而，在资源和投入有限的情况下，个性化训练理论的实施与普及面临很大的挑战。

为了克服这个限制，高校可以采取一些措施。

1. 根据需求合理分配资源

在进行体能训练的资源分配时，需要根据目标和实际需求进行合理配置。例如，在购置训练设备时，需要考虑到不同设备的适用性和成本效益。同时，要根据参与者的体能水平和项目需求，合理安排训练时间和强度，确保资源利用的最大化。此外，可以优先投入在关键设备或场地的购置或租赁上，解决资源不足的问题。

2. 努力寻求外部的赞助与支持

高校可以积极寻求政府、企业或个人的赞助和投资，增加体能训练的资源投入。例如，与当地的体育机构、企业或社区合作，获得资金、设备或场地的支持。高校还可以通过发起众筹或募捐活动，筹集资金和资源，用于购买训练设备、增加训练时间或提高训练质量。增加经费、设施和设备的投入是一种常见的提高资源投入的方式，它可以帮助组织或个人更好地完成任务，提高工作效率和质量。

3. 开展多方合作与共享

高校可以与其他机构或个人开展合作，共同使用资源，实现资源共享。例如，可以与其他学校、运动俱乐部或社区组织达成协议，共同使用训练场地、设备或人员。通过合作与共享，可以降低成本，减少资源浪费，同时扩大可利用资源的范围，让学生得到更专业的训练指导，推动个性化训练理论的推广。

4. 提高对体能训练的重视程度

高校应该提高对体能训练的重视程度，充分认识到体能训练对于整体发展和成绩的重要性。高校可以通过宣传和教育活动，提高参与者和相关人员的认识。例如，可以邀请专业教练进行讲座、示范和培训，介绍体能训练的重要性和有效方法。高校还可以通过设立奖励机制，鼓励参与者积极参与体能训练，提高其重视程度。

5. 提升培训质量并优化课程

高校加强对教练员或教师的培训和提高他们的专业水平。这样能够让教练员或教师更好地理解和应用个性化训练理论，为学生提供更专业的指导，推动个性化训练理论在大学生体能训练中的应用和发展。同时，优化课程设置，为学生提供更多的自由时间和场地，让他们可以根据自己的需求进行自主训练，满足学生的个性化需求。

6. 积极开展自我研发和创新

高校可以积极开展自我研发和创新，利用现代科技和信息技术提高体能训练的效率和效果。例如，可以开发专业的训练软件和应用程序，实现训练数据的分析和优化，提高训练质量和效益；也可以引进先进的训练方法和理念，结合实际情况进行调整和改进。通过自我研发和创新，可以降低对外部资源的依赖，提高训练的针对性和实效性。

然而，这些措施可能需要一定的时间和努力才能见效。高校需要在实际操作中权衡各种因素，寻求可持续的解决方案，逐步改善体育教育的环境和条件，为个性化训练理论的推广创造更好的条件。

（二）传统教育模式的束缚

部分高校仍然采用大班授课的方式进行体育教育，使得教练员或教师难以针对每个学生的身体条件、运动基础和训练目标进行个性化的训练计划和指导，限制了个性化训练理论的推广和应用。

大班授课模式在体育教育中很常见，通常是一个教练员或教师带领数十名学生一起进行训练。这种模式下，教练员或教师难以关注到每个学生的个体差异和需求，难以提供个性化的训练计划和指导。同时，大班授课的训练方式往往缺乏灵活性和针对性，难以满足不同学生的兴趣和需求，影响学生的学习积极性和训练效果。

个性化训练理论强调针对每个学生的个体差异和需求进行个性化的训练计划和指导，这在大班授课模式下很难实现，因此，这种教育模式限制了个性化训练理论的推广和应用。

为了克服传统教育模式的束缚，高校可以采取一些措施。

1. 引入创新的教育模式

高校可以尝试翻转课堂、混合学习等创新的教育模式，将更多的主动权交给学生，让他们成为课堂的主角，促使学生更加积极地参与体能训练的教学过程，发挥其主观能动性，提高学习效果。

2. 体能训练与科技结合

现代科技的飞速发展为教育带来了新的机遇。高校可以利用虚拟现实技术、增强现实技术、健身应用程序等，为学生提供更加直观、生动的体能训练学习方式，帮助学生更好地理解和掌握体能训练的技巧和方法，提高训练效果。同时，还可以利用大数据、人工智能等技术对学生的学习情况进行实时监测和数据分析，为教师提供更加全面、准确的教学辅助。

3. 实施以实践为主导的教学策略

理论知识的学习固然重要，但体能训练的实践同样不可忽视。高校可以组织学生进行体能训练实践活动、参加体育赛事等，让学生在实践中学习和提升自己的体能。此外，还可以开设实践课程，让学生在实践中掌握体能训练的技巧和方法，提高他们的运动技能和实践能力。

4. 培养全面的体能训练素养

体能训练不仅涉及身体素质的提升，而且涉及营养、保健、损伤预防等多个方面。因此，高校在开展体能训练教育时，要注重培养全面的体能训练素养，包括正确的体能训练理念、科学的体能训练技巧、有效的体能训练方法等。通过这些综合素养的培养，可以帮助学生更好地理解体能训练的本质，提高他们的运动水平和自我管理能力。

5. 构建积极的师生关系

良好的师生关系是提高教学质量的重要保障。高校应构建积极的师生关系，使教师能够更好地理解和关注学生的需求，指导学生进行体能训练。积极的师生关系可以促进师生之间的沟通和交流，帮助学生解决在体能训练中遇到的问题和困难，也可以为教师提供更加准确的教学反馈，帮助教师改进教学方法和教学策略。

（三）学生需求的多样性和复杂性

学生需求的多样性和复杂性是高校体育教育中普遍存在的现象。不同学生的身体素质、运动基础和训练目标各不相同，他们对于体育教育的需求也因此变得多样和复杂。这种多样性使得个性化训练理论的实施变得更加具有挑战性，同时也增加了推广的难度。例如，一些学生可能需要进行基础体能训练，包括耐力、速度、力量和柔韧性等方面的训练；而另一些学生可能需要进行更高级别的训练，如竞技体育方面的训练。

此外，学生的体能训练需求还可能受到其他因素的影响，如课程安排、文化背景和生活方式等。因此，在制订体能训练计划时，需要综合考虑学生的实际情况和需求，制订出最适合他们的训练计划。

为了应对学生需求的多样性和复杂性，高校可以采取一些措施。

1. 提供多样化的体能训练项目

针对不同学生的需求和兴趣，可以提供多种不同的体能训练项目，如有氧运动、力量训练、柔韧性训练和户外拓展等不同类型的运动课程、健身课程和体育竞赛项目等，让学生有更多的选择。

2. 强化师资力量的建设和提升

在开展体能训练的过程中，需要有一支高素质、专业化的师资队伍来支撑。需要通过不断加强师资力量的建设，保证体能训练的质量和效果。例如，可以引入更多的专业教练员或教师，为学生提供更专业的指导和建议。这样能够根据每个学生的具体情况，制订个性化的训练计划和指导，满足他们的特定需求。

3. 引入个性化的训练计划

根据学生的身体状况、健康状况和运动经验等因素，可以制订定个性化的体能训练计划，最大限度地满足其特定需求。通过针对性的培训和指导计划，帮助学生了解自己的身体状况和训练目标，提高他们的自我训练能力和意识。

4. 注重训练方法的科学性和有效性

在制订体能训练计划时，需要注重训练方法的科学性和有效性，确保训练的效果和安全性。同时，也需要根据学生的实际情况进行调整和改进，使其更加符合学生的实际需求。通过建立反馈机制，及时了解学生的需求和反馈，不断优化课程和训练项目，提高训练方法的科学性，提高学生的学习积极性和训练效果。

高校可以通过采取上述措施，尽可能地满足不同学生的需求，推动个性化训练理论在高校体育教育中的应用和发展，提高体育教育的质量和效果，为学生的身体素质和健康水平提供更好的保障。

（四）缺乏对个性化训练理论的认识和了解

缺乏对个性化训练理论的认识和了解是高校体育教育中普遍存在的问题。个性化训练理论是一种新兴的训练理念，一些教练员或教师可能还不太了解其基本概念、原则和方法，从而无法有效地将其应用于实践。

为了解决这个问题，高校可以采取一些措施。

1. 加强宣传和培训

加强对个性化训练理论的宣传和培训，让教练员或教师了解其基本概念、原则和方法。可以通过举办专题讲座、培训课程和研讨会等方式，向教练员或教师介绍个性化训练理论的相关知识和技能，帮助他们更好地理解和应用。

2. 引入专业人员

引入专业的个性化训练导师或专家，为教练员或教师提供指导和支持。个性化训练导师或专家具有丰富的实践经验和专业知识，能够为教练员或教师提供针对性的指导和建议，帮助他们更好地将个性化训练理论应用于实践。

3. 积极组织分享会

可以组织教练员或教师进行交流和分享，让他们互相学习和借鉴经验。通过组织研讨会、交流会议或团队建设等活动，鼓励教练员或教师分享自己的经验和心得，互相学习和提高。

4. 提供丰富学习资源

提供相关的学习资源和资料，让教练员或教师自行学习和研究。可以通过图书馆、网络资源和实践案例等方式，提供个性化的训练理论与相关的学习资料，让教练员或教师自行学习和研究，不断提高自己的知识和技能。

总之，加强对个性化训练理论的宣传和培训是解决缺乏认识和了解的有效途径。通过多种方式向教练员或教师介绍个性化训练理论的相关知识和技能，提供指导和支持，组织交流和分享，以及提供学习资源和资料等方式，可以帮助教练员或教师更好地理解和应用个性化训练理论，为高校体育教育的发展和提高提供更好的支持。

第二节　体能训练的功能性训练理论研究

一、功能性训练理论

（一）功能性训练理论的概念

功能性训练理论是研究如何通过训练提高身体的运动表现和日常生活质量的。[①]这种训练方法关注的是动作本身，旨在提高神经对肌肉的控制能力，增强所有肌肉的协调配合和身体对它们的控制能力。

在功能性训练中，多关节、多平面和多本体感觉的练习是非常重要的。多关节练习可以激活多个肌肉群，提高身体的整体协调性。多平面练习可以模拟现实生活中各种不同的动作和运动方式，使身体在各种不同的姿势和运动中更加稳定和灵活。多本体感觉练习可以提高身体的本体感觉能力，使身体更好地感知自身的位置和运动状态，提高身体的平衡能力和控制能力。

功能性训练的基础包括灵活性、稳定性训练，也强调平衡能力的训练。灵活性训练可以改善肌肉的柔韧性和关节的活动范围，降低运动中的受伤风险。稳定性训练可以增强身体的核心稳定性和关节稳定性，提高身体的刚性和控制能力。平衡能力训练可以提高身体对自身位置和运动的感知能力，从而提高身体的稳定

---

① 米洋，张明哲．浅析功能性体能训练特点及其在运动训练中的应用研究［J］．运动—休闲：大众体育，2023（1）：93—95.

性和安全性。

功能性训练方法可以识别和改善身体的功能限制，降低潜在的损伤风险，提高身体的整体性能。通过功能动作测试等评估方法，可以识别出身体的功能限制和潜在的损伤风险，然后根据测试结果进行针对性的训练。此外，功能性训练还包括损伤预防训练、保养与康复训练、恢复与再生训练等，旨在全面提高身体的运动表现和日常生活质量。

功能性训练理论研究如何通过训练提高身体的运动表现和日常生活质量，关注的是动作本身，强调多关节、多平面和多本体感觉的练习，旨在提高神经对肌肉的控制能力，增强所有肌肉的协调配合和身体对它们的控制能力。

（二）功能性训练理论的起源与发展

功能性训练理论旨在通过增加运动的元素来提高病患的身体功能，帮助他们更好地应对日常生活和运动中的各种挑战。

进入21世纪后，功能性训练理论不断发展和完善，逐渐成为一种广泛应用于康复、竞技体育和大众健身领域的训练方法。功能性训练的训练动作和练习方法多种多样，包括平衡练习、核心力量训练、动力链训练、恢复与再生训练等，旨在提高身体对自身位置和运动的感知能力，增强身体的功能性，优化人体的基本运动能力。

在康复领域，功能性训练被用于帮助患者恢复身体功能，提高日常生活能力和运动表现。例如，对于一些下背痛患者，功能性训练可以帮助他们改善姿势和动作模式，增强核心肌肉力量和稳定性，减少疼痛，提高生活质量；对于一些因损伤或疾病导致身体某些部位功能丧失的患者，功能性训练可以通过一些特定的练习和活动，帮助他们重新获得一些身体功能，提高日常生活能力和生活质量。

在竞技体育领域，功能性训练被用于优化运动员的身体功能，降低运动损伤的风险。运动员需要经常进行高强度的运动和比赛，这对他们的身体素质和技能提出了很高的要求。功能性训练可以通过一些特定的练习和训练，提高运动员的身体素质和技能水平，帮助他们更好地应对比赛中的各种挑战。例如，对于篮球运动员，功能性训练可以帮助他们提高跳跃能力、反应速度和身体控制能力，从而完成各种技术动作，取得更好的比赛成绩。

在大众健身领域，功能性训练也受到广泛关注，帮助个体提高身体的协调性、稳定性和灵活性，增强身体的整体功能，更好地应对日常生活和运动中的各种挑战。例如，通过功能性训练，老年人可以改善平衡和灵活性，提高生活质量。此外，功能性训练也被广泛应用于健身俱乐部和私人训练中，成为许多健身爱好者和专业人士喜欢的训练方法。

除了康复、竞技体育和大众健身领域之外，功能性训练还被广泛应用于其他领域。例如，在职业体育中，功能性训练被用于评估和改善运动员的身体状况，帮助他们延长运动寿命。此外，功能性训练也被广泛应用于残疾人康复、儿童成长发育等领域，为提高各种人群的身体素质和生活质量作出了重要贡献。

我国的学者也对功能性训练进行了研究和推广。例如，有的学者提出了以功能动作筛查为基础的训练方法，旨在通过正确的动作模式提高专项运动表现能力。

总之，功能性训练理论经过多年的发展和完善，已经成为一种广泛应用于康复、竞技体育和大众健身领域的训练方法。同时，功能性训练也被广泛应用于其他领域，为提高人们的身体素质和生活质量作出了重要贡献。

二、功能性训练理论的原则与内容

（一）功能性训练理论的基本原则

1. 最优化原则

最优化原则的核心是通过最有效的训练方法和手段，提高运动员的技术水平、专项能力和整体功能。在训练过程中，教练应选择最适合运动员的训练方法和手段，以达到最佳的训练效果。

（1）强调训练方法和手段的有效性

不同的训练方法和手段对不同的运动员会产生不同的效果，因此，应根据运动员的具体情况选择最有效的训练方法和手段。例如，对于篮球运动员来说，进行深蹲训练可以加强腿部肌肉力量，提高跳跃能力，但是针对不同的运动员，可能需要选择不同的训练方法和手段，以达到最佳的训练效果。

（2）注重整体功能的提高

功能性训练不仅关注局部肌肉的训练，而且注重整体功能的提高。通过训练身体不同部位和系统的协同作用，可以提高运动员的整体功能，适应各种运动需求。例如，在足球比赛中，运动员需要具备良好的协调性和平衡能力，才能完成各种技术动作，因此，需要通过整体功能的训练来提高运动员的表现水平。

（3）考虑运动员的个体差异和训练目标

不同的运动员具有不同的身体素质和技能水平，需要制订不同的训练计划和目标。同时，训练方法和手段的最优化也需要根据不同的训练目标和个体差异进行调整和优化。

2. 循序渐进原则

循序渐进原则的核心是按照一定的顺序和步骤，逐渐增加训练的难度和负荷，避免过度训练和受伤。

（1）强调训练的顺序和步骤

在训练过程中，应先进行基础训练，然后逐渐增加训练的难度和负荷。例如，在进行跑步训练时，可以先进行慢跑、加速跑等基础训练，然后逐渐增加跑步的时间和距离，逐步提高运动员的耐力和速度。

（2）注重负荷的增加

在训练过程中，需要逐渐增加训练的负荷，逐步提高运动员的身体素质和运动能力。但是，负荷的增加需要适度，应根据运动员的身体状况和运动能力进行合理的安排。例如，在进行力量训练时，可以逐渐增加重量和次数，以达到最佳的训练效果。

（3）避免过度训练和受伤

过度的训练容易导致身体的疲劳和损伤，因此，需要合理安排训练的负荷和次数，注意身体的反应和状况。如果出现不适或疼痛，需要及时调整训练计划或暂停训练，以免加重损伤或导致慢性损伤。

3. 无疼痛原则

无疼痛原则的核心是在训练过程中应注意避免出现疼痛和不适，防止因训练不当导致的损伤和疼痛。

（1）强调避免出现疼痛和不适

在训练过程中，如果出现疼痛和不适，需要及时停止训练，并对疼痛和不适的原因进行评估和处理。疼痛和不适可能是训练不当、负荷过大、动作不规范等原因导致的。在处理疼痛和不适时，应采取适当的措施，如休息、按摩、热（冷）敷等，以缓解疼痛和不适感。

（2）注重防止因训练不当导致的损伤和疼痛

在训练过程中，如果方法不当、动作不规范、负荷过大等，容易导致身体的损伤和疼痛。因此，应注意训练的方法和动作的规范性，避免因训练不当导致的损伤和疼痛。例如，在进行力量训练时，应掌握正确的动作技巧，避免因动作不规范导致的关节损伤和肌肉拉伤。

（3）注意身体的反应和状况

在训练过程中，应注意身体的反应和状况，如疲劳、肌肉酸痛等。如果出现不适或疼痛，应及时调整训练计划或暂停训练，以免加重损伤或导致慢性损伤。

4. 动作规范性原则

动作规范性原则的核心是在进行动作训练时，注意动作的规范性和正确性，避免因动作不正确导致身体受到损伤。

（1）强调动作的规范性和正确性

在进行动作训练时，应注意动作的规范性和正确性，避免因动作不规范或错误导致的身体受到损伤。例如，在跑步时如果姿势不正确，容易导致膝盖受伤。

（2）注意身体的反应和状况

在进行动作训练时，应注意身体的反应和状况，如出现疲劳、肌肉酸痛的现象等。如果出现不适或身体出现损伤，应及时调整训练计划或暂停训练，以免加重损伤或导致慢性损伤。

5. 创新性原则

创新性原则的核心是不断更新训练方法和手段，结合现代科技和训练理念，创造出更加有效的训练方法和手段。

（1）强调不断更新训练方法和手段

功能性训练是一个不断发展的领域，新的训练方法和手段不断涌现。因此，需要根据训练的需要和科技的发展，不断更新和改进训练方法和手段，提高训练的效果和效率。

（2）注重结合现代科技和训练理念

现代科技的发展为功能性训练提供了新的手段和工具，如智能训练设备、虚拟现实技术等。这些新的手段和工具可以更好地监测训练的过程和效果，提供更加准确和个性化的训练方案。同时，新的训练理念和方法也不断涌现，如高强度间歇训练、全身性训练等。这些新的训练理念和方法可以更好地提高身体的功能性和适应性。

（3）注重创新出更加有效的训练方法和手段

功能性训练的方法和手段应根据不同的运动项目和运动员的具体情况进行分析和设计。因此，应根据不同的运动需求和个体差异，创新出更加有效的训练方法和手段，提高运动员的专项能力和整体功能。

这些原则是功能性训练的基础，也是保证训练效果和运动员健康的重要保障。在训练过程中，应根据运动员的具体情况和训练目标，灵活运用这些原则，制订出适合的训练计划和方案。

（二）功能性训练理论的主要内容

1. 动作练习

功能性训练注重的是动作练习，尤其是那些涉及多关节、多平面和多本体感受器的练习。这种训练方法的目标是提升神经对肌肉的控制能力，增强所有肌肉间的协调配合，改善身体对它们的控制能力。这种训练方式可以帮助个体更好地适应各种运动和日常活动，提高身体整体的稳定性和灵活性。

在多关节练习中，多个关节共同参与运动，有助于提高身体不同部位间的协调性和运动效率。多平面练习涉及多个平面的运动，如前后、左右和旋转等，有助于增强身体在各种方向上的控制能力。多本体感受器练习则通过增加对肌肉和关节的刺激，提高身体对自身位置和运动的感知能力。

这些动作练习可以帮助个体增强肌肉力量、改善身体姿势、提高身体的平衡和稳定性，以及预防和康复一些运动损伤。无论是在健身房还是在日常生活中，这种训练方法都可以帮助我们管理和控制自己的身体，实现更好的健康和生活质量。

2. 神经肌肉控制

功能性训练着重关注神经对肌肉的控制，特别是在执行涉及多个关节的复杂动作时。这种训练方法可以帮助个体提高神经对肌肉的精确控制，提高肌肉的工作效率，减少运动中的能量浪费。

在多关节动作中，不同的肌肉群需要协调配合才能顺利完成动作。功能性训练通过训练这些肌肉群的协调性和控制能力，能够更好地调配肌肉的收缩和放松，提高动作的效率和准确性。这种控制能力对于日常生活和运动表现都非常重要，比如在搬运重物、跑步和跳跃等活动中，都需要精确的神经肌肉控制来保证动作的稳定和有效性。通过训练，神经对肌肉的控制能力得到提高，有助于减少肌肉在运动中的不必要颤抖和抖动，减少能量的浪费。此外，精确的神经肌肉控制还可以提高肌肉对力量的转化能力，使得力量能够更有效地传递到目标物体上，提高运动效率和安全性。

3. 平衡能力训练

功能性训练注重平衡能力的训练，包括整体素质的平衡发展和对运动员平衡能力的发展两个方面。这种训练方法的目标是提高身体对自身位置和运动的感知能力，增强身体的稳定性和安全性。

在日常生活中，人们经常需要维持身体的平衡，比如在站立、行走、跑步、做运动等活动中。平衡能力的好坏直接影响到身体控制和安全性。如果平衡能力不足，个体可能会出现姿势不稳定、容易摔倒、频繁扭伤等问题，对日常生活和运动表现产生负面影响。

功能性训练强调平衡能力训练在身体控制和安全性的重要性，通过专门的练习和方法，可以提高身体的感知能力和稳定性。这些练习包括单脚站立、闭眼站立、使用平衡球、在不稳定平面上进行运动等。通过这些训练，个体可以增强脚和腿部的肌肉力量，更好地维持身体平衡。此外，功能性训练还可以根据个体的运动需求和水平，设计专门的平衡训练计划，帮助运动员在各种运动项目中提高平衡能力，降低运动损伤的风险，提高运动表现和比赛成绩。

4. 核心力量训练

核心力量是指身体中心区域，包括腰、腹、背的力量。这个区域在身体中扮演着重要的角色，它是身体稳定性和灵活性的基础，对于运动和日常活动至关重要。如果核心力量不足，可能会导致身体不稳定，容易受伤，且影响运动表现和日常生活质量。

核心力量训练可以通过各种方式进行，如平板支撑、仰卧起坐、俯卧撑、旋转练习等。通过这些训练，可以增强核心区域的肌肉力量，提高肌肉的协调性和控制能力，帮助个体更好地控制身体的姿势和动作，提高身体的平衡性和稳定性。此外，核心力量的增强还可以提高身体的耐力和持久力，使得个体在运动和日常生活中能够更好地应对各种挑战。

5. 动力链训练

动力链是指能量在身体中传递的路径，涉及多个关节和肌肉群的协调配合。这个路径的效率和稳定性对于运动和日常活动至关重要。如果动力链出现问题，可能会导致能量传递受阻，造成能量的浪费和身体的不稳定。

动力链训练旨在增强动力链的效率和稳定性，提高能量的传递效率和减少能量的浪费。这种训练可以通过各种方式进行，如单关节或多关节的运动、爆发力的训练、协调性的训练等。通过训练，个体可以更好地掌握能量的传递和转换，提高运动表现和减少浪费。此外，动力链训练还可以帮助个体预防和康复一些运动损伤。如果动力链的效率和稳定性得到提高，身体的能量传递会更加顺畅，这可以减少肌肉和关节的负担，降低受伤的风险。同时，通过训练，个体可以更好地了解自己的身体状况，及时发现和解决潜在的问题。

6. 康复价值

功能性训练理论的主要内容是通过动作练习，提高神经对肌肉的控制能力，增强身体的平衡能力和核心力量，提高能量传递效率，旨在提高身体的运动表现和日常生活质量。功能性训练关注的是多关节、多平面和多本体感受器的练习，可以改善身体的功能限制，提高身体的稳定性和控制能力。

功能性训练也注重康复价值，可以帮助运动员恢复健康并降低受伤风险。此外，功能性训练还可以帮助运动员增强身体的整体稳定性和控制能力，降低再次受伤的风险。

三、功能性训练的价值

（一）提高训练效率

功能性训练方法关注的是运动员在完成动作时的功能性和专项性，提高技术动作在不同状态下的适应性。通过功能性训练，运动员可以更好地理解和把握项目的本质特征和规律，强化技术动作的适应性和速度，更有效地提高训练效率。此外，功能性训练还可以提高运动员的专项体能和技能。例如，通过力量训练，运动员可以增强肌肉力量，提高身体的爆发力和耐力；通过速度训练，运动员可以加快反应速度和移动速度，提高在比赛中的攻防转换能力；通过灵活性训练，运动员可以增强身体的柔韧性和协调性，更好地完成各种技术动作；通过协调性训练，运动员可以更好地控制身体姿态和动作的节奏，提高技术动作的质量和稳定性。这些能力的提升可以缩短技术成熟期，让运动员在更短的时间内达到理想的竞技状态，提高训练效率。

（二）改善外部和内部机能

通过全面的训练方法，功能性训练不仅可以提高人们的外部能力，如力量、速度和耐力等，而且可以逐渐改善内部机能，包括心肺功能和代谢能力。

1. 改善外部能力

通过训练基本动作模式和核心力量，可以增强肌肉力量和耐力，提高身体的速度和灵活性。这些外部能力的提高可以让人们在日常生活中更加自如地应对各种挑战，如搬运重物、攀爬和跑步等。此外，外部能力的提高还可以增强人们在运动场上的表现，如在篮球场上跳跃和投篮的准确性，或在田径比赛中的跑步速度和跳远距离等。

2. 改善内部机能

通过训练心肺功能，可以提高人们的有氧运动能力和耐力。心肺功能的改善有助于人们在长时间的运动或日常活动中保持精力充沛，减少疲劳和不适感。此外，功能性训练还可以改善代谢能力，提高能量水平和身体转化能量的效率，有助于更好地应对高强度的工作或运动，促进身体的恢复和健康。

这种全面的改善可以带来许多益处，如提高身体健康水平；提高生活质量，让我们更加自信和积极地面对生活；增强社交能力和人际关系，在运动或日常活动中更好地与他人互动和合作。

（三）预防运动损伤

通过功能性训练，可以加强核心肌肉群和改善身体平衡能力，降低运动中的受伤风险。其中，核心肌肉群包括腹肌、腰肌、背肌等，它们在人体运动中起到稳定身体、传递力量和保护关节的作用。在运动过程中，如果核心肌肉力量不足或稳定性较差，容易导致身体失衡和受伤。因此，通过训练核心肌肉群和身体平衡能力，可以提高身体的稳定性、平衡性、灵敏性和反应能力，更好地应对突发情况，降低受伤的风险。例如，个体具有较好的平衡能力，可以更好地调整跑步中步伐，避免跌倒和受伤。

此外，功能性训练还可以针对易受伤部位进行专门训练，提高身体的适应性和稳定性，进一步预防运动损伤。不同的人在运动中容易受伤的部位也有所不同，如膝盖、腰部、肩膀等。对于膝盖容易受伤的人群，可以通过训练腿部肌肉力量、改善步态等措施来预防膝盖损伤。

（四）增强运动表现

基本动作模式包括蹲、弓、转、仰、爬等，这些都是人类日常活动和运动的基础。在各种运动项目中，基本动作模式是运动员必须掌握的基本技能。通过训练这些基本动作模式和核心力量，可以提高运动员的协调性、灵敏性和反应能力，为更好的运动表现打下坚实的基础。例如，在篮球比赛中，如果运动员掌握了基本的跳跃和投篮动作，可以提高他们的机动性和反应速度，更加准确地完成各种技术动作，提高比赛成绩；在足球比赛中，如果运动员具有较强的核心力量，可以更加稳定地控制身体，完成各种技术动作，提高比赛成绩。

此外，在比赛前或比赛中，运动员的身体状态可能会受到各种因素的影响，如天气、心理压力、疲劳等。通过功能性训练，运动员可以更好地调整身体状态，适应比赛的要求。例如，通过训练心肺功能和代谢能力，可以提高运动员的耐力和能量水平，让他们在比赛中更加持久和有活力，运动表现得到有效增强。

（五）适应多种运动项目

功能性训练是一种通用的训练方法，可以通过针对不同的肌肉和动作进行训练，满足不同运动项目的要求。不论是参加篮球、足球、跑步、游泳还是其他运动，功能性训练都可以帮助运动员提高身体的整体功能，适应运动需求，实现运动目标。例如，游泳运动员需要提高身体的协调性和柔韧性，以便在水中更加灵活地划水和保持平衡。功能性训练可以通过模仿游泳动作和其他相关动作训练这些身体功能，从而提高游泳运动员的成绩。而跑步运动员需要提高脚下的稳定性和核心力量，以便在跑步时保持平衡和降低受伤的风险。功能性训练可以通过训练脚下的协调性、核心区的力量和稳定性等动作模式，提高跑步运动员的成绩和降低受伤的风险。

第三节　体能训练的周期化训练理论研究

周期化训练理论是一种分阶段、有步骤地训练过程，旨在提高运动员的体能和技能。该理论包括阶段性的计划和目标设定，以及针对不同运动项目和运动员特征的个性化训练方法。这种训练方法是为了应对体育比赛的多样性和变化性而诞生的，可以帮助运动员在比赛中取得最佳表现。

一、周期化训练理论的目的

周期化训练理论是一种基于不同运动项目和运动员的生理、心理和运动特征，建立一套结构化的训练体系，以此调整训练适应过程和指导具体的训练的理论。[①] 它是现代体育训练中非常重要的一个概念，也是提高运动员竞技能力和运动成绩的关键理论。

周期化训练理论的核心在于将训练过程划分为不同的阶段，每个阶段都有特定的训练目标和任务，使训练更加有序、有计划，达到事半功倍的效果。同时，周期化训练还可以根据运动员的实际情况进行动态调整，使训练更加精准、有效。不同的运动项目和运动员的生理、心理和运动特征是周期化训练理论的基础。通过对这些特征的深入了解和分析，可以制订更加符合运动员自身特点的训练计划，建立一套结构化的训练体系，以此调整训练适应过程和指导具体的训练。例如，对于需要高耐力的运动项目，可以在训练中加大耐力训练的比例；对于需要高爆发力的运动项目，可以在训练中加大爆发力训练的比例。同时，对于不同运动员的个体差异，也可以在训练中进行调整，以满足不同运动员的个体需求。

周期化训练理论的目的是提高运动员的竞技能力，提高运动成绩。通过建立结构化的训练体系，可以帮助运动员更好地适应训练过程，逐步提高训练强度和难度。同时，周期化训练还可以帮助运动员更好地调整身体状态和心理状态，以应对比赛的压力和挑战。

二、周期化训练理论的依据

（一）适应性原则

适应性原则是周期化训练的基础。它强调生物体具有适应环境变化的能力，通过适应性的训练，生物体可以在形态、结构、生理和行为上发生一系列改变。这个原则也适用于周期化训练计划。周期化训练要求有一个长期的、周详的、方法得当的训练计划，不断激发运动员的适应能力，提高跑步成绩。这就意味着如果我们为运动员设计一个这样的训练计划，并逐步增加训练负荷，恰当地改变训练方法，那么运动员的身体将会变得有能力适应这种训练方式，从而提高跑步成绩。

然而，适应性的提高也需要考虑训练的强度和运动员的个体差异。如果训练负荷过高，运动员不能适应不断变化的训练负荷，会导致身体处于极度疲劳或极度应

---

① 马继政，杨靖，张海鹏.训练周期的基本理论依据［J］.体育科技，2020，41（06）：16—20.

激的状态，甚至会导致过度训练，不利于训练目标的实现。然而，如果训练负荷较小或者总是保持在同一水平，那么身体将会在训练早期就产生适应，随后达到一个平台期并停滞，没有任何提高的可能。因此，周期化训练计划需要充分考虑训练的强度和不同训练方法的合理使用，激发运动员的适应能力，并在每次训练后给予足够的恢复时间。只有这样，运动员才能不断提高跑步能力，实现训练目标。

（二）超量补偿原则

超量补偿原则是周期化训练的核心，强调在训练中通过增加训练负荷和方法的变化，让运动员能够承受更大的训练压力，从而在恢复后产生超量补偿，提高运动表现。在周期化训练中，运动员需要在适应了前一阶段的训练后，通过增加训练次数、训练时间或训练强度等，逐步增加训练负荷，承受更大的训练压力，激发身体的适应性和提高跑步能力。

然而，超量补偿并不是每次训练都会发生的。如果训练负荷过大或方法使用不当，运动员会出现过度训练或受伤的情况，导致训练停滞或无法提高自身能力。因此，在制订训练计划时，需要考虑运动员的个体差异和训练目标，制订合理的训练计划，并在适当的时候逐步增加训练负荷和方法的变化，实现超量补偿，提高自身的运动表现。

（三）训练强度和训练量的安排

训练强度和训练量的安排是训练计划中的重要因素，对于身体适应性和训练效果有着直接的影响。这包括对训练量（持续时间、距离、重复次数或负荷量等）和训练强度（负荷、速度或输出功率等）的控制以及训练频率（每周训练的天数）的设定。这些要素需要根据运动员的具体目标、个人能力和训练环境进行定制。同时，为了确保训练的有效性，教练还需要定期评估运动员的训练情况，并调整适合的训练计划。这可以帮助教练了解运动员是否需要进一步调整训练要素，以达到最佳的训练效果。通过逐步增加训练强度和训练量、分阶段增加、交替进行不同强度的训练和合理安排休息，可以更好地管理身体适应性和降低受伤的风险，实现更好的训练效果。

1. 考虑身体状况

在开始任何训练计划之前，应该了解运动员实际的身体状况，包括健康状况、肌肉力量、耐力、灵敏性和柔韧性等。如果有任何健康问题或疼痛，应该在开始训练之前咨询医生，相应减少训练强度和训练量，避免受伤。

2. 设定合理的训练目标

在制订训练计划时，应该明确运动员的训练目标，如减肥、增肌、提高耐力或增强身体素质等。训练强度和训练量的搭配应该根据个人情况和训练目标来定，才能更有效地实现目标。一般来说，如果训练强度较高，那么训练量就应该相应减少，避免过度训练。

3. 逐步增加训练强度和训练量

在安排训练强度和训练量时，应该优先考虑训练量。只有在训练量达到一定程度后，再逐渐增加训练强度，才能保持训练的效果。在开始训练时，应该先从较低的训练强度和训练量开始，选择适当的训练强度和训练量，然后逐渐增加，帮助身体逐渐适应训练，并降低受伤的风险。

4. 交替进行不同强度的训练

在训练过程中，可以交替进行不同强度的训练。例如，在一次训练中可以进行高强度的有氧运动，而在另一次训练中则可以选择低强度的有氧运动。这样可以帮助身体进行恢复，更好地管理身体的适应性和降低受伤的风险。

5. 合理安排休息

在训练过程中，合理的休息非常重要。休息可以帮助身体恢复，避免过度训练，并提高身体的适应能力。因此，建议在每次训练之后给身体充分的时间来恢复。如果身体感到疲劳或疼痛，应该适当减少训练强度和训练量，并增加休息时间。

三、周期化训练理论的阶段划分

在周期化训练理论中，训练被分为几个阶段。每个阶段都有特定的目标和任务，从准备阶段到比赛阶段，逐渐增加训练的强度和难度。这种阶段划分可以帮助教练和运动员更有针对性地制订训练计划，逐步提高运动员的体能和技能水平。同时，阶段划分还可以帮助教练及时发现训练中的问题，及时进行调整和改进。

（一）准备阶段

准备阶段是一个规划和准备的过程，为接下来的训练提供了必要的基础和支持。在这一阶段，需要明确目标、了解自身条件、制订计划并做好充分的准备，确保训练的顺利开展和达成预期的效果。这个阶段通常会进行一般性的体能训练和技术训练。具体来说，有氧运动可以帮助运动员提高心肺功能和耐力水平；力量训练可以增强肌肉力量和爆发力；基本技巧练习可以帮助运动员掌握基础技能和动作规范。

（二）过渡阶段

过渡阶段是准备阶段和专项训练阶段的过渡阶段。该阶段重点在于一般性技术训练和专项技能的衔接练习，训练内容可能包括更多的专项训练和技术练习，但仍然会保留一定量的基础训练。在过渡阶段中，功能性训练可以通过逐渐增加训练强度和难度来刺激身体的适应性和运动能力，包括逐渐增加训练时间、加强训练组数和次数、增加训练重量等。同时，功能性训练还可以通过逐渐增加训练难度来挑战运动员的身体功能和动作模式。例如，可以通过增加训练中的不稳定性和挑战性，提高身体的平衡性和核心力量，为接下来的比赛期做准备。

（三）专项训练阶段

专项训练阶段是指针对某一特定技能或领域进行密集训练的阶段，是训练过程中最为重要的阶段，主要目标是提高运动员的专项技能和体能水平。这种训练通常由专业的教练指导，并使用专门的训练设备或工具，进行更为复杂和更高强度的训练，帮助运动员在技术和体能上达到巅峰状态。在这个过程中，只有坚持不懈、保持专注并不断进步，才能达到预期的效果。

（四）比赛阶段

比赛阶段是训练过程中最为重要的阶段，注重心理准备和比赛策略的制订，主要目标是提高运动员的专项技能和体能水平，逐步适应比赛的要求。在这个阶段，训练强度和难度会达到高峰，训练内容会更加偏向专项训练和技术练习。高强度的专项训练可以帮助运动员在技术、战术和心理等各个方面逐步优化，在比赛中获得最佳表现。同时，模拟比赛和实战演练可以帮助运动员适应比赛的紧张氛围和压力，提高比赛成绩。

（五）恢复阶段

恢复阶段的主要目标是缓解运动员的身体疲劳和心理压力，为下一个训练周期做好准备。在这个阶段，训练强度和难度会逐渐降低，训练内容会偏向轻度的恢复训练和技术复习。轻度的有氧运动可以帮助运动员缓解身体疲劳和加速恢复，技术复习可以帮助运动员巩固技术动作和降低受伤风险。同时，给予运动员一定量的心理调节，帮助运动员缓解心理压力和焦虑，以较好的心态迎接下一个训练周期。

总之，周期化训练理论的阶段划分是一种系统、全面的训练方法，可以帮助教练和运动员更好地组织训练内容，逐步提高运动员的体能和技能水平，降低过度训练和受伤的风险。在实际应用中，应根据不同的运动项目和运动员特征制订具体的训练计划，及时进行评估和调整。

四、周期化训练理论的价值

周期化训练理论是一种规划和管理训练的过程，有助于运动员建立和保持一个有计划、有步骤的训练模式。这种训练模式的意义在于它可以帮助运动员更好地实现训练目标，提高训练水平和比赛成绩。

（一）提高运动员的体能水平

周期化训练理论可以根据运动员的身体状态和训练进展，灵活地调整训练计划和训练内容，逐步增加训练强度和难度，使训练更符合运动员的个体特征和需求，帮助运动员在不同阶段实现不同的目标，提高训练效果，全面提升体能水平。

（二）优化训练效率和技能水平

周期化训练理论有明确的目标和计划，可以使训练更加高效。通过将训练划分成不同的阶段，并设定每个阶段的具体目标，运动员可以更好地安排训练内容和时间，确保在每个阶段都有明确的进步。这样的训练计划可以满足运动员的个人需求，使得训练更有针对性，更加有效地激发运动员的适应能力，帮助运动员在技术、战术和心理等各个方面逐步优化，提高训练效果，在比赛中获得最佳表现。

（三）及时反馈和修正

周期化训练理论在每个阶段都会进行训练效果的评价和反馈，使得教练可以及时发现训练中的问题并进行修正，帮助运动员了解自己的进步和不足，以及需要改进的方面。例如，如果发现运动员的跑步技术存在问题，可以及时调整训练重点，纠正技术错误，有助于运动员及时调整训练计划和策略，更好地安排比赛和休息时间，避免过度训练和疲劳，保持长期的健康和运动表现，提高训练效果。

五、周期化训练理论的发展

（一）传统周期化训练理论的应用与发展

传统周期化理论在体能训练中被广泛应用，有助于教练员根据运动员的身体反应和适应能力，将整个训练过程划分为不同的阶段和周期，以达到最佳的训练效果。

20 世纪 70 年代，有关学者将周期化训练理论引入到体育领域，并进行了改进和发展。该学者将训练过程划分为三个阶段，分别为一般准备阶段、专门准备阶段和比赛阶段，这种划分方式至今仍被广泛采用。

20 世纪 80 年代，随着运动科学和生物技术的发展，周期化训练理论得到了进一步的发展和完善，科学家们开始研究不同生理和生物化学因素对运动员训练和比赛的影响，并将这些因素纳入周期化训练计划中，制订更加科学、有效的训练计划。

21 世纪初，随着运动生物力学和运动营养学等学科的发展，周期化训练理论得到了进一步的发展和完善，科学家们开始研究不同生物力学因素和营养对策对运动员训练和比赛的影响，并将这些因素纳入周期化训练计划中，制订更加全面、有效的训练计划。

（二）对传统周期化训练理论现代适应性的质疑

传统周期化理论在体育训练中具有普遍的适用性和有效性，被广泛应用于各个国家的体育系统中。同时，它的应用范围非常广泛，不仅适用于体育领域的训练，而且可以应用于其他需要阶段性提高的领域，如学习、工作等，通过将整个学习或工作过程划分为不同的阶段和周期，帮助人们更好地规划学习或工作进程，提高效率和成果。然而，随着运动科学和生物技术的发展，现代体育训练也在不断发展和改进，一些新的训练方法和技术，如高强度间歇训练、功能性训练、多维训练等，逐渐成为现代体育训练的重要组成部分。因此，传统周期化理论在现代体育训练中的适应性受到了一些质疑，需要根据新的科学和技术进展对其进行改进和完善，以适应现代体育训练的需求。

1. 传统周期化训练理论缺乏个体化

传统周期化训练理论在安排训练计划时，通常是根据运动项目的普遍规律和一般经验，按照一定的周期和阶段来安排训练内容和技术训练。这种训练方式忽略了运动员的个体差异和个性化的需求，对于不同运动员的特定问题和发展需求难以做到精细化的应对和调整。不同运动员的身体状况、技能水平、心理特征等都存在差异，因此，统一的训练计划很难适应每个运动员的需求。

2. 传统周期化训练理论缺乏动态调整

传统周期化训练理论在训练过程中缺乏动态调整，这是其适应性上的一个缺点。传统周期化训练计划一旦设定，便往往按照计划一成不变地进行训练，而忽略了运动员在训练过程中的实时反应和表现。在训练过程中，运动员的身体状态和技能水平会不断变化，训练计划也应该随之调整，以保持最佳的训练效果，而这种缺乏动态调整的训练方式可能会导致训练负荷过小或者过大，影响训练效果和运动员的竞技能力。

3. 传统周期化训练理论缺乏多元性

传统周期化训练理论通常按照固定的训练计划，以某种特定的训练方式为主，而忽略了其他可能的训练方法和技巧。这种缺乏多元性的训练方式可能会导致运动员在训练过程中感到单调乏味，缺乏挑战和动力，进而影响运动员的训练效果和竞技能力，限制运动员的全面发展。

4. 传统周期化训练理论未能结合现代科技

在传统的训练模式下，周期化训练理论未能充分利用现代科技手段监测运动员的身体反应和训练效果，无法根据监测数据及时调整训练计划和内容，教练和运动员主要依靠经验和观察来安排训练计划和评估训练效果。这种缺乏科技支持的训练方式可能会影响训练效果和运动员的竞技能力。

随着科技的发展，现代训练中已经引入了许多新的科技手段和设备，如生物能量学测试、运动表现监测、训练负荷分析等。这些科技手段可以帮助教练和运动员更加精准地了解运动员的身体状况和技能水平，为训练决策提供更加客观和准确的数据支持，这也是传统周期化训练理论无法做到的。

（三）当前背景下周期化训练理论的再思考

在当前背景下，随着大数据和人工智能等技术的应用，周期化训练理论需要结合现代科技手段和训练理念，不断地进行改进和完善，以更好地适应现代体育训练的需求。

1. 个性化训练和通用训练计划的结合

个性化训练和通用训练计划的结合是周期化训练理论中的重要策略。这种结合方法可以帮助教练更好地满足不同运动员的需求，提高训练效果和运动员的竞技能力。同时，通用训练计划的实施也可以为运动员提供基本的技能和体能训练，为后续的个性化训练打下坚实的基础。

具体来说，个性化训练计划是根据每个运动员的个体差异和需求，如身体素质、技能水平、心理特征、态度和动机等，根据不同项目量身定制的训练计划。这样的训练计划可以更好地满足每个运动员的特定需求，提高训练的精准度和效率。然而，在实践中，不同运动员之间存在很大的差异，因此，为每个运动员单独制订个性化训练计划是不现实的。这时候，通用训练计划就派上用场了。通用训练计划是根据不同项目和不同水平的普遍规律和特点制订训练计划，可以适应不同运动员的需求。这样的训练计划可以保证运动员接受基本的技能和体能训练，为后续的个性化训练打下坚实的基础。

个性化训练计划则可以根据每个运动员的实际情况进行微调，以达到更好的训练效果。在实际应用中，教练可以根据运动员的具体情况，将个性化训练和通用训练计划相结合，制订出适合每个运动员的训练计划。例如，对于身体素质较差的运动员，可以增加身体素质训练的比例，提高其基本体能水平；对于技能水平较高的运动员，可以增加复杂技能和团队协作的训练，提高其在团队比赛中的表现。

2. 动态调整训练计划

动态调整训练计划是周期化训练理论中的重要环节，可以根据运动员在训练过程中的实时反应和表现，及时调整训练计划和内容，以保持最佳的训练效果。具体来说，动态调整训练计划需要教练根据运动员的表现和状态，对训练计划进行及时的调整，帮助教练更好地了解运动员的身体状况和技能水平，为训练决策提供更加准确的数据支持。这包括调整训练强度、训练量、训练内容、训练频率等，而调整的依据可以是运动员的技术水平、身体素质、心理状态等。

动态调整训练计划还需要考虑赛季的不同阶段和任务要求。例如，在赛季前和赛季中，可以注重技能和体能的训练和提高；而在赛季后，可以注重恢复和调整的训练。同时，还需要考虑运动员的个人特点和需求，进行个性化的调整，更好地适应运动员的身体状态和训练需求，提高训练的效果和运动员的竞技能力。

动态调整训练计划的意义在于，可以更好地适应运动员的身体状态和训练需求，以保持最佳的训练效果。不同运动员在训练过程中会有不同的反应和表现，因此，需要教练根据实际情况进行及时的调整。

3. 现代科技手段的运用

科技手段的运用对现代体育训练产生了深远的影响，是周期化训练理论的重要组成部分。现代科技手段可以帮助教练和运动员更加准确地了解运动员的身体状况和技能水平，为训练决策提供更加客观和准确的数据支持。具体来说，科技手段可以包括生物能量学测试、运动表现监测、训练负荷分析等。生物能量学测试可以帮助教练和运动员了解运动员的能量代谢水平和营养需求，为训练提供更加个性化的营养补给和支持；运动表现监测可以提供运动员的技术表现、身体指标、心理状态等数据，帮助教练和运动员了解运动员的表现和状态；训练负荷分析可以帮助教练了解运动员的训练负荷和疲劳状况，避免过度训练和伤病的发生。

同时，科技手段的运用可以提供更加个性化和精准的训练建议和指导，为运动员提供更加丰富和个性化的训练体验，提高训练效果和竞技能力。例如，智能训练设备可以记录运动员的训练数据和生理指标，通过数据分析和算法评估，为运动员提供更加个性化和精准的训练建议和指导；虚拟现实技术可以模拟比赛场景和环境，帮助运动员在虚拟环境中进行技术训练和心理适应。

4. 周期化训练与赛季规划的结合

周期化训练与赛季规划的结合是实现成功训练的重要策略。这种结合方法可以帮助教练和运动员根据赛季的不同阶段制订相应的训练计划和目标，以适应比赛的需求。具体来说，赛季规划可以根据项目的特点和赛季的周期性特点，将整个赛季划分为不同的阶段，如基础期、进展期、巅峰期和比赛期等。每个阶段都有特定的目的和任务，例如，基础期主要进行有氧基础训练；进展期主要提升最大摄氧量；巅峰期主要刺激身体提升长时间抗乳酸阈值强度的能力；比赛期则让身体适应比赛强度，增强信心。

在赛季规划的基础上，周期化训练可以与每个阶段的任务相结合，制订出相应的训练计划。例如，在基础期，可以注重技能和体能的训练和提高；而在比赛期，可以注重恢复和调整的训练，帮助运动员更好地恢复和备战下一个赛季。同时，周期化训练还可以根据赛季的不同阶段进行动态调整。例如，在赛季前和赛季中，可以注重技能和体能的训练和提高；而在赛季后，可以注重恢复和调整的训练。这种动态调整的方式可以适应运动员的状态变化和赛季的需求，使训练更加精准和有效。

总之，周期化训练理论需要结合现代科技手段和训练理念进行再思考和改进，以更好地适应现代体育训练的需求。通过个性化训练和通用训练计划的结合、动态调整训练计划、科技手段的运用，以及与赛季规划的结合，更好地实现训练目标，提高运动员的竞技能力。

（四）基于运动项目的周期化训练理论应用

周期化训练理论是一种系统和全面的训练方法，适用于各种体育项目和运动员，旨在提高运动员的体能和技能，降低过度训练和受伤的风险。通过分阶段、有步骤的训练过程，以及针对个体特征的个性化训练方法，可以帮助运动员在比赛中取得最佳表现。在实际应用中，应根据不同的运动项目和运动员特征制订具体的训练计划，并进行及时的评估和调整。例如，长跑、篮球和游泳运动员的训练周期可以按照赛季和比赛进行安排。在准备阶段，进行一般性的体能训练和技术训练；在基础阶段，逐步增加跑步距离和时间；在深化阶段，进行高强度的间歇训练和模拟比赛；在比赛阶段，进行心理准备和战术制订；在恢复阶段，进行轻度的恢复训练和技术复习。

第四节 体能训练的高强度间歇训练理论研究

一、高强度间歇训练理论的基本概述

高强度间歇训练是一种以大于无氧阈或呼吸代偿点的强度进行每次短到中等时间的重复训练，每次训练时长为10秒~5分钟，每次运动间歇由低强度运动或不运动间隔。这种训练方式的目的在于提升生理系统对特定耐力运动反复训练的承受范围，超过运动实际需要的程度。

高强度间歇训练的理论基础在于身体的适应性和应激反应。当身体受到高强度运动的刺激时，会产生一系列适应反应，如增强心肺功能、提高肌肉力量和耐力。这些适应反应可以提高身体的运动能力和健康水平。然而，间歇性训练则可以在一定程度上缓解疲劳，使身体能够在短时间内恢复并适应更高的运动强度。

高强度间歇训练的优势在于它是一种高效率的训练方式，可以在较短的时间内取得较好的效果。这种训练方式在燃烧脂肪、提高心肺功能、增强肌肉力量和耐力等方面都有很好的效果。此外，高强度间歇训练还可以改善身体成分的比例，减少身体脂肪含量，增加肌肉含量，改善身体形态和健康状况。

需要注意的是，高强度间歇训练对于不同个体具有不同的适应性和挑战性。在实施高强度间歇训练之前，需要进行全面的身体评估，确定适合运动员自身的训练强度和持续时间。此外，在训练过程中，还需要注意正确的动作和技术，避免因错误的动作而导致受到损伤。因此，在进行高强度间歇训练之前，最好咨询专业教练的意见，并在专业教练的指导下进行训练，确保安全和有效性。

除了高强度间歇训练之外，还有其他一些训练方式可以与高强度间歇训练结合使用，全面提高身体的体能水平。例如，有氧运动可以提高心肺功能和脂肪燃烧能力；力量训练可以增加肌肉量和改善身体形态；核心肌群训练可以提高身体的稳定性和平衡能力。因此，在制订训练计划时，需要综合考虑多种因素，包括个体的身体状况、运动目标、时间和精力等。

在制订具体的训练计划时，可以根据个体的实际情况进行专属设计。一般来说，一个完整的高强度间歇训练训练计划应该包括多种不同的运动方式，如跑步、跳绳、俯卧撑等。每种运动的持续时间和强度可以根据需要进行调整。例如，对于初学者，可以先从较短的时间和较低的强度开始，逐渐增加难度和强度；对于有运动基础的人，可以适当增加运动的持续时间和强度，以更快的速度提高体能水平。

总之，高强度间歇训练是一种非常有效的体能训练方式，可以有效提升生理系统对特定耐力运动的承受范围，超过运动实际需要的程度。然而，需要注意适应性和安全性，并在专业教练的指导下进行训练，确保取得最佳的训练效果。同时，结合其他训练方式，可以全面提高身体的体能水平，达到更好的效果。

二、高强度间歇训练的基础知识

（一）分解身体脂肪

在高强度运动时，身体需要更多的能量支持肌肉收缩，因此，会消耗更多的脂肪和糖分。在这种情况下，体内会产生大量的乳酸和脂肪酸等分解脂肪的物质。这些物质可以促进脂肪的分解和氧化，减少脂肪的积累。此外，高强度间歇训练还可以提高身体的有氧和无氧运动能力。

在训练期间，高强度的运动可以使身体的有氧和无氧运动系统得到充分刺激。有氧运动是指通过增加心率和呼吸频率提高心肺功能的一种运动方式；无氧运动则是主要依赖肌肉中的糖原提供能量。通过高强度间歇训练，身体的有氧和无氧运动能力可以得到提高，从而提高身体对氧的吸收和利用效率。

通过这种方式，身体能够更有效地利用脂肪和糖分，促进脂肪的分解和代谢。在运动过程中，高强度的运动可以使身体产生更多的乳酸和脂肪酸等分解脂肪的物质，这些物质可以促进脂肪的分解和氧化。此外，高强度间歇训练还可以提高身体的新陈代谢率，使身体在运动后持续消耗热量，进一步促进脂肪的分解和代谢。

总之，高强度间歇训练通过高强度运动和短暂休息的交替进行，可以促进体内脂肪的分解和氧化，减少体内脂肪的积累。同时，它还可以提高身体的有氧和无氧运动能力，进一步提高脂肪的分解和代谢效率。这种训练方法是一种高效、灵活和有趣的减脂方式，受到了广泛的关注和应用。

（二）消耗体内热量

高强度间歇训练要求短时间内进行高强度的运动，这种运动需要身体提供更多的能量来支持肌肉收缩，导致身体消耗更多的热量。

在运动过程中，高强度的肌肉收缩会促使脂肪细胞释放脂肪酸和肾上腺素等物质。这些物质可以促进脂肪的分解和氧化，进而减少体内脂肪的积累。此外，高强度运动还会增加身体的新陈代谢率，使身体在运动后持续消耗热量。这种现象被称为运动后过量耗氧。

运动后过量耗氧，是指在运动结束后，身体在恢复期内为了偿还运动中的氧亏，以及在运动后使处于高水平代谢的机体恢复到安静水平时消耗的氧量。这个过程通常在运动结束后数小时内持续进行，并且与运动强度和持续时间等因素有关。

在运动过程中，身体需要消耗大量的氧气来支持肌肉工作，因此会导致氧亏。氧亏是指运动时身体消耗的氧气量超过了摄入的氧气量，导致身体处于缺氧状态。在运动过后，身体需要通过增加氧气摄入来偿还这个氧亏，以及恢复高水平代谢的状态。这个过程就会产生运动后过量耗氧。因此，通过高强度间歇训练，身体可以在运动后持续消耗更多的热量，达到减脂和塑形的效果。

总之，高强度间歇训练通过高强度运动和短暂休息的交替进行，可以促使身体消耗更多的热量。这种方式不仅可以促进全身减脂和塑形，而且可以提高身体的新陈代谢率，使身体在运动后持续消耗热量。因此，高强度间歇训练是一种高效、灵活和有趣的减脂方式。

（三）减少训练时间

高强度间歇训练最显著的一个特点是训练时间短，但能够达到与长时间有氧运动相似的训练效果。[①] 这是因为高强度间歇训练通过短时间内的高强度运动和短暂的休息时间交替进行，使得身体在恢复期间进行能量消耗，促进脂肪的燃烧和代谢率的提高。这种训练方式可以在短时间内实现全身有氧运动，提高心肺功能和身体素质。

---

① 张人杰. 高强度间歇训练的理论研究、实践运用与监控方法［J］. 品位·经典，2021（16）：140—144＋157.

相比之下，传统的长时间有氧运动虽然可以消耗更多的热量和脂肪，但是由于持续时间较长，容易导致身体的疲劳和厌倦。然而，高强度间歇训练通过短时间的高强度运动，能够提高身体的耐力和爆发力，降低疲劳感，使训练更加高效。

三、高强度间歇训练的作用分析

（一）增强学生的心肺功能

通过交替进行高强度运动和低强度运动，可以使心率快速上升和下降，增加心脏的收缩能力和舒张能力，提高心脏的输血效率，也能提高肺部的吸氧能力，增强心肺功能。这种变化可以刺激心脏和肺部，提高身体的有氧代谢能力，有助于减少体内脂肪和提高运动表现。

在训练中，可以选择不同的高强度运动和低强度运动交替进行，如快跑、慢跑、跳绳、爬楼梯等，以及慢走、休息等低强度运动。这些运动可以使心率快速上升和下降，使心脏得到充分的锻炼和舒张，也可以提高肺部的吸氧能力，增强心肺功能。

高强度间歇训练可以提高身体的代谢率，使身体在恢复期间也能够持续消耗能量，促进脂肪的燃烧和代谢率的提高。此外，高强度间歇训练还可以提高身体的耐力和爆发力，增强运动机能和体能水平。这些优点都使得高强度间歇训练成为一种非常适合大学生进行的体能训练方式。

需要注意的是，由于高强度间歇训练对于身体素质的要求较高，在进行训练之前，需要对自己的身体素质进行评估，并选择适合自己的训练方式和训练强度。同时，在训练过程中要注意正确的姿势和呼吸方式，避免因不正确的运动方式导致受伤。如果对自身的身体情况不够确定，可以咨询医生或健身教练的建议，确保自己的身体状况适合进行这种高强度的训练。

（二）减少学生的体脂含量

高强度间歇训练确实可以促进体内脂肪的分解和燃烧，减少体内脂肪含量。在训练中，采用快跑和慢跑交替、跳绳和休息交替等方式，提高身体的耐力和爆发力，增强运动机能和体能水平。此外，配合适当的饮食控制，可以更好地减少体内脂肪含量。在饮食上，学生需要注意控制热量的摄入，保持营养均衡，适当增加蛋白质和膳食纤维的摄入，减少高糖、高脂肪和高盐食物的摄入。这样可以有效地控制体内脂肪含量的增加，更好地促进脂肪的燃烧和代谢率的提高。

通过高强度间歇性训练和适当的饮食控制，可以有效地减少体内脂肪含量，促进学生身体的健康和体态的完美。这对于大学生来说是非常重要的，可以帮助他们保持良好的身体状态，更好地应对学习和生活中的各种状况。

(三) 提升学生的运动机能和体能水平

高强度间歇训练确实可以刺激身体的适应性，提高身体的耐力和爆发力，增强运动机能和体能水平。在训练中，可以采用不同的运动项目和不同的运动方式，增加训练的多样性和挑战性。不同的运动项目可以刺激身体的不同部位，提高身体的不同能力。例如，跑步可以锻炼心肺功能和持久耐力；跳绳可以锻炼协调能力和爆发力；骑自行车可以锻炼腿部肌肉和有氧代谢能力；爬楼梯可以锻炼心肺功能和腿部力量。

通过不同的运动方式和运动项目的组合，可以使训练变得更加有乐趣和具有挑战性，也可以更好地锻炼身体的各个方面，提高身体的耐力和爆发力，增强运动机能和体能水平。

通过高强度间歇训练和不同的运动项目和方式的组合，能够提高学生的耐力素质和爆发力，提高运动机能和体能水平。这对大学生来说是一种极好的训练方式，不仅可以让他们对训练产生依赖感，形成一种健康的生活习惯，而且可以让他们保持良好的训练心态。

(四) 改善学生的精神状态

高强度间歇性训练不仅可以促进身体健康，而且可以改善大学生的精神状态，增强身体的愉悦感和舒适感。

1. 提高大学生的注意力和集中力

由于高强度间歇训练训练方式的特殊性，大学生需要集中注意力并发挥意志力才能完成。在短时间内进行高强度的运动，需要大学生全神贯注，注意呼吸、姿势和节奏等方面，保证训练的效果。通过这种训练方式，大学生可以增强自我控制力和耐心。

在进行高强度间歇性训练时，需要大学生克服身体的疲劳和不适感，坚持完成训练。这种过程可以锻炼大学生的意志力和耐力，使他们更加坚定地面对学习和生活中的各种挑战。

2. 减轻压力和焦虑

高强度间歇性训练具有一定的挑战性，会使身体产生一种生理反应，包括心率加速和血糖水平上升等。这些反应可以刺激身体应对压力的机制，使身体更好地应对压力和焦虑，改善精神状态。

3. 增强大学生的自信心和自尊心

通过训练，可以增强身体的运动机能和体能水平，提高身体的自信心和自尊心。同时，与他人一起进行高强度间歇训练训练，可以增强彼此之间的联系和友谊，促进大学生的人际交往和社交能力。

第四章　大学生体能训练计划的制订与实施研究

第一节　大学生体能训练计划的制订原则和方法

一、体能训练计划的基本概念

(一) 体能训练计划的含义

体能训练计划是指根据一定的目标和要求，通过有计划、有方法、有系统的训练，提高和发展人体的体能素质，进而提高身体各项机能的能力。体能训练计划的目的是通过对人体体能素质的训练，不断提高个体的身体适应性、运动耐受力、抗疲劳性、抗逆境适应能力等方面的能力，达到提高健康、减少受伤、提高身体质量、塑造身体线条等方面的效果。

体能训练计划包括多个方面，如耐力、速度、反应时间、灵敏度、柔韧度、力量、协调性等。训练方法包括有氧运动、重量训练、柔韧性训练等。制订体能训练计划时，需要遵循目标明确、训练频率、训练内容、强度和持续时间、逐渐增加难度、合理安排休息时间、专项性原则、超负荷原则等原则。体能训练计划对于提高身体各项机能的能力，提高健康、减少受伤、提高身体质量、塑造身体线条等方面都有重要的意义。[①]

(二) 体能训练计划的类型

根据不同的目标和要求，体能训练计划可以分为多种类型。

1. 健身训练计划

健身训练计划是一种旨在提高全身各部位肌肉的力量和耐力、增强心肺功能和身体的灵活性，以达到身体健康和塑形效果的计划。这种计划通常包括有氧运动、力量训练、柔韧性训练等不同类型的运动。

---

① 潘周熠燃，刘兆林．竞技体育中功能性体能训练的特点及其应用分析 [J]．体育视野，2021 (01)：59－60．

（1）有氧运动

在健身训练计划中，有氧运动通常被安排在力量训练之后，帮助身体恢复和减少肌肉酸痛。同时，有氧运动也可以提高心肺功能，增强身体的耐力和免疫力。

（2）力量训练

在健身训练计划中，力量训练通常被安排在有氧运动之后，充分利用有氧运动的燃烧脂肪效果，增强身体的代谢功能。

（3）柔韧性训练

在健身训练计划中，柔韧性训练通常被安排在有氧运动和力量训练之后，帮助身体恢复和减少肌肉酸痛。

在制订健身训练计划时，需要根据个体的身体状况、目标和训练条件等因素进行综合考虑，达到最佳的训练效果。同时，还需要注意运动安全，避免过度疲劳和受伤。

2. 减肥训练计划

减肥训练计划是一种旨在通过消耗更多的热量来减轻体重的计划。这种计划通常包括有氧运动、力量训练、合理饮食等，通过控制饮食和增加运动量，达到减少脂肪和塑造身材的效果。在制订减肥训练计划时，需要根据个体的身体状况、目标和训练条件等因素进行综合考虑，以达到最佳的训练效果。同时，还需要注意运动安全，避免过度疲劳和受伤。

（1）有氧运动

在减肥训练计划中，有氧运动是消耗热量和减少脂肪的重要手段。它主要通过提高心肺功能，增加身体的代谢率，促进身体消耗更多的热量。常见的有氧运动包括跑步、游泳、骑自行车、有氧舞蹈等，帮助身体利用氧气燃烧体内的糖分和脂肪。这种氧化反应会帮助身体释放出更多的能量，消耗更多的热量，不仅可以减少体重、塑造身材，而且能使身体更加健康。

（2）力量训练

在减肥训练计划中，力量训练可以帮助增加肌肉质量，提高身体代谢率，进一步消耗脂肪。同时，力量训练也可以塑造身体线条，使身体更加紧致和美观。在减肥训练计划中，力量训练通常被安排在有氧运动之后，以充分利用有氧运动的燃烧脂肪效果，增强身体的代谢功能。

（3）控制饮食

控制饮食是指通过控制食物的摄入量和控制饮食质量，减少热量的摄入，以达到减轻体重的目的。在减肥训练计划中，控制饮食是非常重要的一环。合理的饮食可以提供足够的营养和能量，避免过量的摄入脂肪等物质，降低饥饿感和代谢水平，有利于身体的健康和减肥效果的持久。

3. 竞技训练计划

竞技训练计划是一种旨在提高运动员在特定运动项目中的表现，使其在比赛中获得更好成绩的计划。这种计划通常包括专项训练和综合训练，通过针对性的训练方法和技巧，提高运动员的技术水平和体能素养。在制订计划时，需要考虑运动员的个人情况和运动项目的特点，努力提升训练效果。另外，心理训练、营养和休息等因素也是影响运动员表现的重要因素，需要给予足够的重视和关注。

（1）专项训练

专项训练是指针对特定运动项目的训练，提高运动员在该项目中的技术水平和表现。这种训练通常由专业教练指导，根据运动项目的特点和运动员的个人情况，制订具体的训练计划和训练内容。例如，对于篮球运动员，专项训练的内容包括投篮、运球、传球、防守等；对于田径运动员，专项训练的内容包括短跑、长跑、跳远、跳高等。

（2）综合训练

综合训练是指以提高运动员全面能力为目标的基础性训练，包括身体素质、技术水平、心理素质等方面的训练。这种训练旨在为运动员提供全面的基础支持，提高其综合能力和稳定性，使其在专项训练中更好地发挥潜力。综合训练的内容通常包括力量训练、有氧运动、柔韧性训练、心理调适等。

（3）心理训练

心理训练是指在训练和比赛中，通过心理技巧和方法的运用，提高运动员的心理素质和适应能力，使其更好地应对比赛中的压力和挑战。心理训练的内容通常包括放松技巧、自我调节、心理暗示等方面的训练。

（4）营养和休息

在竞技训练计划中，营养和休息也是非常重要的因素。合理的饮食和充足的休息可以提供足够的能量和营养，帮助运动员恢复体力，提高训练效果。同时，合理的休息和睡眠也可以提高运动员的心理素质和适应能力。

4. 康复训练计划

康复训练计划是一种旨在帮助身体恢复健康，预防再次受伤并为全面健康提供支持的计划。这种计划通常包括低强度有氧运动、伸展运动、呼吸运动等，旨在促进身体的代谢和血液循环，提高肌肉和关节的灵活性和柔韧性，提高身体的免疫力和心理状态。在制订计划时，需要根据个体差异进行个性化定制，以达到最佳的康复效果。

（1）低强度有氧运动

低强度有氧运动是指轻度运动，如散步、慢跑、瑜伽、太极拳等，旨在促进心肺功能，增强心血管系统的健康，提高身体的耐力和免疫力。康复训练计划中的有氧运动通常采用低强度、长时间的运动方式，避免过度疲劳和再次受伤。

（2）伸展运动

伸展运动是指通过伸展肌肉和关节，提高身体的柔韧性和灵活性，预防运动损伤。康复训练计划中的伸展运动包括瑜伽、太极拳、普拉提等，可以改善身体的姿势和平衡能力，增强肌肉和关节的稳定性。

（3）呼吸运动

呼吸运动是指通过调节呼吸频率和深度，增强肺活量和呼吸系统的健康，减轻压力和焦虑。康复训练计划中的呼吸运动包括瑜伽、冥想、深呼吸等，可以改善呼吸系统的功能，增强身体的免疫力和心理状态。

（4）康复训练的个体化

康复训练计划需要根据个体差异进行个性化定制。每个人的身体状况、受伤情况和目标都不同，因此，在制订康复训练计划时，专业医生或康复师需要根据具体情况制订个性化的康复训练计划，以达到最佳的康复效果。

（5）康复训练的重要性

康复训练对于身体的恢复和健康至关重要。通过适当的康复训练，可以促进身体的代谢和血液循环，提高肌肉和关节的灵活性和柔韧性，提高身体的免疫力和心理状态。同时，康复训练还可以预防再次受伤，减少疼痛和不适，提高生活质量。

二、体能训练计划的制订

（一）确定训练目标

确定训练目标是非常重要的，因为它将决定选择何种训练方式和训练强度，以及如何评估训练的进展。例如，如果目标是提高心肺功能，可能会选择进行有氧运动，如慢跑、游泳或骑自行车；如果目标是增强肌肉力量，可能会选择进行力量训练，使用哑铃、杠铃等器械，或进行自体重训练；如果目标是减少脂肪，可能会选择进行有氧运动和力量训练的结合，促进身体脂肪的燃烧，塑造身材。

需要注意的是，只有明确训练目标后，才能制订相应的训练计划和目标。例如，如果目标是提高心肺功能，并且能够在月底的时候以更高的速度和更低的心率完成相同的运动，那么训练计划就可能是每周进行三次有氧运动，每次持续 30 分钟，并逐渐增加运动强度。

（二）制订训练计划

根据个人的目标和身体状况，制订每周的训练计划。训练内容可以包括有氧运动、力量训练、柔韧性训练等。有氧运动可以帮助提高心肺功能，如慢跑、游泳、骑车等；力量训练可以帮助增强肌肉力量，如使用哑铃、杠铃等器械进行训练，或者进行自身体重训练；柔韧性训练可以帮助提高关节的灵活性和肌肉的伸展性，如瑜伽、普拉提等。

在制订训练计划时，需要考虑训练的难度和强度，以及如何逐渐增加训练量，帮助身体恢复和适应。初学者可以从较轻松的训练开始，逐渐增加训练强度和持续时间，合理安排训练内容和时间，避免过度疲劳和受伤。例如，每周开始时，可以选择进行较短时间和较低强度的训练，逐渐增加训练时间和强度；也可以逐渐增加训练的难度，如增加重量、增加次数、减少间歇时间等。

（三）确定训练时间和频率

训练时间和频率可以根据个体的具体情况和训练目标来确定。例如，如果想要每周进行三次训练，每次训练 30 分钟，那么训练时间和频率就是每周三次，每次 30 分钟。在确定训练时间和频率时，需要注意不要过度训练，以免造成身体疲劳和受伤。为了避免过度训练，可以逐渐增加训练时间和强度，让身体逐渐适应训练。另外，还需要考虑到工作和生活的其他因素，如工作时间、家庭责任等，合理安排训练时间和频率。如果工作和生活繁忙，可以选择早上或晚上进行训练，以免有其他事情干扰训练。

（四）确定训练方式

训练方式可以根据个人偏好和身体状况来选择。例如，如果喜欢在健身房进行训练，可以选择使用器械进行训练；如果更喜欢自体重训练，可以选择进行俯卧撑、仰卧起坐等训练；如果喜欢瑜伽，可以选择进行瑜伽练习。

在选择训练方式时，也需要考虑场地和器材的限制。如果没有去健身房的条件，可以选择进行自重训练或使用家庭健身器材进行训练。同时，场地的安全性和舒适性也是值得考虑的因素。例如，瑜伽训练应选择柔软的地面进行；在器械训练时，需要注意器械的正确使用方法。

（五）逐步增加训练难度

随着训练的进行，人的身体会逐渐适应训练的强度，如果不逐步增加训练难度，就可能陷入训练的瓶颈，无法取得更好的效果。因此，逐步增加训练难度是非常重要的。

增加训练难度可以有很多方法，如增加重量、增加次数、减少间歇时间等。对于力量训练，增加重量可以刺激肌肉更好地生长和发展，但需要注意适度的重量和正确的动作，避免受伤；对于有氧运动，增加次数和减少间歇时间可以提高心肺功能和耐力，但需要注意适当的休息和恢复。在增加训练难度时，为保持持续的挑战性和进步，运动员应根据自己的身体状况和训练目标，逐步增加训练的难度，而不是一次性过度增加，造成身体的疲劳和受伤。另外，还可以根据自己的兴趣和偏好，尝试新的训练方法和挑战，增加训练的多样性和趣味性。例如，可以尝试新的健身方式、参加比赛或者加入健身社区等，激发训练热情和动力，帮助运动员取得更好的训练效果。

三、体能训练计划的制订原则

（一）持续性原则

在提升体能水平的过程中，保持长期的持续性训练是非常关键的。持续性原则是指在一段时间内，按照一定的规律和频率进行持续的训练，以达到逐渐提升体能水平的目标。

为了遵循持续性原则，制订一个能够坚持的训练计划是非常重要的。在制订训练计划时，运动员需要综合考虑一下个人的时间、资源、身体状况等各种不同的因素，设计出符合个人需求的训练计划。训练计划需要具有一定的可操作性和可持续性，以便能够让运动员长期坚持下去，并且拥有良好的训练效果。

同时，在训练过程中，运动员还需要有足够的休息时间。合理的休息可以让身体得到充分的恢复，在此期间要避免过度疲劳。此外，为了保持长期的持续性训练，需要逐渐提高训练强度和持续时间。随着身体的适应和进展，逐渐增加训练的难度和要求，可以激发身体的内在潜力，提升体能水平。

（二）安全原则

安全原则是指在体能训练过程中，运动员要始终保持正确的姿势和适当的强度，避免受伤。保持正确的姿势可以帮助身体正确地发挥力量，减少不必要的压力和损伤。同时，适当的强度也是非常重要的，过度训练可能会出现肌肉拉伤、关节损伤等问题。

为了遵循安全原则，建议在训练前进行热身和拉伸，减少肌肉和关节的紧张和疼痛。在训练过程中，运动员要注意呼吸和姿势的正确性，避免做出快速扭转身体或过度弯曲等危险动作，还应该逐渐增加训练强度，避免一开始就进行过度的训练。

（三）多样性原则

多样性原则是指在体能训练中采用了多种不同的训练方法和方式，防止身体对单一的训练方式产生适应性，保持训练效果。人体的适应性和记忆力较强，如果长期采用单一的训练方式，身体会逐渐适应并降低训练效果。因此，采用多种不同的训练方法和方式，可以挑战身体的适应能力，增加训练的挑战性和效果。

1. 不同的运动项目

因为不同的运动项目可以对身体的不同方面进行训练，所以通过结合多种不同的运动项目，可以增强身体不同部位的运动能力，以达到更好的训练效果。在选择运动项目时，可以根据个人的兴趣和需求进行选择。随着训练的进展和身体的适应，可以逐渐尝试一些新的运动项目。

2. 不同的训练方式

不同的训练方式可以带来不同的训练效果，如高强度间歇训练可以增强心肺耐力和燃烧脂肪的效果；长时间连续训练可以增强身体的耐力和持久性；循环训练可以综合多种运动项目，全面提升身体的各项能力。

3. 不同的训练地点和环境

不同的场地和环境可以带来不同的训练效果，如室内训练可以提供稳定的训练条件；室外训练可以提供不同的地形和气候的训练条件；山地训练可以提供高强度和高氧量的训练条件；海滩训练可以提供低强度和海浪的训练条件。

在选择不同的训练地点和环境时，可以根据个人的兴趣和需求进行选择。例如，可以选择一些离家或工作场所较近的健身房或户外运动场所进行训练，也可以选择一些具有挑战性和趣味性的场地进行训练，如山地进行爬山或山地骑行、海滩进行沙滩跑步或冲浪等。同时，在选择不同的训练地点和环境时，也应该考虑到安全和气候等因素。对于室内训练来说，应该选择设施完善、空气流通的训练场所，避免在封闭或不通风的空间进行训练；对于室外训练来说，应该选择安全、平坦、开阔的训练场所，避免在交通繁忙或地形复杂的地方进行训练；对于山地和海滩等训练场所，应该选择安全、稳定的场地，并注意气候和环境的变化，避免在恶劣的天气或环境下进行训练。

4. 变化和调整

在训练过程中，根据身体状况和训练进展，适时调整和变化训练计划和方式是遵循多样性原则的重要步骤。随着训练的进展和身体的适应，单一的训练方式和方法可能会逐渐失去效果，这时候就需要适时地进行调整和变化，保持训练的多样性和效果。

在调整和变化训练计划和方式时，可以根据个人的身体状况和训练进展进行选择。例如，如果身体状况良好且训练进展顺利，可以适当增加训练强度和持续时间，提升训练效果；如果身体出现不适或受伤，可以暂停或减少某些训练项目，避免对身体造成更大的伤害；如果训练进展缓慢，可以适当改变训练方式和方法，寻求更好的训练效果。

（四）系统性原则

系统性原则是指在体能训练中，制订完整的训练计划，包括训练内容、强度、持续时间等，避免训练的不连续性和无效性。制订完整的训练计划可以帮助身体逐渐适应训练，提高身体的体能水平，也可以避免训练的不连续性和无效性，提高训练的效率。

此外，在训练过程中，运动员应该遵循训练计划，避免随意改变训练内容和强度。如果身体出现不适或受伤，应该停止训练并咨询医生或专业教练的建议，避免因训练不当而导致身体状况恶化。

（五）渐进性原则

渐进性原则是指在体能训练中，随着时间的推移，逐渐增加训练的强度和持续时间。这种逐渐增加的训练方式有助于避免过度训练和受伤，同时也能让身体适应更高的运动要求，从而逐渐提高体能水平。

在制订训练计划时，应该考虑渐进性原则，选择合理的训练强度和持续时间。在开始训练时，应该选择适当的强度和持续时间，避免过度训练和受伤。随着时间的推移，逐渐增加训练的强度和持续时间，逐渐提高身体的运动能力和耐力。

在增加训练强度和持续时间时，应该注意身体的反应和感受。如果身体出现不适或疼痛，应该适当降低训练强度或暂停训练，让身体充分恢复后再进行训练。同时，应该根据身体状况和训练进展，适时调整训练计划和强度，保持训练的渐进性和效果。

四、体能训练计划的制订方法

（一）SMART[①] 目标设定法

SMART 目标设定法是一种常用的目标管理方法，可以帮助人们制订具体、可衡量、可实现、相关且有期限的目标，从而更好地指导计划和实施，提高体能和运动表现。同时，SMART 目标设定法也可以应用于其他领域的计划和实施中。

1. 具体的

目标应该明确、具体，具有清晰的可操作性。例如，要提高长跑成绩，可以将

---

① SMART：S（specific）表示具体的，M（measurable）表示可衡量的，A（attainable）表示可实现的，R（Realistic）表示相关的，T（Time bound）表示有时限的。

目标具体设定为在 30 分钟内完成 5 公里跑步。

2. 可衡量的

目标应该可以通过某种方式进行衡量和量化，以便于监测训练进度和效果。例如，可以将提高长跑成绩的目标具体为在 30 分钟内完成 5 公里跑步，并记录每次训练的时间和完成情况。

3. 可实现的

目标应该具有实现的可能性，与个人的能力、时间和资源相匹配。例如，如果是一个初学者，可以将提高长跑成绩的目标先设定为在 35 分钟内完成 5 公里跑步，随着能力的提高再逐步提高目标。

4. 相关的

目标应该与个人的主要目标和价值观相一致，具有相关性和意义。例如，如果将提高长跑成绩的目标与健康生活相关联，就会更加重视和投入精力。

5. 有时限的

目标应该具有明确的完成期限，促使人们分阶段实现目标，并在期限到达之前达成目标。例如，可以设定在 3 个月内完成从初学者到完成 5 公里跑步的目标，并在每个月设置具体的训练计划和目标。

（二）身体状况评估法

身体状况评估法是一种评估个人身体状况的方法，旨在帮助人们了解自己的身体状况，选择适合的训练项目和强度。年龄、性别、身体形态和健康状况等因素都会影响训练效果，因此，需要根据个人情况进行评估和选择，确保训练的安全性和有效性，达到提高体能和运动表现的目的。以下是身体状况评估法需要注意的几个方面。

（1）年龄是评估身体状况的一个重要因素。随着年龄的增长，人体的生理功能和代谢率会发生变化，需要选择适合年龄的训练项目和强度。

（2）性别会影响身体状况。男性和女性在身体结构、生理功能和代谢率等方面存在差异，需要选择适合性别的训练项目和强度。

（3）身体形态会影响训练效果。不同的人的身体形态不同，需要选择适合身体形态的训练项目和强度。

（4）健康状况是评估身体状况的重要因素。如果有慢性疾病、疼痛等问题，需要咨询医生并选择适合的健康训练项目和强度。

（三）运动类型搭配法

运动类型搭配法是一种结合多种运动项目以提高身体机能的方法。其主要结合多种运动项目，包括有氧运动、力量训练、柔韧性训练等，全面提高身体机能。有氧运动可以提高心肺功能和身体的耐力，力量训练可以增强肌肉力量和身体爆发力，柔韧性训练可以提高关节的灵活性和肌肉的伸展性。通过结合这些运动项目，可以获得更好的训练效果，提高身体的机能和健康水平。

此外，运动类型搭配法还可以根据个人的兴趣和需求进行个性化的组合和搭配，使训练更加有趣和有效，更好地满足个人的训练需求，帮助提高体能和运动表现。例如，可以将有氧运动和力量训练结合起来，进行高强度间歇训练；或将有氧运动和柔韧性训练结合起来，练习瑜伽或普拉提等。

（四）适应性训练法

适应性训练法是一种设计具有适应性的训练计划的方法，考虑了身体的适应能力和身体的恢复能力，确保即使一段时间不练习，训练计划也能够适应个人的身体状况和训练需求。

（1）在适应性训练法中，逐渐增加训练强度和难度是非常重要的。逐渐增加训练强度和难度可以帮助身体逐渐适应训练负荷，避免一开始就进行过度的训练，引起过度疲劳和受伤。逐渐增加训练强度和难度的过程中，可以根据身体的反应和进展情况来调整训练计划，达到更好的训练效果。

（2）周期性调整训练计划也是适应性训练法的重要内容。周期性调整训练计划可以根据身体的适应能力和进展情况设计不同的训练阶段，每个阶段都有不同的训练目标和计划。例如，在初期阶段，可以注重基础技能和身体的适应训练；在中期阶段，可以加强专项技能和体能训练；在后期阶段，可以注重比赛模拟和心理训练等。通过周期性调整训练计划，可以帮助身体更好地适应训练，提高训练的效果。

（3）保持一定的训练频率也是适应性训练法的重要内容。保持一定的训练频率可以帮助身体维持适应能力和身体的健康状况。即使在忙碌的时候，也应该尽量保持一定的训练频率，避免长时间中断训练。在训练过程中，可以根据身体的反应和进展情况，适当调整训练频率，达到更好的训练效果。

（4）在适应性训练法中，注重营养和休息也是非常重要的。合理的营养和休息可以帮助身体恢复和提高适应能力。在训练过程中，应该注重营养的补充，保证身体有足够的能量和营养支持训练。同时，应该保证充足的休息时间，帮助身体恢复和提高身体的适应能力。

（五）逐步探索法

逐步探索法是一种在制订计划过程中，通过逐步探索和实践，不断优化和改进训练方案，提高训练效果和质量，达到训练目标的方法。这个方法注重实践和反馈信息的收集，可以根据个人的身体状况和训练需求进行个性化的调整。这也是一个持续的过程，需要持续地进行监测和调整，以达到最好的训练效果。

1. 初步制订训练计划

需要初步制订一个训练计划，这个计划可以是粗略的，包含主要的训练内容和目标。然后逐步探索和实践，关注训练的过程和效果，不断收集反馈信息，了解自己的身体状况和训练效果。

2. 优化训练方案

根据收集的反馈信息，对训练方案进行优化和改进，调整训练内容、训练强度、训练时间等方面，以达到更好的训练效果。这个过程是一个持续的过程，需要不断地优化和改进训练方案，并持续监测训练效果，根据监测结果进行调整。

第二节　大学生体能训练计划的实施与管理

一、体能训练计划的实施程序

在体能训练计划的实施程序中，首先，应该设计一个明确的实施内容顺序、时间进度，采取切实可行的体能训练方法贯穿于大学生的体能训练的全程。其次，在训练前，需要进行必要的准备，包括穿着舒适的运动服装、准备适当的训练器材、确定安全的训练场地等；在训练过程中，需要注意正确的技术动作和呼吸方式，避免因不当的操作导致受伤或身体不适；在训练结束后，还需要进行充分的放松和恢复，包括适当的拉伸、按摩和营养补充等。

在开始制订体能训练计划时，需要了解参训大学生上一年度、季度、月份乃至前一周的体能状况和运动成绩，同时通过访谈、问卷调查及测量评定大学生的实际体能状况，为训练计划目标任务的制订做好准备。例如，对于身体有损伤或疾病的大学生，需要根据医生的建议和大学生的实际情况进行适当的调整，确保训练计划的科学性和有效性。

在制订体能训练计划的过程中，教练和大学生需要密切合作和沟通，确保训练计划的顺利实施。教练需要了解大学生的身体情况和训练需求，为大学生制订合适的训练计划，在训练过程中及时指导和调整；大学生需要积极配合教练，按照训练计划进行训练，及时向教练反馈身体情况和训练感受，以便教练根据实际情况及时调整训练计划，确保训练计划的顺利实施，达到预期的训练效果。

在体能训练计划内容的制订上，要将具体训练与其他训练计划相结合，方法负荷要根据体能的科学性的适应变化规律和大学生的实际情况进行调整。

（一）教练询问

在实施体能训练计划之前，教练需要进行询问，了解大学生的个人信息、生活方式、医疗情况、体能运动行为和运动需求。这些信息有助于教练了解大学生的身体状况和运动需求，为大学生制订合适的训练计划，避免因不当的训练导致受伤或身体不适。

在询问过程中，教练需要与大学生建立良好的沟通和信任关系，了解大学生的身体情况和训练需求，为大学生提供合适的训练建议和指导。同时，教练需要注意询问的方式，避免过于机械或抽象的询问方式，而是采用具体、生动、形象的询问方式，以便更好地了解大学生的情况和需求。

在询问结束后，教练需要根据询问的结果为大学生制订个性化的训练计划，并与大学生进行充分的沟通和解释，确保大学生理解和接受训练计划。同时，教练需要根据大学生的训练表现和身体反应进行及时的调整和改进，确保训练计划的科学性和有效性。

（二）自我询问

在实施体能训练计划之前，除了教练询问大学生的情况外，大学生也可以进行自我询问，了解自身的生化指标、体成分、心肺、运动表现、FMS 功能性动作筛查和运动损伤等情况。通过自我询问，大学生可以更好地了解自己的身体状况和运动需求，为选择合适的训练计划提供参考。例如，大学生可以通过测量体脂率、血压、心率等生化指标，了解自己的身体状况和健康水平，选择适合自己的训练强度和内容。同时，大学生也可以通过 FMS 功能性动作筛查，了解自己的功能性动作障碍情况，为选择合适的训练计划提供参考。

自我询问是实施体能训练计划的重要步骤之一。通过自我询问，大学生可以了解自己的身体状况和运动需求，为选择合适的训练计划提供参考，达到更好的训练效果。在自我询问过程中，大学生需要注意询问的方式和方法，确保询问的准确性和有效性。同时，大学生也需要进行必要的体检和医学检查，了解自己的身体状况和健康水平，为选择合适的训练计划提供参考。

（三）身体测试

身体测试是实施体能训练计划的重要步骤之一。在实施体能训练计划之前，需要进行必要的身体测试，了解大学生的身体状况和运动能力。

通过身体测试，教练可以了解大学生的身体状况和运动能力，为大学生制订合适的训练计划，避免因不当的训练导致受伤或身体不适。同时，身体测试也可以为大学生提供反馈，帮助他们了解自己的身体状况和运动能力，为后续的训练提供参考。在身体测试过程中，需要注意测试的准确性和有效性。同时，需要根据大学生的身体测试结果，制订个性化的训练计划，确保训练计划的科学性和有效性。

（四）理论学习

在实施体能训练计划之前，需要进行理论学习，了解训练原理、技术要点和营养补充等知识。通过理论学习，大学生可以理解训练计划背后的原理和逻辑，掌握正确的技术动作和呼吸方式，避免因不当的操作导致受伤或身体不适。

在理论学习过程中，可以通过阅读相关书籍、观看教学视频、参加培训班等方式进行学习。同时，教练也可以为大学生提供指导和讲解，帮助大学生理解训练原理和技术要点。

在理论学习方面，需要注意学习内容的针对性和实用性。大学生需要了解与自己训练相关的理论知识和技术要点，并根据自己的实际情况进行个性化的学习。同时，需要注意学习方式和方法，确保学习效果的有效性和持续性。

（五）热身活动

热身活动是实施体能训练计划的重要步骤之一。在热身活动中，可以进行一些轻微的运动，如慢跑、跳绳、仰卧起坐、俯卧撑等，逐步提高身体的温度和血液循环；也可以进行一些拉伸活动，如伸展运动、旋转运动等，提高身体的灵活性和柔韧性。这些活动可以帮助大学生进入良好的运动状态，更好地适应后续的体能训练，提高运动表现，降低受伤的风险。

在进行热身时，需要注意活动的针对性和有效性。根据后续的体能训练内容和要求，选择合适的热身活动，确保身体的各个部位都得到了充分的准备。同时，需要注意热身活动的强度和时间，避免因过度活动导致疲劳和受伤。

（六）技术训练

技术训练是体能训练计划中的重要部分，可以帮助大学生掌握和提高专项运动技术，提高运动表现，降低受伤风险。在技术训练中，需要注意技术的准确性和熟练性，结合大学生的个人特点，形成独特的技术风格。由于体能训练涉及的训练方式众多，在此以拳击的空击训练为例，进行介绍。

空击训练是一种有效的训练方式，能够发展肌肉记忆和技术，同时有助于放松肌肉、提高出拳速度和爆发力。空击训练还可以模拟实战情景，帮助拳手在无对手的情况下建立动作和战术意识。空击训练的目的主要包括以下几个方面。

（1）训练出拳的动作，感受动作的发力，以慢动作为主，后期熟悉后需要发力，并且速度加快，达到提高出拳速度和发力自然协调的目的。

（2）通过空击掌握距离感，同时配合步法移动，需要发力，此时可以找一个小伙伴对着一起空击出动作，但是切记保持一定距离，也别太远，达到既能模拟实战又不会伤到对方的目的。

（3）放松肌肉，提高出拳速度、爆发力，一般常见于做完肌肉爆发力训练后进行，如快速勾拳、直拳等，达到力量训练后能够放松肌肉，提高出拳速度、爆发力。

空击训练虽然有效，但也有不足。例如，所有动作都是预先在脑海中计划好的，而事实上，真正的比赛中情况未必就与想象的一致。因此，在赛前准备时，仍然需要把主要精力放在提升重拳力量、移动、防守等方面。

二、体能训练计划实施过程中应注意的问题

（一）注意体能训练的组织形式

1. 集体训练

以班级或小组为单位，组织学生进行集体训练。这种形式适用于需要统一标准和流程的情况，可以培养学生的团队合作精神和领导能力，有利于教练的统一管理和指导，加强团队合作和交流。集体训练通常由一位教练或专家进行指导，训练内容可以是基础体能训练、专项体能训练或综合体能训练等。在集体训练中，教练可以统一安排训练计划和内容，确保训练的针对性和有效性。

2. 分组训练

根据学生的身体状况、训练目标、能力水平、兴趣爱好和个性化需求，将参与者分成若干个小组，进行分别训练。这种形式适用于需要个性化指导的情况，可以满足学生的个性化需求，提高训练效果。分组训练可以根据不同小组的需求和实际情况，制订相应的训练计划和内容，满足不同参与者的训练需求。

3. 自主训练

在教练的指导下，学生自行安排训练计划和内容，进行自我训练，提高训练的自主性和积极性。这种形式适用于具有较强自我管理意识和自我驱动能力的个体。自主训练可以由参与者自行安排训练计划和内容，根据自己的时间和身体状况进行灵活训练。但需要注意的是，自主训练需要有一定的自我管理和自我保护能力，时刻注意训练的安全性和科学性。

4. 组合训练

组织形式的组合训练是指将不同的组织形式结合起来，以实现更好的训练效果。这种训练方式可以应用于不同的体能训练领域，如力量训练、耐力训练、速度训练等。这种形式可以综合利用各种训练方法的优势，提高训练效果。

（1）集体训练和自主训练结合

这种组合方式可以将集体训练和自主训练结合起来，既有统一的标准和流程，

又有个性化的训练需求。例如，可以在集体训练之后进行自主训练，或两者组合在一起进行交叉训练。

（2）分组训练和集体训练结合

这种组合方式可以将分组训练和集体训练结合起来，既有针对性的训练指导，又有团队合作和交流的机会。例如，可以在分组训练之后进行集体训练，或两者组合在一起进行综合训练。

（3）线上训练和线下训练结合

这种组合方式可以将线上训练和线下训练结合起来，既有线上的灵活性和方便性，又有线下的互动和交流。例如，可以在线上进行理论学习、技术指导和视频监控等，在线下进行实战演练、技能考核等。

（4）理论学习和实践操作结合

这种组合方式可以将理论学习和实践操作结合起来，既有理论指导和实践操作的基础，又有实践经验的总结和提升。例如，可以在理论学习之后进行实践操作，或两者组合在一起进行综合性的训练。

为达到更好的训练效果，组织形式的组合训练可以根据不同的训练目标和实际情况进行灵活组合和应用。需要注意的是，组织形式的组合训练应该合理安排不同的组织形式和内容，避免过度训练和训练效果的重复。同时，还需要注意控制训练强度和难度，确保训练的安全性和科学性。

5. 游戏式训练

游戏式训练是一种以游戏的方式进行的训练方式，可以使训练更加有趣和生动，激发参与者的兴趣和热情，增加互动，同时达到锻炼身体、提高体能、培养他们的竞争意识和团队合作精神等目的。[①] 以下是几种常见的游戏式训练方式。

（1）追逐跑游戏

追逐跑游戏是一种富有挑战性的游戏形式，它通常涉及两个或多个参与者，通过互相追逐、躲避和策略达到游戏目标。将参与者分成两组，一组逃一组追，逃的一组必须绕过障碍物，在限定的时间内不被追到则为胜利。这个游戏不仅可以提高参与者的身体协调性和反应能力，而且可以培养参与者的策略思维和团队合作能力。然而，需要注意的是，为了保证游戏的安全，游戏区域应选择宽敞且无障碍物的场所，确保所有参与者都了解并遵守游戏规则。

（2）绳网穿越游戏

绳网穿越游戏是一种利用绳网进行的身体穿越游戏，在地面或墙上设置绳网，

---

① 王超．游戏训练法在青少年运动员训练中的作用 [J]．黑龙江科技信息，2011 (13)：138.

让参与者用各种方法如爬、跳跃、滑行等穿越绳网，而不碰到绳网本身，达到挑战和锻炼的目的。这个游戏可以锻炼参与者的身体协调性、灵活性和判断能力，也可以增加参与者的勇气和挑战精神。在游戏中需要注意安全，佩戴好安全装备，避免发生意外。

（3）球类游戏

球类游戏是一种以足球、篮球、棒球等为道具的游戏，通常需要参与者用球进行攻击、防守和抢夺，达到游戏胜利的目的。球类游戏具有广泛的参与性和竞技性，可以吸引众多参与者参与其中。同时，球类游戏也可以锻炼身体，提高参与者的协调性和肌肉力量。

（4）滑板游戏

滑板游戏是一种以滑板为道具的游戏，参与者通过操作滑板进行各种技巧和表演，达到娱乐和锻炼身体的目的。参与者站在滑板上，通过控制滑板的速度和方向，绕过障碍物到达终点，这个游戏具有趣味性和挑战性，可以让参与者在游戏中体验到滑板的乐趣和挑战，锻炼平衡能力和身体协调性。

（5）室内拓展训练

室内拓展训练是一种在室内进行，不需要太多空间和设备的拓展训练活动，具有趣味性和挑战性，可以激发参与者的兴趣和热情。通过设置各种障碍物和挑战项目，让参与者通过攀爬、跳跃、推拉等动作完成挑战，达到锻炼身体、提高协调性和肌肉力量的目的。但需要注意，室内拓展训练应该选择安全可靠的设备和场地，控制拓展训练的难度和强度，确保参与者的安全。

（二）注意体能训练的可控性部分

体能训练的可控性部分是指教练或大学生在训练过程中可以主观控制和调整的部分，包括训练内容、训练强度、训练频率、训练时间等方面。这些可控性部分对于训练的效果和质量具有重要的影响。

1. 训练内容

训练内容是根据训练目标和大学生的需求制订的。在选择训练内容时，教练和大学生应该考虑到大学生的实际情况和训练阶段，选择合适的训练内容，包括有氧运动、力量训练、柔韧性训练等，确保训练内容具有针对性和可行性，可以达到训练目标。

2. 训练强度

训练强度是指训练的难度和负荷量。通过调整训练强度，可以影响训练的效果和大学生的身体适应情况。教练和大学生需要根据大学生的训练阶段和实际表现，逐步增加训练强度，以达到最佳的训练效果。同时，注意不要过度训练，以免造成身体损伤和疲劳。

3. 训练频率

训练频率是指每周进行训练的次数。通过调整训练频率，可以影响训练的效果和大学生的身体适应情况。较高的训练频率可以帮助大学生习得更好的技能和更快的身体适应，但同时也可能增加受伤的风险。对于大学生来说，如果想要在短时间内快速提升自己的体能，那么适当增加训练频率可能会更有效。

4. 训练时间

训练时间是影响训练效果的重要因素之一。在适当的训练强度下，适当地增加训练时间可以促进训练效果的进一步提高。然而，如果训练时间过长，可能会导致身体的过度疲劳和免疫系统的抑制，增加患病的可能性，并对学习和生活造成负面影响。因此，大学生需要根据自己的身体状况和目标合理安排训练时间。一般来说，建议大学生每次力量训练或有氧运动的时间控制在 30 到 60 分钟之间，这样可以保持身体的适应性和健康状态，也不会对学习和生活造成太大的影响。

总之，可控性部分是体能训练中非常重要的一环。通过合理控制训练内容、训练强度、训练频率和训练时间等方式，可以更好地掌控训练的过程和结果，提高训练效率和效果。同时，需要随时监控训练进展，并根据实际情况进行调整和优化，确保训练过程始终处于可控状态。

（三）注意体能训练的阶段性和系统连续性

体能训练的阶段性和系统连续性是非常重要的原则，它们确保了训练的渐进性和持续性的要求，达到了体能训练的最终目标。为了确保体能训练的阶段性和系统连续性，教练和大学生需要制订详细的训练计划，使之具有可行性和可操作性。同时，根据实际情况对训练计划进行调整和优化，适应大学生体能水平的发展变化。

1. 体能训练的阶段性

阶段性是体能训练的重要原则之一，是指将整个训练过程划分为不同的阶段，每个阶段都有其特定的目标和训练内容。一般来说，每个阶段的训练目标和内容是根据大学生的实际情况和训练需求制订的。通过分阶段进行训练，可以针对大学生的弱点和不足，逐步提高其体能水平。同时，每个阶段的训练目标和内容应该具有可行性和可操作性，确保训练的渐进性和持续性。例如，在开始从事训练到创造优异成绩的过程中，一般会经历基础阶段、提高阶段、最佳竞技阶段和竞技保持阶段。在每个阶段，大学生的训练重点应有所不同，以逐步提高其体能水平。

2. 体能训练的系统连续性

系统连续性也是体能训练的重要原则之一。它指的是在整个训练过程中，必须保持系统性和连续性，即长期持续的训练和练习。只有在长期的、有计划的训练过程中，才能实现训练效应的积累和最佳的训练效果。同时，系统连续性还要求在训练过程中，逐步提高训练负荷和难度，以适应大学生体能水平的发展。因此，教练和大学生需要制订长期的训练计划，并坚持执行。

（四）注意体能训练和技术、战术、智能与心理的有机结合

体能训练是运动训练中不可或缺的一环，但只有将其与技术、战术、智能和心理训练有机结合，才能取得最佳的训练效果。

1. 技术训练

技术训练是运动训练的基础，对于体能训练来说同样重要。只有掌握了正确的基本技术，大学生才能更好地发挥体能水平。技术训练应该贯穿于整个训练过程中，不断进行巩固和提高。例如，在足球比赛中，技术训练可以帮助大学生掌握控球、传球、射门等技术。

2. 战术训练

战术训练是提高大学生比赛能力的重要环节。通过战术训练，大学生可以理解比赛的战术要求，掌握比赛的策略和技巧，在比赛中发挥自己的实力。例如，在篮球比赛中，战术训练可以帮助大学生掌握进攻和防守的策略，在比赛中应对对手的进攻和防守。

3. 智能训练

智能训练是提高大学生认知能力和思维能力的重要环节。通过智能训练，大学生可以理解运动技术和战术，进行自我学习和调整，适应比赛的要求。例如，在棋类运动中，智能训练可以帮助大学生分析局面、制订策略，取得更好的比赛成绩。

4. 心理训练

心理训练是提高大学生心理素质和应对比赛压力的重要环节。通过心理训练，大学生可以调整自己的心态，保持自信和冷静，在比赛中发挥自己的实力。例如，在高尔夫比赛中，心理训练可以帮助大学生应对压力和情绪波动，在关键时刻发挥出更好的水平。

在实践中，教练应该根据大学生的实际情况和训练需求，制订合理的训练计划，将技术、战术、智能和心理训练有机结合起来，并进行有针对性的训练。同时，教练应该根据比赛的情况和大学生的表现，及时进行调整和优化，确保大学生能够在比赛中发挥最佳水平。这样的有机结合不仅可以提高大学生的全面素质，而且可以帮助教练更好地实现运动训练的目标。例如，在足球训练中，教练可以在体能训练的基础上，结合技术训练、战术训练、智能训练和心理训练，提高大学生的全面素质。

（五）注意体能训练过程中的思想工作

在体能训练过程中，思想工作对于大学生来说是非常重要的。将大学生的思想工作做好可以帮助他们训练目的和要求，激发大学生对于体能训练的积极性。[①] 同时，提高他们的纪律性和责任感，有利于增强他们克服困难和挫折的勇气，培养他们的团队精神和合作意识，更好地发挥体出自己的实力。只有这样，才能更好地实现体能训练的目标，取得更好的训练效果。

1. 激发大学生的训练热情和积极性

教练可以通过鼓励、表扬、奖励等方式，激发大学生的训练热情和积极性。同时，可以向大学生介绍一些成功案例和经验，增强他们的自信心和训练的动力，达到更好的训练效果。

（1）明确训练目标和意义

让大学生明确训练目标和意义，理解训练对提高自身竞技水平和实现自我价值的重要性，同时，可以将训练目标分解成小目标，让大学生能够逐步实现，增强他们的自信心和动力。

（2）给予肯定和鼓励

在训练过程中，给予大学生一定的肯定和鼓励，让他们感受到自己的进步。通过简单的赞扬、具体的信息反馈、奖励和认可，激发他们的训练热情、积极性和自信心，帮助他们坚持训练并取得进步。

（3）增加训练趣味性

通过增加训练趣味性，让大学生喜欢上体能训练。多样性、社交互动、创意和定制，以及环境和技术都是有效的方法。例如，给学生提供一些有趣的挑战，如使用不同颜色的哑铃、设置个人化的训练目标、设计有趣的训练课程等，增加学生的参与度和动力；尝试不同的运动项目和训练方式，如瑜伽、舞蹈、团队运动等，让学生体验不同的挑战和刺激。

（4）提高大学生的自我效能感

自我效能感是影响大学生训练热情和积极性的重要因素。教练可以通过逐步增加训练难度和给予及时指导和支持，让大学生在不断挑战中提高自我效能感，更加积极地参与训练。

（5）激发大学生的好胜心

好胜心是人类的本能，可以驱使人们追求更好的表现。利用大学生的好胜心理，通过举办比赛来产生竞争意识，激发他们的训练热情和积极性，让他们积极参与到

---

① 朱恩龙，徐艳芳．关于在体育运动中加强思想工作的探讨［J］．青春岁月，2012（21）：211．

体能训练当中。同时，对于大学生的具体表现和进步情况，可以进行适当的激励和奖励，让他们敢于尝试超越自己的极限。

2. 提高大学生的纪律性和责任感

提高大学生的纪律性和责任感需要教练在思想工作中注重引导、教育、激励和督促，向大学生传达纪律和责任感的重要性，让他们明确自己的训练目标和任务。同时，教练需要严格执行训练计划和规定，让大学生形成良好的训练习惯，能够较快地达成体能训练的目标。

（1）明确训练规定和纪律

制订明确的训练规定和纪律，让大学生明确什么是允许的、什么是不允许的。同时，要求大学生必须遵守规定，让他们认识到纪律的重要性。

（2）建立良好的训练氛围

建立良好的训练氛围，让大学生感受到训练的严肃性。在训练过程中，教练要以身作则，树立良好的榜样，让大学生在训练中形成遵守纪律和责任的意识。

（3）强调团队精神的重要性

在集体项目中，教练需要强调团队精神和合作意识的重要性，让大学生明确自己的角色和责任。通过团队活动和集体训练，让大学生学会相互配合和支持，增强他们团队的责任感。

（4）激发大学生的内在动力

通过激发大学生的内在动力，让他们自觉地遵守纪律和承担责任。例如，可以让大学生参与制订训练计划和目标，感受到自己是训练的主导者，从而更加认真地参与训练。

（5）督促大学生养成良好习惯

督促大学生养成良好习惯，如准时参加训练、认真完成训练任务等。对于表现不佳的大学生，要及时进行批评与教育，让他们认识到自己的不足。

3. 帮助大学生克服困难和挫折

在训练过程中，大学生可能会遇到各种困难和挫折，如伤病、疲劳、挫折等。教练需要关注大学生的情况，及时给予帮助和支持，帮助他们克服这些困难和挫折，树立起自信心和继续训练的勇气，发挥出自身的潜力。

（1）提供心理支持和指导

在训练过程中，大学生可能会遇到各种困难和挫折，如伤病、疲劳、挫折等。教练需要关注大学生的心理状态，提供心理支持和指导，帮助他们克服困难和挫折。

（2）分析原因和解决问题

帮助大学生分析困难和挫折的原因，找出解决问题的方法。例如，如果大学生因为技术问题导致训练效果不佳，教练可以提供技术指导和训练计划，帮助他们逐步解决问题。

（3）加强交流和互动

在大学生遇到困难和挫折时，给予鼓励和激励，让他们保持信心和动力。教练可以让自己的学生与其他优秀大学生交流和互动，激发他们的训练动力。

（4）创设挑战和成功体验

通过创设挑战和成功体验，让大学生在不断尝试和突破自己的过程中克服困难和挫折。例如，设计一些具有挑战性的训练任务和活动，让大学生在完成这些任务时获得成功体验和成就感。

（5）培养大学生的积极心态

帮助大学生培养积极的心态，让他们学会从失败中汲取经验，以积极的态度面对困难和挫折。教练还可以引导大学生进行自我反思和总结，让他们更加明确自己的目标和方向。

三、体能训练计划的有效管理

制订一份有效的体能训练计划，可以帮助大学生达到训练目标，但是这需要耐心和毅力。

（一）明确训练计划的目标

明确目标是什么，如减少体重、增加肌肉量、提高耐力或提高灵活性，可以帮助教练员制订适合的训练计划。不同的身体类型和健康状况需要不同的训练计划，了解身体类型和状况也非常重要，可以帮助其选择适合的训练计划。

（二）制订详细的训练计划

根据目标和身体类型，制订一个详细的训练计划。这个计划应该包括训练的频率、强度、时间和类型。例如，每周训练3～5次，每次训练1小时左右；使用适当的重量和重复次数，以达到最佳的训练效果；每次训练的时间应该足够，以便能够充分地锻炼肌肉和器官；选择适合的训练类型，如力量训练、有氧运动、柔韧性训练等。

（三）记录训练计划的进展

记录训练计划进展是非常重要的。通过记录体重、肌肉量、心肺功能等的变化，可以帮助教练员监测训练效果，及时发现需要改进或调整的地方，对训练计划进行更改。

（四）合理的休息和恢复

合理的休息和恢复对于身体的健康和训练效果非常重要，可以确保在训练之间有足够的休息时间，并注意身体的信号。随着时间的推移，身体和目标可能会发生变化。因此，定期评估训练计划，并根据需要调整它就显得尤为重要。

第三节　大学生体能训练计划的修订与调整策略

一、根据个体差异进行训练计划的修改

不同的人在身体素质方面存在着差异，这是遗传、环境、生活方式等多种因素的作用。因此，为了达到最佳的训练效果，需要根据每个人的特点和需求制订相应的训练方案。

（一）根据学生的身体素质修改训练计划

在大学体育教学中，教师可以通过多种方式对学生进行体能测试，评估他们的各项体能指标，以便更好地了解每个学生的身体素质和健康状况。以下是一些常见的体能测试项目。

1. 身高和体重测试

身体质量指数（BMI）是一种常用的评估人体体重是否健康的指标，它是通过测量身高和体重得出的。在大学体育教学中，通过测量学生的身高和体重，可以计算出 BMI 值，评估学生的体重是否处于健康范围内。

BMI 的计算公式为：BMI＝体重（千克）/身高（米）的平方。通过这个公式，教师可以计算出每个学生的 BMI 值，并参照表 4-1 中的 BMI 分类标准，判断学生的体重状况。

表 4-1　BMI 分类标准

标准	数值
过轻	$BMI < 18.5$
正常	$18.5 \leq BMI < 24$
过重	$24 \leq BMI < 28$
肥胖	$28 \leq BMI$

例如，如果一个学生的体重为 60 千克，身高为 1.75 米，那么他的 BMI 值为：$BMI＝60/(1.75 \times 1.75)＝19.6$，属于正常范围。

通过测量学生的身高和体重并计算 BMI 值，教师可以评估学生的体重状况，帮

助他们更好地了解自己的身体健康状况。同时，教师还可以根据学生的 BMI 值，制订相应的训练计划和饮食建议，帮助他们保持健康的体重和身体素质。

2. 体脂率测试

体脂率是指人体内脂肪重量在身体总重量中所占的比例。体脂率的正常范围是男性 10%～20%，女性 15%～25%。体脂率过高或过低，都可能会对身体健康造成不良影响。通过测量学生的体脂率，教师可以了解学生体内脂肪含量，评估他们的体脂率是否处于健康范围内，并根据学生的体脂率制订相应的训练计划，提供合适的饮食建议，帮助他们保持健康的体重和身体素质。例如，对于体脂率较高的学生，教师可以建议他们采用低热量、高蛋白、低脂肪的饮食方式，并增加有氧运动和力量训练，帮助他们减少脂肪含量；对于体脂率较低的学生，教师可以建议他们增加蛋白质和脂肪的摄入量，并适当减少有氧运动，避免身体过度消耗脂肪和蛋白质，确保身体健康。

3. 肌肉力量测试

通过测试学生的肌肉力量，可以了解他们的肌肉力量和耐力水平，并以此为基础，制订更为个性化的训练计划。评估肌肉力量和耐力的常见测试包括俯卧撑、仰卧起坐、引体向上等。

（1）俯卧撑

俯卧撑是一种评估上肢肌肉力量和耐力的常见测试。测试时，学生需要先呈俯卧姿势，双手与肩同宽，手臂和地面垂直。然后，学生需要弯曲肘关节，使胸部贴地，再伸直肘关节，恢复到起始姿势。根据学生完成一定数量俯卧撑的时间，评估他们的上肢肌肉力量。一般来说，完成时间越短，学生的上肢肌肉力量越强。

（2）仰卧起坐

仰卧起坐是一种评估腹部肌肉力量的常见测试。测试时，学生需要先呈仰卧姿势，双腿弯曲，双手放在耳旁。然后，学生需要收缩腹部肌肉，抬起上半身，使肘部碰到膝盖，再慢慢恢复到起始姿势。通过测量学生在一定时间内（1 分钟）能够完成的仰卧起坐数量，评估他们的腹部肌肉力量和耐力水平。一般来说，完成数量越多，学生的腹部肌肉力量和耐力水平越高。

（3）引体向上

引体向上是一种评估背部和手臂肌肉力量的常见测试。测试时，学生需要先抓住单杠，手臂完全伸直，然后收缩背部和手臂肌肉，使身体向上拉起，直到下巴超过单杠，再慢慢恢复到起始姿势。根据学生完成一定数量引体向上的次数，评估他们的背部和手臂肌肉力量。

4. 耐力测试

通过测试学生的耐力，可以了解他们的心肺功能和耐力水平。评估耐力的常见测试包括长跑、长距离游泳等。

（1）长跑

长跑是一种评估有氧耐力的常见测试。测试时，教师可以根据学生的实际情况，选择适当的距离和时间进行测试。例如，安排学生跑 3000 米或 5000 米，记录他们完成测试的时间和心率等数据。

（2）长距离游泳

长距离游泳是一种评估有氧耐力和肌肉耐力的常见测试。测试时，教师可以根据学生的实际情况，选择合适的游泳距离和时间进行测试。例如，安排学生游泳1000 米或 2000 米，记录他们完成测试的时间和心率等数据。

除了以上测试外，教师还可以使用其他测试方法评估学生的耐力水平，如长时间运动能力测试、间歇性运动能力测试等。通过这些测试，教师可以全面了解学生的耐力水平，并根据测试结果制订更为个性化的训练计划，帮助学生提高身体素质和健康水平。

5. 灵敏性测试

通过测试学生的灵敏性，可以了解他们的反应速度和灵活性。评估灵敏性的常见测试包括躲避球、跳绳等。

（1）躲避球

躲避球是一种评估灵敏性的有趣测试。测试时，教师可以先准备好一些软质球，然后让学生分成两组，互相掷球。学生需要灵活地躲避对方掷来的球，同时尽可能准确地掷向对方。通过统计学生被掷中或掷中对方的次数，评估他们的反应速度和灵活性。

（2）跳绳

跳绳是一种简单而有效的评估灵敏性的测试。测试时，教师可以让学生连续跳绳 1 分钟，记录他们跳过的次数。同时，教师可以观察学生在跳绳过程中的动作协调性和灵活性，评估学生的灵敏性水平。

除了以上测试外，教师还可以使用其他测试方法评估学生的灵敏性水平，如平衡测试、反应时测试等。灵敏性测试的结果会受到多种因素的影响，包括年龄、性别、身体状况和训练水平等，因此，教师需要结合学生的具体情况评估其灵敏性水平，注意测试的准确性和可靠性。

（二）根据学生的兴趣爱好和锻炼需求修改训练计划

教师可以通过了解学生的兴趣爱好和锻炼需求，制订适合不同学生的专属训练方案，提高他们的身体素质和运动能力。

1. 喜欢跑步的学生

针对喜欢跑步的学生，教师可以制订以提高耐力和速度为主的跑步训练计划。例如，可以安排每周三次跑步训练，包括长跑、间歇训练和爬坡训练等，提高学生的心肺功能和耐力水平，提高他们的速度和竞技能力。

2. 喜欢打篮球的学生

针对喜欢打篮球的学生，教师可以制订以提高跳跃能力和身体协调性为主的篮球训练计划。例如，可以安排每周两次篮球训练，包括跳跃练习、俯卧撑、运球、投篮等，提高学生的肌肉力量和耐力，提高他们的身体协调性和篮球技巧。

3. 喜欢健身的学生

针对喜欢健身的学生，教师可以制订以力量训练和身体塑形为主的健身训练计划。例如，可以安排每周三次健身训练，包括哑铃练习、器械训练、瑜伽等，提高学生的肌肉力量和身体塑形效果，提高他们的身体素质和健康水平。

二、内容选择以增强耐力的有氧运动训练为主

（一）有氧运动操

有氧运动操可以提高学生的心肺功能和耐力水平，同时，帮助学生放松身心，增强身体的协调性和灵活性。因此，教师可以安排一些有趣的有氧运动操动作，如跳跃、踢腿、转身等，激发学生的兴趣和动力。建议每周进行 2～3 次有氧运动操课程，每次课程时间为 30～45 分钟。

（二）有氧舞蹈

有氧舞蹈可以提高学生的心肺功能和耐力水平，帮助学生塑造良好的身材和气质。教师可以教授一些简单的有氧舞蹈动作，如爵士舞、街舞等，提高学生的参与度，激发学生的兴趣。建议每周进行 1～2 次有氧舞蹈课程，每次课程时间为 30～45 分钟。

（三）游泳

游泳可以提高心肺功能和耐力水平，帮助学生提高身体的协调性和灵活性。教师可以教授一些基本的游泳技巧和姿势，如自由泳、蛙泳等，帮助学生更好地掌握游泳技能。建议每周进行 1～2 次游泳锻炼，每次锻炼时间为 30～45 分钟。

（四）跑步

跑步可以提高心肺功能和耐力水平，帮助学生增强身体的耐力素质和塑造良好的体态。教练还可以根据学生的实际情况，安排不同的跑步锻炼计划，逐步提高学

生的耐力和速度。建议每周进行 1～2 次跑步锻炼，每次锻炼时间为 30～45 分钟。

三、科学控制训练强度和训练时间

（一）控制训练强度

教师应该根据学生的身体状况和锻炼需求，合理安排训练强度。例如，对于有训练基础的学生，他们已经具备了一定的身体基础和运动能力，可以适当增加训练强度，满足他们的锻炼需求。教师可以根据学生的实际情况，安排更高强度的有氧运动、更复杂的瑜伽或普拉提动作、更多的力量训练次数和更重的训练重量等。但也要注意不要过度训练，以免造成学生过度疲劳或出现运动损伤。

（二）控制训练时间

教师需要根据学生的身体状况和锻炼需求，合理安排训练时间。一方面，训练时间过少可能会导致训练效果不佳，会使他们的健康状况无法得到有效的改善。例如，训练时间不足可能会阻碍学生建立长期、健康的运动习惯，而规律的运动对于保持健康和良好的生活方式至关重要；另一方面，训练时间过多也可能会引起过度疲劳和运动损伤。

（三）合理安排休息时间

合理的休息时间对于学生的身体健康和训练效果都非常重要。在训练过程中，教师需要合理安排休息时间。这是因为学生在进行体能训练时，身体会承受一定的负荷和压力，如果连续进行长期的训练，缺乏足够的休息时间，可能会让学生感到身心疲惫或导致身体损伤。所以，教师需要制订科学的训练计划，根据学生的身体状况和锻炼需求，制订每周或每次的训练训练计划，合理安排每次训练的时间和休息时间，让学生身体得到充分的恢复和休息，帮助学生达到最佳的训练效果，同时避免过度疲劳和运动损伤。

四、添加激励和奖励措施

采用激励和奖励措施是提高学生参与体能训练积极性的有效手段之一。通过设立目标奖励、表扬表现优秀的学生等措施，鼓励学生积极参与到体能训练当中，提高他们的训练动力和积极性。

（一）目标奖励

设立目标奖励是提高学生参与体能训练积极性的有效手段之一。通过设定具体的训练目标和奖励，促使学生更加努力地参与训练，达到设定的目标。

在设立目标奖励时，可以根据不同的训练目标和奖励类型，制订相应的奖励规则和标准。例如，每月或每季度完成一定的训练时间和训练强度，可以获得相应的奖励。这些奖励可以是物质奖励，也可以是精神奖励。在物质奖励方面，可以为学生提供一些实用的礼品或奖金，如运动器材、健身卡、健康食品等，激励学生更加积极地参与体能训练，激起他们进行体能训练的乐趣；在精神奖励方面，可以为学生颁发证书或公开表扬，让学生感到自豪和满足，激发他们的自信心和荣誉感。

总之，设立目标奖励可以鼓励学生积极参与体能训练，提高他们的训练动力和积极性。同时，这也有助于营造良好的训练氛围，促进学生的互相激励和共同进步。

（二）社交媒体互动

在社交媒体平台上，教师可以创建一个专门的页面或者群组，鼓励学生分享他们的训练成果、进步的方法和训练体验。这样的平台不仅可以让学生之间互相交流、互相激励和鼓励，而且可以让教师更好地了解学生的训练动态，帮助他们解决问题，给予他们一定的反馈。

教师可以随时在社交媒体平台上查看学生的训练动态，发现学生的存在的问题和遇到的困难，并及时给予帮助和支持。同时，教师也可以通过点赞和评论的方式，表达对学生成果的认可和鼓励，提高学生参与的积极性。

通过社交媒体平台，教师可以建立一个积极互动、共享的学习环境，加强学生参与体能训练的意愿，提高自己的体能和技能。同时，教师也可以通过这个平台，扩大机构的影响力，吸引更多的学生加入到训练课程中。

（三）举办团队活动

在团队活动中，教师可以将学生分成几个小组，每个小组内的成员互相合作，共同完成一些任务和挑战。例如，教师可以组织团队接力比赛、团队健身挑战等。在接力比赛中，每个小组的成员需要依次完成一定距离的跑步，最终成绩以总时间来衡量。在团队健身挑战中，每个小组需要共同完成一些健身动作，最终成绩以总得分来衡量。

通过团队合作和相互竞争，学生可以感受到团队的力量和自己在团队中的作用，从而更愿意参与训练。同时，这样的活动也可以培养学生的组织能力、沟通能力和团队协作能力，有利于个人的成长和发展。在组织团队活动时，首先，需要根据学生的实际情况来分组，确保每个小组的实力均衡，避免出现实力悬殊的情况；其次，需要制订明确的规则和标准，确保比赛的公平性和公正性；最后，需要给予学生充分的支持和指导，帮助他们不断提高技能。

第五章　大学生体能训练的动态热身和拉伸指导

第一节　大学生体能训练动态热身和拉伸的重要性

一、大学生体能训练动态热身的重要性

（一）降低运动伤害风险

热身活动是预防运动伤害的关键环节。在进行高强度或高技术性的运动前，通过一系列热身活动，可以逐渐提高身体的温度和灵活性，增强肌肉的适应性和关节的灵活性，提高身体的免疫力，使它们在运动中能够更好地适应和应对各种挑战，从而降低运动中受伤的风险。[①]

在进行热身活动时，应该注意以下几点。

1. 选择适当的热身活动

在选择热身活动时，应该根据个人情况和运动需求进行适当的评估。一般来说，低强度的有氧运动比较适合作为热身活动，如慢跑、跳绳、轻松的伸展操等，帮助身体逐渐进入运动状态，提高心肺功能和代谢水平。同时，针对具体的运动项目，可以选择一些专门性的热身活动，预先刺激身体的各个部位。例如，在健身训练前，可以选择一些针对具体肌肉群的热身活动，预先刺激身体，包括一些简单的俯卧撑或深蹲等力量训练动作；在篮球运动训练前，可以进行传球和接球的练习；在足球运动训练前，可以进行踢球和射门的练习。这些热身活动能够提高身体的协调性和灵活性，增强肌肉的爆发力和耐力。

除了以上提到的有氧运动和专门性热身活动之外，还有一些其他热身活动可以帮助身体逐渐进入运动状态。比如，一些简单的伸展和跳跃运动可以增加肌肉的灵活性和稳定性；一些低强度的灵活性训练有助于提高身体的反应速度和协调性；可以进行一些呼吸调整训练，增加身体的供氧能力和代谢水平。

2. 逐渐增加热身活动的强度

在热身活动中，逐渐增加运动强度是重要步骤，可以帮助身体逐渐适应运动状

---

① 刘博，吕赞．试论热身环节在体育课堂中的重要性［J］．当代体育科技，2020，10（15）：149＋151.

态，避免身体突然承受过大的运动负荷而造成伤害。因此，在热身活动中，应该注意控制热身活动的时长和强度，逐渐增加运动强度，并注意身体的反应情况。

（1）控制热身活动的时长和强度

在热身活动中，时长和强度都应适当，不要超过个人的可承受范围。一般来说，热身活动的时长应该在 5～10 分钟，强度应该控制在低到中等水平。

（2）遵循逐渐增加强度的原则

在热身活动中，应该逐渐增加运动强度，让身体逐渐适应运动状态，而不是直接进入高强度或高技术的运动状态。可以采取逐渐增加有氧运动的强度、增加重量或者次数等方式提高运动强度，有效避免出现身体突然承受过大的运动负荷而受伤的情况。

（3）注意与正式运动的衔接

在热身活动结束后，应该逐渐过渡到正式运动中。可以进行一些低强度的有氧运动或者伸展操等作为衔接，让身体逐渐适应正式运动的强度和节奏。

3. 注意身体的反应

在热身活动中，注意身体的反应是非常重要的一个环节。运动员应该注意身体的反应情况，包括身体的感受、不适症状等。如果出现任何不适症状，应该及时停止热身活动并进行相应的处理，避免潜在的运动伤害，确保身体健康和安全的运动。以下是一些应该注意的事项。

（1）留意身体的感受

在热身活动中，应该注意身体的反应情况，包括肌肉、关节、呼吸等部位的感受。如果感到身体不适或出现疼痛、僵硬等异常症状，应该及时停止热身活动并进行相应的处理。

（2）不要忽略小的不适

在热身活动中，如果出现小的疼痛、僵硬或疲劳感等不适症状，不要忽略这些症状。这些可能是身体在提醒需要调整运动强度或方式，避免进一步的运动伤害。

（3）了解身体的极限

每个人的身体极限都是不同的，因此，热身活动的运动强度不要超过个人可以承受的范围。如果身体已经感到非常疲劳或不适，应该及时停止。

（4）做好身体检查

在热身活动前，应该进行身体检查，特别是针对容易受伤的部位进行检查。这可以帮助你了解身体的状态，避免潜在的运动伤害。

（5）及时寻求帮助

如果在热身活动中出现严重的身体不适或异常症状，应该及时寻求医疗或教练的帮助。不要试图继续进行高强度的运动，以免造成更大的伤害。

（二）提高运动表现

热身活动可以使身体的各个系统逐渐进入运动状态，提高身体的代谢水平和肌肉的收缩力量，提高运动表现和运动效率。在考试或比赛前进行适当的热身活动，可以帮助大学生发挥自己的体能和技术水平。

1. 增加身体的代谢水平

热身活动可以使身体的各个系统逐渐进入运动状态，包括心血管系统、呼吸系统、神经系统等，增加身体的代谢水平，使身体在运动中能够更好地利用氧气和营养物质，提供更多的能量，帮助运动员提高运动表现。

2. 增强肌肉的收缩力量

热身活动可以激活身体的肌肉群，使肌肉的收缩力量增强，降低肌肉拉伤的风险，可以有效提高身体的灵敏性、力量和速度。同时，肌肉弹性和伸展性的提升，可以使身体感官系统更加敏锐，更好地接收来自肌肉和关节的信息。

3. 改善神经肌肉协调性

热身活动可以改善神经肌肉协调性，使身体的各个部位更加协调地工作，有助于提高身体的平衡性和稳定性，提高运动表现和运动效率。

4. 提高自信心和心理准备

热身活动可以帮助大学生集中注意力，提高自信心和做好心理准备，使他们在考试或比赛中能够更加镇定和自信。有效避免紧张和焦虑情绪的出现，全身心地投入到自己的表现之中。

（三）增强心肺功能

热身活动通过加快心肺的跳动和呼吸频率，可以增强心肺功能，提高身体的供氧能力和二氧化碳的排放能力。这样可以增强身体的耐力和持久力，提高身体的能量水平，预防运动中因缺氧而引起的晕厥和疲劳。具体来说，热身活动可以通过以下方式增强心肺功能。

1. 加快心肺跳动和呼吸频率

热身活动可以加快心肺的跳动和呼吸频率，使心脏和肺部更加协调地工作。这样可以提高心肺的功能和耐力，使身体在运动中能够更好地利用氧气和营养物质，提供更多的能量。

2. 提高心肺的容量和效率

热身活动可以提高心肺的容量和效率，使心脏和肺部更加有效地运输氧气和营养物质，排放出更多的二氧化碳。这样可以提高身体的供氧能力和二氧化碳的排放能力，增强身体的耐力和持久力。

3. 增强心肺的适应性

热身活动可以使心肺更加适应运动状态，提高身体的供氧能力和二氧化碳的排放能力。这样可以预防运动中因缺氧而引起的晕厥和疲劳，提高身体的能量水平。

（四）促进血液循环

热身活动是一种准备运动，旨在提高身体温度和血液循环，为接下来的剧烈运动做好准备。当开始进行热身活动时，身体会释放更多的热量和水分，使血液循环加快，以便在剧烈运动时肌肉和心脏能够得到足够的氧气和营养物质，满足身体的训练需求。

在这个过程中，为了提供足够的氧气和营养物质，血液循环系统开始增加血流量，将更多的血液输送到身体的各个部位，提高身体的代谢水平和排毒能力，降低身体疾病的风险。一般来说，强度适中的热身活动可以增加血液循环，提高身体的温度和灵活性。如果热身活动的强度过高或时间过长，可能会导致身体的应激反应，进而影响血液循环和身体健康。

需要注意的是，对于一些有心血管疾病或其他健康问题的人来说，热身活动可能会增加心脏的负担。因此，这些人需要在医生的指导下进行热身活动，确保热身活动安全有效。

二、大学生体能训练中拉伸的重要性

拉伸是指通过对肌肉、肌腱和关节进行适当的伸展和拉伸，以增加身体的柔韧性和灵活性，缓解肌肉紧张和疼痛。[1] 在体能训练中，拉伸同热身运动一样具有非常重要的意义和作用。

（一）增加身体柔韧性

拉伸是通过一系列伸展和锻炼动作，使肌肉、肌腱和关节得到适当的伸展和锻炼，从而增加身体的柔韧性、灵活性和运动能力。这些伸展和锻炼动作可以包括静态拉伸、动态拉伸、主动拉伸和被动拉伸等多种方法。

身体的柔韧性是指身体各个部位在运动中的伸展和灵活性，是身体适应运动和提高运动能力的重要因素之一。通过拉伸可以增加肌肉的弹性和灵活性，改善身体的血液循环和代谢能力，帮助身体逐渐进入运动状态。同时，拉伸还可以预防肌肉损伤和疲劳感的出现，保护身体，提高身体健康水平。

---

① 傅凯文 . 拉伸对人体的影响［J］. 当代体育科技，2020，10（19）：16—18.

（二）缓解肌肉酸痛

在运动过程中，肌肉需要更多的能量维持运动强度和速度，而能量的来源是通过肌肉中的乳酸的代谢提供的。当运动强度和速度增加时，肌肉中的乳酸代谢也会增加，导致乳酸堆积在肌肉中，容易引起肌肉酸痛和疲劳感。

拉伸可以促进肌肉的血液循环和淋巴循环，促进乳酸的代谢和排出。此外，拉伸还可以增加肌肉的弹性和灵活性，缓解肌肉紧张和疼痛，进一步减轻肌肉酸痛和疲劳感。

在运动后进行适当的拉伸，可以帮助身体逐渐进入休息状态，缓解身体的紧张和疲劳感，促进身体的恢复和再生。同时，拉伸还可以帮助排除运动中堆积在肌肉中的代谢废物，缓解肌肉酸痛，改善身体的血液循环和淋巴循环，促进身体健康。

第二节　大学生体能训练的动态热身技巧指导

一、站姿体侧屈

站姿体侧屈的主要作用是激活身体的肌肉群，特别是核心肌群中的腹斜肌和臀大肌。同时，站姿体侧屈还可以提高身体的灵活性，加强身体的平衡感和稳定性。

（一）基本步骤

1. 站姿体侧屈开始时，需要站在一个稳定的支撑物前，如健身球或墙壁，双手放在腰间。

2. 将身体向一侧侧屈，注意要保持双脚不动，只是上半身向一侧倾斜，这样可以更好地感受到腹斜肌和臀大肌的拉伸。

3. 在侧屈的位置上停留片刻，然后慢慢地将身体恢复到起始的位置。

4. 重复以上的步骤 10 次，然后换另一侧进行。

（二）注意事项

1. 确保姿势正确。姿势不正确可能会导致身体的某些部位受到不必要的压力，甚至可能造成伤害。

2. 慢慢进行。不要快速地弯曲和伸展身体，这样可能会导致肌肉拉伤。

3. 在侧屈的位置上停留的时间可以逐渐增加，这样可以让肌肉更好地适应运动状态。

4. 如果感到任何不适，应立即停止该运动，并寻求医生的建议。

二、原地慢跑

原地慢跑的主要作用是提高心肺功能和代谢能力，消耗热量，加强身体的耐力和持久力。此外，这种运动对于减肥和塑形也有帮助。

（一）基本步骤

1. 开始时，需要选择一个平坦的地面，如室内或室外的空地，然后在原地开始跑步。

2. 先进行热身运动，如轻松的跳绳或简单的伸展运动，这样可以活动一下身体的各个部位。

3. 保持稳定的步伐和节奏，开始慢跑。速度可以逐渐加快，但要注意保持身体的稳定，避免摔倒。

4. 在慢跑的同时，可以逐渐增加身体的代谢率，促进热量的消耗。例如，可以增加摆臂的幅度和力度，或者加入一些其他动作，如扭腰、送胯等。

（二）注意事项

1. 保持身体的稳定。注意保持身体的平衡和稳定，避免摔倒。

2. 控制呼吸。进行有节奏的呼吸，不要憋气或者过度喘息。

3. 逐渐增加运动强度。逐渐增加跑步的速度和力度，但不要过度劳累。

4. 注意安全。如果在原地慢跑过程中感到不适，应立即停止该运动，并寻求医生的建议。

三、抱脚尖蹲起

抱脚尖蹲起的主要作用是激活腿部和臀部肌肉，增强下肢力量。这种运动对于跑步、跳跃、举重等运动非常有帮助，可以有效地提高运动表现，预防运动可能带来的损伤。

（一）基本步骤

1. 平稳站立，双手放在身体两侧的口袋或腰部，将双手向上抬起，直到抓住脚尖。

2. 向下弯曲膝盖，身体逐渐下蹲，直到大腿与地面平行，缓慢站起。

3. 在整个过程中，注意保持身体的平衡，避免摔倒。

4. 重复以上步骤 15 次。

（二）注意事项

1. 保持身体的稳定。注意保持身体的平衡和稳定，避免摔倒。

2. 控制力度。逐渐增加运动的力度和时间，但不要过度劳累或者伤害到肌肉。

3. 逐渐增加次数。逐渐增加运动的次数和组数，以适应身体的需求和提高效果。

4. 注意安全。如果在抱脚尖蹲起过程中感到不适，应立即停止该运动，并寻求医生的建议。

四、开合跳

开合跳的主要作用是激活全身肌肉，特别是手臂、腿部和核心肌群。同时，这种运动还可以提高身体的协调性和平衡性，增强身体的爆发力和灵敏度。

（一）基本步骤

1. 平稳站立，双脚并拢，手臂放在身体两侧。

2. 双脚向外跳开，手臂向上举起，越过头顶。

3. 在双脚落地后，再将双脚向内跳，同时手臂下落，还原到身体两侧。

4. 在整个过程中，要注意保持腰腹收紧，背部挺直。

（二）注意事项

1. 保持稳定性。注意保持身体的稳定和平衡，避免摇晃或者摔倒。

2. 控制力度。逐渐增加运动的力度和时间，但不要过度劳累或者伤害到肌肉。

3. 逐渐增加次数。逐渐增加运动的次数和组数，以适应身体的需求和提高效果。

4. 注意安全。如果在开合跳过程中感到不适，应立即停止该运动，并寻求医生的建议。

五、半蹲前后移动

半蹲前后移动的主要作用是激活腿部和臀部肌肉，提高身体的稳定性和灵活性，增强身体的协调性和平衡性。这种运动对于跑步、跳跃、举重等运动非常有帮助，可以有效地预防运动伤害。

（一）基本步骤

1. 身体半蹲，双脚与肩同宽，手臂可以放在身体两侧或交叉放在胸前。

2. 身体向前移动，将体重集中在前脚，再将体重移到后脚，向前迈进一步。

3. 身体向后移动，将体重集中在后脚，再将体重移到前脚，向后迈进一步。

4. 重复以上步骤10次。

（二）注意事项

1. 控制力度。逐渐增加运动的力度和时间，但不要过度劳累或者伤害到肌肉。

2. 逐渐增加次数。逐渐增加运动的次数和组数，以适应身体的需求和提高效果。

3. 注意安全。如果在半蹲前后移动过程中感到不适，应立即停止该运动，并寻求医生的建议。

六、推墙高抬腿

推墙高抬腿的主要作用是激活腿部和臀部肌肉，提高身体的耐力和灵活性，增强心肺功能。这种运动对于跑步、跳跃、举重等运动非常有帮助，可以有效地提高运动表现和预防运动伤害。

（一）基本步骤

1. 面对墙壁站立，双手推墙，一条腿向前高抬，然后下放，交替进行。

2. 在每一下高抬腿的动作中，要将腿抬至与地面平行，同时保持身体稳定。

3. 重复以上步骤 20 次。

（二）注意事项

1. 控制力度。逐渐增加运动的力度和时间，但不要过度劳累或者伤害到肌肉。

2. 逐渐增加次数。逐渐增加运动的次数和组数，以适应身体的需求和提高效果。

3. 注意安全。如果在推墙高抬腿过程中感到不适，应立即停止该运动，并寻求医生的建议。

七、动态鸽子式

动态鸽子式的主要作用是增强身体的柔韧性，特别是背部、臀部和腹部的肌肉。同时，这种运动还可以提高身体的协调性和灵活性，增强身体的爆发力和灵敏度。

（一）基本步骤

1. 以俯卧撑姿势开始，将右膝朝向右手内侧靠近，保持小腿与臀部平行，臀部向地面下沉，感觉到伸展。

2. 回到俯卧撑姿势，换另一条腿重复上述动作。

3. 重复以上步骤 10 次。

（二）注意事项

1. 控制力度。逐渐增加运动的力度和时间，但不要过度劳累或者伤害到肌肉。

2. 注意呼吸。进行有节奏的呼吸，不要憋气或者过度喘息。

3. 注意姿势。保持身体的稳定和平衡，避免摔倒或者受伤。

4. 注意次数。逐渐增加运动的次数和组数，以适应身体的需求和提高效果。

5. 注意安全。如果在进行动态鸽子式过程中感到不适，应立即停止该运动，并寻求医生的建议。

八、腿部摆动

腿部摆动的主要作用是激活腿部肌肉，提高腿部的力量和灵活性，提高身体的协调性和稳定性。

（一）基本步骤

1. 一手扶墙壁或固定的表面，像踢足球一样来回摆动一条腿。

2. 每侧摆动 10 次。

（二）注意事项

1. 控制力度。逐渐增加运动的力度和时间，但不要过度劳累或者伤害到肌肉。

2. 注意姿势。保持身体的稳定和平衡，避免摔倒或者受伤。

3. 注意次数。逐渐增加运动的次数和组数，以适应身体的需求和提高效果。

4. 注意安全。如果在进行腿部摆动过程中感到不适，应立即停止该运动，并寻求医生的建议。

九、流瑜伽

流瑜伽是一种非常优秀的动态热身运动，可以加强上半身、打开身体的背部和前部。流瑜伽的练习可以使身体的柔韧性得到提高，提高身体的协调性和平衡性。

（一）基本步骤

1. 选择一个舒适的瑜伽姿势，如坐姿或站姿，进行深呼吸。

2. 开始做瑜伽的流动动作，包括扭转、弯曲、伸展和平衡等。

（二）注意事项

1. 选择一个舒适的瑜伽姿势，避免在过硬的地面上进行练习。

2. 在练习过程中，保持呼吸的顺畅和节奏的稳定。

3. 每个动作都要缓慢进行，并将注意力集中在身体的感受上。

4. 初学者可以从简单的动作开始，逐渐增加难度和时间。

5. 在练习过程中，如果感到不适或疼痛，应立即停止该运动，并寻求医生的建议。

十、毛毛虫爬

毛毛虫爬的主要作用是激活全身的肌肉群，提高身体的协调性和稳定性，提高身体的爆发力和灵敏度。

（一）基本步骤

1. 以手和脚支撑的俯卧撑准备姿势开始，双脚尽量向前走，保持双腿伸直。

2. 双手向前爬，将身体伸展成俯卧撑姿势。

3. 重复以上步骤 5 次。

（二）注意事项

1. 控制力度。逐渐增加运动的力度和时间，但不要过度劳累或者伤害到肌肉。

2. 注意呼吸。进行有节奏的呼吸，不要憋气或者过度喘息。

3. 注意姿势。保持身体的稳定和平衡，避免摔倒或者受伤。

4. 注意次数。逐渐增加运动的次数和组数，以适应身体的需求和提高效果。

5. 注意安全。如果在进行毛毛虫爬过程中感到不适，应立即停止该运动，并寻求医生的建议。

第三节　大学生体能训练的拉伸方法指导

一、体能训练中拉伸的注意事项

运动要能够提升能力并避免伤害，热身与拉伸必须是持之以恒且扎实的。因此，人们为了在做拉伸运动时能够得到最大的利益并确保安全，需要了解以下注意事项。

（一）拉伸前必须先热身

在进行拉伸之前，让身体有一些初步的热身活动是很有帮助的。比如，通过小步跑的方式，使身体逐渐升温，尤其是在天气较冷的时候，这种体温的升高可以帮助肌肉和肌腱更加松弛和柔韧，使得它们更容易进行拉伸，不易受伤。同时，小步跑可以快速提高心率和呼吸频率，使血液流向肌肉，帮助肌肉和肌腱在运动中做好准备，也就是在拉伸前保持肌肉和肌腱的"备战"状态，有效增强肌肉和肌腱的力量和耐力。

另外，需要遵循正确的拉伸技巧和方法，选择难度适中的热身活动，即不过度热身或过度拉伸肌肉。热身活动难度过大，可能导致肌肉疲劳、受伤或疼痛。

（二）在拉伸时注意调整呼吸

一般来说，自然呼吸或腹式呼吸都可以用来配合拉伸动作进行呼吸。自然呼吸是在拉伸过程中保持平静、放松和舒适的一种呼吸方式。这种呼吸方式主要通过胸部扩张和收缩进行呼吸，通常适用于大部分以有氧锻炼为主的人。而腹式呼吸是在自然呼吸的基础上，通过加深呼吸和增加吸氧量来加强身体的放松感和血液的循环。在拉伸时，特别是进行深度拉伸时，腹式呼吸可以更好地放松身体和提高身体的灵活性。

在拉伸过程中，呼吸应该顺畅、缓慢而有节奏感。当身体伸展时呼气，使肌肉放松并扩展到更广泛的范围；当身体缩小时吸气，为肌肉提供更多的氧气以增强身体的灵活性和适应性。总之，拉伸过程中应该注重呼吸的调整，以自然、缓慢、有节奏感的呼吸配合拉伸动作，切忌屏住呼吸或过度用力吸气，增强拉伸效果并保持身体的健康和舒适，避免肌肉拉伤。

（三）在运动前和运动后都要拉伸

许多人只记得在运动前进行拉伸，以降低受伤的风险和提高运动表现，却忽略了运动后进行拉伸的重要性。实际上，运动后进行拉伸同样是非常有益的。

运动后，肌肉会经历一个叫作延迟性肌肉酸痛的过程，一般是在运动后数小时内开始出现，并在 24～48 小时内达到高峰。这种酸痛是肌肉纤维受到损伤和肌肉中的废物堆积所导致的。在这种情况下，进行一次缓和的拉伸可以帮助肌肉纤维重新调理，缓解肌肉酸痛的不适感。同时，拉伸还可以帮助肌肉放松，减少肌肉中的乳酸堆积，加速身体的恢复过程。

（四）拉伸的动作要缓慢而温和

拉伸的主要目的是利用肌肉和肌腱的弹性和延伸性，通过刺激肌梭神经和肌腱感受小体，增加身体的伸展潜力及耐受力。无论是动态拉伸（律动式拉伸）还是静态拉伸（固定式拉伸，持续 30 秒以上），只要是缓和的拉伸方式，都可以产生显著的效果。

拉伸的关键在于避免突然、急促或过于剧烈的拉伸动作。过度的拉伸或急压可能会对肌肉和肌腱造成损伤，特别是在平时很少拉伸到的肌肉和肌腱上。此外，如果用力不当，或者借助外力（使用器械或者让别人帮忙施加压力），也可能会导致拉伸过度，从而引起不必要的伤害。因此，拉伸时的动作要缓慢且温和，避免受伤。

（五）替换拉伸的肌肉群

拉伸是运动前或运动后的重要准备或放松活动，其目的是通过伸展和拉长肌肉，增加关节和肌肉的灵活性，预防运动伤害，并提高运动表现。然而，不同的肌肉拉伸动作需要针对特定的肌肉群进行。例如站立前屈伸展，这个动作主要针对背部、臀部、大腿后侧和腹部的肌肉进行拉伸。

同一个动作可能需要多个肌肉的协同作用才能完成。例如，深蹲需要腿部和臀部的多组肌肉协同工作才能完成。在这种情况下，不同的肌肉可能需要不同的拉伸动作才能充分伸展。为了充分伸展这些肌肉，应当选择与其相关的拉伸动作。

除了这些协同肌之外，还有一些对抗肌也必须进行拉伸。这些对抗肌是那些在作用方向上相反的肌肉。例如，在深蹲中，股四头肌是协同肌，而腘绳肌则是对抗肌。在对抗肌进行拉伸时，需要注意不要过度拉伸，以免引起不适或伤害。

（六）拉伸的程度

拉伸过程中，适度的肌肉紧张和酸胀感是正常的，表明身体的肌肉正在适应拉伸，这是有益的生理反应。然而，当疼痛感出现时，特别是在进行拉伸的时候出现疼痛，往往表明可能过度拉伸，或身体可能对某种特定的拉伸方式有反应。在这种情况下，疼痛很可能会引发炎症反应，并可能增加受伤的风险。

因此，在进行拉伸时，应该尽量避免疼痛感，尽量在感到肌肉紧张或稍微有些酸胀的时候就停止拉伸。如果在拉伸过程中感到疼痛，应该立即停止并尝试一种更温和的拉伸方式。记住，正确的拉伸方式应该是舒适的，而不是痛苦的。如果是对某个特定的拉伸动作感到疼痛，则需要寻找替代性的拉伸动作，或者向医生或专业的健身教练寻求帮助。

二、体能训练中拉伸的方法分析

（一）本体感受性神经肌肉促进法

本体感受性神经肌肉促进法，是指以人体发育学和神经生理学原理为基础和一种多方面的运动治疗方法，最初用于对各种神经肌肉瘫痪病人的治疗。[1] 20 世纪 70 年代，该理论被引申应用于静态拉伸方法，即拉伸肌肉到一定程度后保持该姿势几秒。因为使用这种方法对个体的柔韧性有很好的改善作用，还能提升力量素质，改善神经协调，所以越来越受到人们的欢迎。

1. 收缩—放松

收缩—放松如图 5-1 所示，将右手臂弯曲，左手放在右手臂的肘部，左手轻轻用力带着右手肘部沿胸部拉向左侧，感觉有微微的拉伸感，保持动作 4～5 秒。接着将肘部向后方拉直到再次感到轻微的拉伸感，保持和缓拉伸 5～15 秒。将这一动作重复几次，左右手臂交替进行。

---

① 叶子琦. PNF 拉伸法在体能训练中的研究进展 [J]. 体育科技文献通报，2022，30（07）：237—240.

图 5-1　收缩—放松

2. 静力—放松/拮抗肌收缩

静力—放松/拮抗肌收缩采取卧位，慢慢抬升右腿呈 60 度，微微给腿部向外施力，静态拉伸目标肌肉，约 10 秒，还原到 60 度；然后，向大腿内部施力，让目标肌肉等长收缩，保持 6 秒，返回到 60 度；最后伸直腿，用力蹬直，同时，收缩拮抗肌，约 30 秒。

以上拉伸动作可以交替重复进行，完成 3～4 组，最后总是以静态拉伸结束。每次重复后的静态拉伸应比前一次要更深一些，肌肉伸展的效果更好。

（二）静止拉伸方法与动力拉伸方法

拉伸一般有两种常见的方法，一种是静止拉伸；一种是动力拉伸。静止拉伸方法与动力拉伸方法交替使用，可以提高练习的效果。

1. 静止拉伸方法

静止拉伸，也称为被动拉伸，是指肌肉被拉伸到它可以自如行动的状态，并保持这种状态一定的时间。静止拉伸可以渐渐地到达合适部位，身体可以保持每一个拉伸动作大概 10～30 秒。静止拉伸更适合在缓和阶段来做，也可以在热身阶段做一些轻的静止拉伸。

下面介绍一些简单的静止拉伸方法。

（1）小腿肚拉伸

小腿肚拉伸如图 5-2 所示，用前臂支撑在墙上，然后身体前倾，前额贴在手背上；一条腿屈膝，向墙面靠近；另一条腿绷直保持脚掌平贴地面且脚尖指向正前方或稍向内。然后，脚的位置不变，慢慢将髋部向前移动，同时，保持后面的腿绷直、脚掌平贴地面。此时，小腿肚肌肉会产生舒适的拉伸感，保持拉伸 5～10 秒。相反的方向进行同样的拉伸动作。

（2）坐位腹股沟拉伸

坐位腹股沟拉伸如图 5-3 所示，坐在地板上，双脚合十，双手钩住脚趾前端；上身由髋部开始慢慢前倾，直到腹股沟处感觉到轻微的拉伸。随着拉伸动作缓缓收缩腹部肌肉，保持轻松拉伸5～15秒。如果感觉很舒适，可以慢慢将肘部放在小腿外侧，这样能保持稳定和平衡。在拉伸张力逐渐消失以后，缓缓加大拉伸幅度，强化拉伸的感觉。如果感觉疼痛就停止，保持姿势15秒，然后缓缓放松下来。拉伸时要注意以下几个方面。

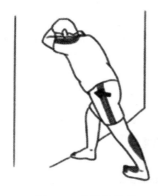

图 5-2　小腿肚拉伸

图 5-3　坐位腹股沟拉伸

①保持静止状态的姿势时，要缓慢而有节奏地呼吸。

②下颌和肩膀要放松。

③从髋部开始前倾，腰部保持平直，两眼正视前方。

（3）拉伸大腿后腱和腰部

接坐位腹股沟拉伸的动作，左腿保持弯曲，右腿伸直，左脚脚底贴住右大腿内侧。注意腿部不要让膝盖锁住，应该保持一条腿伸直另一条腿弯曲的姿势。由髋部开始前倾并呼气，直到产生轻微的拉伸感，保持这个姿势5～15秒，缓慢而有节奏地呼吸。然后，进行相反方向的练习。

（4）仰卧位腹股沟拉伸

仰面躺在地板上，双脚合十，两膝盖自然分开，放松髋部。由于重力作用腹股沟会产生轻微的拉伸感，保持姿势40秒，深呼吸。需要注意的是，这个动作是很舒适的，不会出现任何的疼痛和紧张感。

（5）伸长拉伸

伸长拉伸如图5-4所示，卧位慢慢伸直两腿，双臂伸过头顶，双手伸展，脚趾绷直。保持这个姿势5秒，然后放松。重复上述动作3次，每次拉伸时微微收缩腹部肌肉，起到瘦肚子的作用。这个动作既拉伸了手臂、肩膀、脊椎、腹部的肌肉，也拉伸了胸部、双脚和脚踝的肌肉。

图 5-4 伸长拉伸

（6）腰部和大腿后部的拉伸

腰部和大腿后部的拉伸如图 5-5 所示，卧位慢慢伸直两腿，一条腿屈膝慢慢向胸部拉动，直到能够感觉到轻松拉伸，保持这个姿势 30 秒，拉伸时要保持呼吸通畅。

图 5-5 腰部和大腿后部的拉伸

2. 动力拉伸方法

动力拉伸，也被称为主动式拉伸，是指通过一些动作拉伸肌肉。它把一些快动作变成了特别的拉伸动作。轻微动力拉伸运动是人们做运动前进行热身的重要内容。热身活动过程中的动力拉伸应该与要做的健身或运动相符合。下面是一些简单的动力拉伸方法。

（1）单腿跪地，动力拉伸

单腿跪地，动力拉伸如图 5-6 所示。将右脚向前跨出，左膝跪在瑜伽垫上或者地板上，右膝呈 90 度（右膝膝盖不要超过前脚趾）；注意力集中，深吸气，将肚脐吸向脊椎，上提胸廓，臀部微微向前，在呼气的时候左脚尖点地。保持这个姿势，默数 3 秒，然后放松。重复整个过程 5 次，然后相反的方向做同样的动作。

图 5-6 单腿跪地，动力拉伸

（2）金鸡独立，拉伸股四头肌

金鸡独立，拉伸股四头肌如图 5-7 所示。用弹力带将左脚拉住，右手前伸，单腿独立（注意：左手掌心向外，保证肩部呈开放姿势）；保持膝部对齐，调动腹肌，将肚脐吸向脊椎，将尾椎微微向下压。在呼气时，将左臂向正对方向推出。保持这个姿势，呼吸 3 次，然后相反的方向做同样的动作。

图 5-7　单腿跪地，金鸡独立，拉伸股四头肌

（3）仰躺于地，拉伸腿筋

仰躺于地，拉伸腿筋如图 5-8 所示。用弹力带拉住右脚并尽可能伸展腿部，保持这个姿势，呼吸 3 次。将注意力集中在两腿的股四头肌上，将足跟指向天花板。重复整个过程 5 次，然后相反的方向做同样动作。

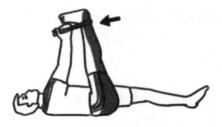

图 5-8　仰躺于地，拉伸腿筋

（4）脚掌相对，腰板挺直

取坐位，两只脚掌相对，将脚跟尽量靠近会阴部位；背靠墙壁，腰背挺直；深呼吸，想象自己的尾椎一节一节地往上挺直。保持这个姿势 10～15 秒，深呼吸 10 次。

（三）立位拉伸方法与卧位拉伸方法

从拉伸的方式来说，拉伸可分为立位拉伸方法和卧位拉伸方法。立位拉伸方法是指站着拉伸的方法；卧位拉伸方法是指躺在床上或长椅上的拉伸方法。

1. 立位拉伸方法

立位拉伸方法如图 5-9 所示，可拉松肩胛部、肩周围、背部及其相应部位的肌腱、韧带，有利于肩颈痛、肩周炎、背痛等病的治疗。一般来说，立位拉伸方法主要依赖运动器械进行，具体步骤如下。

图 5-9　立位拉伸方法

（1）选定一个高度合适的框架，举起双手，尽量展开双臂，按住框架上方的两个角。

（2）一脚在前，另一脚在后，站弓步，腿尽量伸直。

（3）身体要与框架保持平行，抬头，平视前方。

（4）保持这个姿势 3 分钟，换一条腿站弓步，也站立 3 分钟。可多次重复这个动作，但不宜使身体过度劳累。

2. 卧位拉伸方法

卧位拉伸方法如图 5-10 所示，主要用于拉伸腰至大腿膝后的肌腱，拉松大腿内侧韧带及大腿背侧韧带，也有助于拉松髋部的关节，因此，卧位拉伸方法又称卧位松髋法。一般来说，卧位拉伸方法要依靠椅子、茶几或床进行，具体步骤如下。

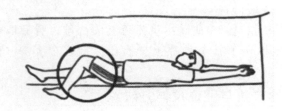

图 5-10　卧位拉伸方法

（1）将两张安全稳妥、平坦的椅子摆放在近墙边或门框处。

（2）坐在掌墙边或门框的椅子上，臀部尽量移至椅子的边缘。

（3）仰卧，将一条腿伸直倚在墙或门框上，另一条腿屈膝，让其垂直落地，尽量触及地面，无法触及地面时可用书本等物垫在脚下。

（4）仰卧时，双手举起平放在椅子上，其间垂直落地的腿亦可做踏单车姿势摆动，有利于放松髋部的关节。

（5）保持这个姿势 10 分钟，再按照上述的方法，左右脚交换，再做 10 分钟。

第六章　大学生基础体能训练的实践研究

第一节　大学生力量素质的训练实践

一、力量素质的基本定义

力量素质是指人在进行各种体育活动时，肌肉收缩和舒张所产生的力量，以及这种力量能够克服内外阻力的能力。这种内外阻力来自物体的重量、支撑反作用力、摩擦力、空气或水的阻力等。力量素质是人体进行体育运动的基本素质之一，在运动中发挥着重要作用。[①]

首先，力量素质是人体完成各种体育运动的基本保障。在进行跑、跳、投、抛等基本运动形式时，人们需要足够的力量支撑身体，使身体保持稳定并完成所需的动作。力量素质的强弱直接影响到人们在进行这些运动时的表现和成绩。

其次，力量素质是获得运动技能和取得优异运动成绩的基础。在掌握各种运动技能的过程中，如球类运动、田径、游泳等，运动员需要具备一定的力量素质才能掌握正确的技术动作，并充分发挥自己的潜力。同时，力量素质的强弱直接影响到运动员在比赛中的表现和成绩。

此外，力量素质也是其他身体素质发展的重要因素。虽然每个体育运动项目对身体素质的要求不同，但是力量素质是其中的核心要素之一。通过有针对性的力量训练，可以提高肌肉的收缩和舒张能力，增强身体的耐力和速度，促进其他身体素质的发展。

综上所述，力量素质对于掌握运动技能、提高运动成绩及促进身体健康发展都具有重要的意义。因此，人们在进行体育运动时，需要根据自己的需求和实际情况，采用科学合理的方法和手段进行有针对性的训练，提高自己的力量素质水平。

[①]　崔晓春. 体能训练的理论依据及运动素质转移——评《体能训练学》［J］. 科技管理研究，2022，42（03）：247.

二、力量素质的基本分类

（一）根据力量素质与运动专项的关系进行分类

根据力量素质与运动专项的关系，可以将其分为一般力量和专项力量。

1. 一般力量

一般力量是指那些在日常体育活动中所需要的基本力量，如基础力量、耐力和爆发力等。这些力量是所有运动员都需要的基础素质，无论他们从事哪个特定的运动项目。例如，无论是一名田径短跑运动员还是一名游泳运动员，都需要具备基本的爆发力和耐力才能进行有效的训练和比赛。一般力量的训练可以帮助提高身体的耐力、速度和协调性，为专项力量的训练打下坚实的基础。

2. 专项力量

专项力量是指那些针对不同的运动项目所需要的特殊力量，如游泳的划水力、拳击的出拳力、攀岩的抓握力等。这些力量是特定运动项目所特有的，不同的运动项目需要不同的技术动作和力量运用方式。例如，足球运动员需要具备出色的下肢力量和核心稳定性，以便在比赛中有更好的跑动和对抗能力；篮球运动员需要具备上肢力量、弹跳力和核心稳定性，以便在空中完成各种动作。专项力量的训练可以帮助提高运动表现和竞技水平，在比赛中获得更好的成绩。

（二）根据力量素质与运动员体重的关系进行分类

根据力量素质与运动员体重的关系，可以将其分为绝对力量和相对力量。

1. 绝对力量

绝对力量是指肌肉通过最大随意收缩克服阻力时所表现出来的最高力量，通常以公斤为单位表示。在力量素质中，绝对力量是非常重要的一种，它可以让运动员在比赛中更好地应对身体的疲劳和消耗，保持竞技状态。

对于举重、拔河等需要克服外部阻力的项目，绝对力量的训练非常重要。绝对力量的训练可以通过各种练习和运动来提高，如举哑铃、推杠铃、仰卧起坐等。通过这些训练，增加肌肉的体积和力量，提高身体的代谢率和对抗阻力的能力，在各种体育活动中获得更好的表现。

2. 相对力量

相对力量是指运动员每单位体重所产生的力量，是运动员发挥力量的重要指标。相对力量的计算方法是运动员克服的力量除以他的体重，这个数值可以反映运动员的力量素质。

在田径、体操等需要灵活运用力量的项目中，运动员不仅需要在短时间内快速发挥出绝对力量，而且需要控制身体的平衡和姿态，这就需要运动员具备较高的相对力量水平，从而获得项目运动的优势。相对力量的训练可以通过各种练习和运动来提高，如举重、推举、仰卧起坐等。通过这些训练，可以增加肌肉的体积和力量，提高身体的代谢率和协调性，提高运动表现。

（三）根据力量素质与体育活动的关系进行分类

根据力量素质与体育活动的关系可以将其分为最大力量、速度力量和力量耐力。

1. 最大力量

最大力量是指运动员在最大程度上克服或对抗外界阻力所产生的力量。在力量素质中，最大力量是最基本和最重要的一个方面，它代表着运动员在最大程度上发挥出肌肉力量的能力。最大力量的发挥需要肌肉在最大程度上收缩和放松，它与肌肉的生理结构和神经调节有很大的关系。通过训练最大力量，运动员可以增加肌肉的体积和力量，提高身体的代谢率和对抗阻力的能力，在各种体育活动中获得更好的表现。

在训练中，最大力量的训练方法有很多种，如渐进性负荷训练、重复训练法、静力训练法等。这些方法可以刺激肌肉的神经和肌肉纤维的增生，增加肌肉的力量和体积，提高身体的代谢率和耐力。同时，最大力量的训练也需要考虑到运动员的身体状况和训练目标，制订个性化的训练计划，以达到最佳的训练效果。

2. 速度力量

速度力量也叫快速力量，是指人体在运动时以最短的时间发挥出肌肉力量的能力。它包括两个基本要素——速度和力量，是人体在运动中不可或缺的一种能力。

速度力量对于所有运动项目都非常重要，无论是跑步、跳跃、冲刺还是挥拍等动作，都需要在短时间内发挥出最大的力量。通过速度力量的训练，运动员可以增强肌肉的弹性和爆发力，提高身体的协调性和灵敏度，在比赛中获得更好的成绩。

速度力量的训练方法也有很多种，包括跳跃训练、负重训练、冲刺训练等。其中，跳跃训练是最常用的方法之一，可以通过不同高度和距离的跳跃训练肌肉的爆发力和协调性。负重训练则可以通过负重器材的训练增加肌肉的力量和耐力，提高身体的代谢率和血液循环。冲刺训练则可以训练肌肉的快速收缩和放松，提高身体的反应速度和灵敏度。

3. 力量耐力

在力量素质中，力量耐力是非常重要的一种，它可以让运动员在长时间内保持一定的力量水平，从而持续地完成各种运动任务。力量耐力的提高可以让运动员在比赛中更好地应对身体的疲劳和消耗，保持竞技状态。在一些需要长时间进行比赛的项目中，如长跑、骑车、游泳等，力量耐力显得尤为重要。

力量耐力的训练方法主要有耐力训练、间歇性训练、循环训练等。这些方法可以帮助运动员提高肌肉的氧化能力和糖酵解能力，增强肌肉的耐力和持久力。同时，力量耐力的训练也需要考虑到运动员的身体状况和训练目标，制订个性化的训练计划，以达到最佳的训练效果。

三、不同部位的力量训练方法

（一）臂部力量的训练

1. 上臂力量训练

（1）窄握距卧推

作用：主要发展肱三头肌外侧头以及胸大肌、三角肌的力量。

要领：仰卧在卧推架上，窄握杠铃（握距不超过 30 厘米），两臂伸直，举杠铃于胸前并下放至胸部，两肘外展，尽量用肱三头肌的力量将杠铃推起，并反复练习。

（2）仰卧颈后臂屈伸

作用：主要发展肱三头肌的力量。

要领：仰卧，头伸出练习凳端数厘米，两手分开 30 厘米，反握杠铃，举在胸前，然后屈肘把杠铃慢慢放下，降至练习凳端，再伸肘把杠铃举回胸前，反复进行。此练习法也可持哑铃进行，但要注意做此练习时，因为采用反握法持杠铃，所以重量不宜太重，否则，练习过程中杠铃易脱手。需要注意的是，此练习应有专人保护。

（3）颈后臂屈伸

作用：主要发展肱三头肌的力量。

要领：两脚左右开立，两臂上举反握杠铃（也可正握，但反握比正握效果好），握距同肩宽，做颈后臂屈伸动作。进行该动作时，两臂需固定在头的两侧，上体不动，两肘向上，尽量后屈。该动作也可用哑铃、杠铃片等重物进行练习。

（4）颈后伸臂

作用：主要发展肱三头肌上部和外侧部的力量。

要领：两腿前后直立，两手各握拉力器一端置颈后，两肘外展，两手持拉力器的同时，两臂用力前伸使之伸直，还原后重新开始，反复练习。

（5）弯举

作用：主要发展肱二头肌、肱肌、肱桡肌等的力量。

要领：两脚左右开立，反握杠铃，握距同肩宽，屈肘将杠铃举至胸前。该动作可坐着练习，也可用哑铃等器械练习，还可在综合练习器上进行手持杠铃或哑铃的练习。此外，该动作还可采用仰卧弯举、肘固定弯举、斜板哑铃弯举进行练习。

（6）窄握距引体向上

作用：主要发展肱二头肌、肱肌、胸大肌和背阔肌的力量。

要领：两手间距不超过 10 厘米，掌心朝下，屈腕成钩，钩住单杠；从悬垂姿势开始，向上拉起至下颌过杠；两肘关节保持在较高位置，以肘关节为轴心，上臂慢慢放下 10～15 厘米，然后再向上拉起，直至颈部触及横杠。整个动作要缓慢、有节奏，反复进行。

（7）双臂屈伸

作用：主要发展肱三头肌、胸大肌、背阔肌的力量。

要领：不负重或脚上挂重物、捆沙护腿、穿沙衣等，在间距同肩宽的双杠上做双臂屈伸。在练习该动作时，两肘需紧靠身体两侧，向下屈臂时要充分，还原后需重新做。

（8）仰卧撑

作用：主要发展肱三头肌、三角肌、背阔肌的力量。

要领：仰卧，两臂伸直撑在高约 50 厘米的台上，屈臂，背部贴近高台，然后快速推起至两臂伸直，连续做 10～15 次。该动作也可用两手支撑垫子，将双脚抬高或负重物练习以加大难度。

2. 前臂力量训练

前臂力量训练主要采用少组数（3～5 组）、多次数（16 次以上）、组间间歇很短的练习方法。再进行训练时，运动员要不断提高负荷（强度），用大负荷量（大强度）给予前臂充分刺激，从而使前臂力量迅速、充分地发展起来。

（1）腕屈伸

作用：主要发展手腕和前臂屈手肌群和伸手肌群的力量。

要领：两脚左右开立同肩宽，屈膝半蹲，两手反握（或正握）杠铃做腕屈伸，前臂固定在膝上（或凳子上），腕屈伸至最高点时稍停顿，再还原。该动作也可坐着练习，用哑铃或杠铃片做交替腕屈伸；也可靠着斜板练习。

（2）旋腕练习

作用：主要发展前臂屈手肌群和伸手肌群的力量。

要领：直立，两臂前平举，两手各握一个哑铃，同时，做向内外左右的旋腕动作，反复练习。

（二）肩部力量的训练

肩部力量训练是指肩部肌群，特别是锁骨末端的三角肌的力量训练。肩部三角肌有三束肌肉，分为前部、侧部、后部，合起来围绕肩部形成一个圆球。每一束肌肉必须采用专门的动作，单个练习，才能使整个三角肌全面发展。另外，在发展三角肌力量时，做一些发展斜方肌的力量练习，可以更有效地发展肩部力量。

1. 胸前推举

作用：主要发展三角肌侧前部肌肉，以及斜方肌、前锯肌、肱三头肌的力量。

要领：两脚左右开立，两手正握杠铃提拉翻起至胸部，然后立刻向上推过头顶，屈臂将杠铃放下置胸部，再向上推过头顶，反复练习。该动作也可用哑铃或壶铃练习。

2. 颈后推举

作用：基本同胸前推举所发展的力量一致。

要领：两脚左右开立，两手正握杠铃，握距同肩宽，挺胸别腰，将杠铃高翻至颈后，然后推起至两臂完全伸直，反复练习。在进行练习时，运动员可坐着进行，也可采用宽握距或窄握距进行练习。

3. 翻铃坐推

作用：主要发展三角肌群和斜方肌的力量。

要领：坐在练习凳上，两手正握杠铃于体前下胸部，两臂上举杠铃稍高于头后放于颈后，再将杠铃从颈后推起，过头顶后慢慢降至体前下胸部，同开始姿势，反复练习。该动作也可采用多种握距进行练习。

4. 两臂前上举

作用：主要发展三角肌侧部的力量。

要领：两手正握杠铃，与肩同宽；向上提起杠铃至头顶高度；在进行上举时，肘关节外展，杠铃始终保持在距脸部 30 厘米处。需要注意的是，该动作需要用稳定的节奏反复练习。

5. 直臂前上举

作用：主要发展三角肌前部、斜方肌、前锯肌、胸大肌的力量。

要领：两脚自然开立，两臂下垂同肩宽持铃，直臂向前上举起杠铃至与肩平，放下再做。该动作也可用哑铃或杠铃片进行练习，还可做仰卧直臂上举。

6. 持铃侧上举

作用：主要发展三角肌前侧部及斜方肌、前锯肌的力量。

要领：两脚开立，两手持哑铃（或杠铃片）置于肩部，上举过头后，两臂慢慢展开，掌心向下成侧平举。然后还原成开始姿势，重新开始练习。

7. 直臂侧平举

作用：主要发展三角肌、斜方肌、前锯肌的力量。

要领：两脚并立，两臂下垂手持哑铃（或杠铃片）于大腿侧，做直臂侧举至与肩平，反复练习；也可做侧卧直臂上举、坐姿侧平举。

8. 俯立飞鸟

作用：主要发展三角肌后部以及斜方肌、胸大肌、大圆肌的力量。

要领：两脚开立同肩宽，两手各持一杠铃片，上体前屈，两臂稍屈，手持哑铃向外侧举成飞鸟姿势，两臂还原时放松，反复练习。此动作也可采用直立做飞鸟、仰卧飞鸟练习。

9. 持铃侧前平举

作用：主要发展三角肌群的力量。

要领：两脚并立，双手持哑铃于大腿前，先向两侧同时举起哑铃至与肩平，然后向前平举，还原至开始位置再重复。在进行练习时，肘关节始终保持伸直。

10. 两臂侧摆

作用：主要发展三角肌侧部的力量。

要领：两脚开立，两手持哑铃同时向一侧举起成拉弓姿势，放下后随即向另一侧举起成拉弓姿势，交替进行。在进行练习时，掌心要始终朝下，动作连续，速度较慢。

11. 提肘拉

作用：主要发展斜方肌、三角肌及肱二头的力量。

要领：两脚自然开立，两手正握杠铃，提肘将杠铃贴身向上拉至上臂与肩齐平，稍停，还原再做。该动作也可采用其他器械和不同握距进行练习。

12. 快挺杠铃

作用：主要发展三角肌前部、斜方肌、前锯肌、肱三头肌的力量，以及身体的协调用力。

要领：两脚前后开立，两手同肩宽握杠铃提拉起置于胸前，接着向上方挺举，双腿可配合做前后交叉动作，连续挺。在进行练习时，动作速度要快，手腿需协调配合。

13. 快速平推杠铃

作用：主要发展三角肌前部、胸大肌、肱三头肌、前锯肌的力量，以及冲拳速度和全身协调用力。

要领：两脚前后开立，两手正握杠铃于胸前，向前快速平推，连续练习。要求练习时动作快速，可配合双腿做前后交叉练习。该动作也可用哑铃进行练习。

14. 斜上推举

作用：主要发展三角肌前部、肱三头肌、胸大肌、前锯肌的力量。

要领：前后（或左右）开立，双手距离比肩宽握杠铃，举起杠铃置于胸前，连续向斜上方快速推举。两臂要与上体约呈135度，两脚不得离开地面。每组练习8～

10 次。该动作也可用哑铃进行练习。

15. 快推

作用：主要发展三角肌、斜方肌的力量。

要领：两脚左右开立，两手持哑铃置肩部，两手交替快速向上推举或同时上推。

16. 倒立臂屈伸

作用：主要发展三角肌、肱三头肌、背阔肌、斜方肌的力量。

要领：靠墙做成手倒立后，屈肘下落至肩部尽可能靠近支撑点，快速发力推起仍成手倒立，反复练习。该动作也可在倒立架上进行练习。

17. 直臂绕环

作用：主要发展肩关节周围肌肉的力量。

要领：直立，两臂下垂持哑铃或杠铃片，做胸前直臂绕环。运动员也可做仰卧直臂绕环。

18. 推小车

作用：主要发展肩带肌群的力量。

要领：练习者直臂俯撑，身体挺直，同伴握其双踝抬起，练习者快速向前爬行。行走 15～20 米为 1 组。运动员也可爬台阶，20～30 级为一组。

（三）背部力量的训练

背部力量训练的主要目标是充分发展和增强人体的第二大肌肉群——背阔肌，以及其他多块肌肉的力量。这些肌肉包括大圆肌、斜方肌、冈下肌、小圆肌、前锯肌和骶棘肌等。通过科学的训练，可以有效地提高这些肌肉的力量，增强身体的整体力量和稳定性。

1. 高翻

作用：主要发展背阔肌、斜方肌、骶棘肌的力量。

要领：两脚左右开立约同肩宽，双手正握杠铃，握距稍宽于肩，挺胸别腰，将杠铃提起至大腿中下部迅速发力，翻举至胸上部，反复练习。

2. 持铃耸肩

作用：主要发展斜方肌的力量。

要领：两脚左右开立同肩宽，两手正握杠铃，然后以肩部斜方肌的收缩力，使两肩胛向上耸起（肩峰几乎触及耳朵），提起杠铃直至不能再高时为止，反复练习。

3. 俯立划船

作用：主要发展背阔肌上、中部以及斜方肌、三角肌的力量。

要领：上体前屈，两手正握杠铃横杠；两臂从直臂姿势开始，屈肘将杠铃拉近小腹后还原，再重新开始。在上拉时，运动员要注意肘靠近体侧，上体固定，不屈腕。为了减少腰部负担，可将前额顶在山羊或鞍马上进行练习；可采用各种握距练习；也可采用壶铃、哑铃、杠铃片等器械练习。

4. 俯卧上拉

作用：主要发展背阔肌、斜方肌、三角肌的力量。

要领：俯卧于卧拉练习架上，两手持卧拉练习器握把，两臂同时将练习器向上拉起，稍停再还原，反复进行。该动作也可采用哑铃和壶铃进行练习。

5. 直腿硬拉

作用：主要发展骶棘肌、背阔肌、斜方肌、臀大肌，以及股二头肌、半腱玑、半膜肌、大收肌等伸展躯干和伸髋的肌肉力量。

要领：两腿自然开立，两手宽握杠铃横杠，上体前屈，挺胸别要，两臂伸直，用宽握距（或窄握距）握住杠铃横杠；伸髋、展体将杠铃拉起至身体挺直。还原后重新开始，每组练习2～5次。在进行上拉时，运动员要注意腰背肌群要收紧，杠铃靠近腿部。

6. 宽握距引体向上

作用：主要发展背阔肌、肱二头肌、胸大肌的力量。

要领：用宽握距正握（也可用反握）单杠，做引体向上。引体向上完成时，下颌要高过横杠，甚至引体至胸前与单杠齐平，才能最有效地发展背阔肌。在进行上拉时，身体不要摆动、蹬腿，脚上可系重物，反复练习。运动员也可采用中握距引体向上进行练习。

7. 颈后宽引体向上

作用：主要发展背阔肌、斜方肌、冈下肌、小圆肌、大圆肌、肱二头肌、肱肌的力量。

要领：宽握距正握横杠悬垂，然后迅速地将身体拉起至头部超过横杠，甚至颈部高过横杠，反复练习。

8. 直臂前下压

作用：主要发展背阔肌、三角肌后部及胸大肌的力量。

要领：与直臂前上举的要领相反，两臂前上举握住拉力器，做直臂前下压，反复练习。

9. 双臂下拉

作用：主要发展背阔肌的力量。

要领：两手以中等宽度握住拉力器把，坐在拉力器正下方向下拉，使胸下部碰到拉力器把，同时挺胸。在进行练习时，上体不要后仰。还原后，重新开始。

10．宽颈后推

作用：主要发展背阔肌、斜方肌、三角肌、前锯肌、肱三头肌的力量。

要领：用高翻动作将杠铃置于颈后，然后宽握杠铃，挺胸别腰，身体直立，两肘自然下垂。双手握杠铃用两臂力量将杠铃从颈后推起至两臂伸直，每组练习3～8次。该动作也可采用窄握距做颈后推，但效果不如宽握距。

（四）腰部力量的训练

1．山羊挺身

作用：主要发展伸展躯干和伸髋的肌肉力量。

要领：俯卧在器材（山羊或鞍马等其他器材）上，两脚固定，两手在颈后固定杠铃片或杠铃（力量较小者也可不负重），做体前屈与挺身起。前屈时慢一些，挺起要充分，身体成反弓形。该动作也可俯卧在长凳上俯卧，固定两腿做负重的（或不负重）俯卧挺身，或做两端都固定的俯卧挺身静力练习。

2．负重弓身

作用：主要发展骶棘肌、斜方肌、臀大肌、股二头肌、半腱肌、半膜肌、大收肌的力量。

要领：两腿开立约同肩宽，两手持杠铃于颈后，身体直立，腰和腿收紧，上体慢慢前屈，臀部后移（像鞠躬动作），使上体成水平状态，然后向上挺直身体。该动作可做直腿或屈腿弓身，也可坐在凳上做弓身。

3．负重体侧屈

作用：主要发展腹内外斜肌、腹直肌、骶棘肌、臀中肌等使躯干侧屈的肌肉力量。

要领：两腿开立约同肩宽，肩负杠铃做左右体侧屈。在进行练习时，速度不宜太快，且反复进行。

4．负重侧拉

作用：基本同负重体侧屈所发展的肌肉力量一致。

要领：两腿开立，一手提壶铃做体侧屈。在进行练习时，手臂要伸直，身体尽量向下方弯曲，两侧轮换练习。此练习也可用哑铃或杠铃片进行，或侧卧在长凳或山羊上，固定两腿做颈后持杠铃片的负重侧卧起。

5．负重体回环

作用：主要发展躯干伸展、侧倾和屈曲肌群的力量。

要领：两腿开立，两手握杠铃片或重物，两臂沿体侧向前下方伸直或微屈，以腰为轴做体回环动作。在进行练习时，速度要慢，且反复进行。

6. 俯卧两头起

作用：主要发展伸展躯干和伸髋的肌肉力量。

要领：俯卧在垫子（或长凳）上，两臂前伸，两腿并拢伸直。两臂、头部和两腿同时向上抬起，腹部着垫成背弓，然后积极还原，连续练习。15～20次为一组。

（五）胸部力量的训练

发展胸部力量的方法很多，有徒手练习，也可用杠铃、哑铃、拉力器等器械等进行训练。需要注意的是，所有上体高于下肢的斜板卧推和飞鸟动作都有助于发展胸大肌上部力量，而下肢高于上体的斜板卧推和飞鸟动作都有助于发展胸大肌下部力量。

1. 颈上卧推

作用：主要发展胸大肌上部、肱三头肌、三角肌的力量。

要领：仰卧于卧推架上，手持杠铃或哑铃，可采用宽、中、窄三种握距，先屈臂将其放于颈根部，两肘尽量外展，将杠铃推起至两臂完全伸直，反复进行。

2. 斜板卧推

作用：主要发展胸大肌下部、肱三头肌和三角肌的力量。

要领：仰卧于斜板上，脚高于头，宽握杠铃，朝着胸中部慢慢放下杠铃，肘关节外展与身体成90度；然后迅速用力向上举起杠铃，再以稳定节奏反复进行练习。此动作也可用哑铃进行练习。

3. 仰卧扩胸（飞鸟）

作用：主要发展胸大肌、三角肌、前锯肌的力量。

要领：仰卧在练习凳上，两手各执一哑铃分别向体侧放低与上举动作。在放低时，可稍屈肘，充分扩胸；在上举时，臂伸直。该动作可采用不同斜度练习，也可用杠铃片做此动作。

4. 直臂扩胸

作用：向前做，主要发展胸大肌、三角肌前部、前锯肌的力量；向后做，主要发展背阔肌、三角肌后部、斜方肌的力量。

要领：两腿并立，两手各持一个哑铃（或杠铃片），先直臂向胸前平举至与肩成水平，然后直臂向两侧充分扩胸分开成水平，还原后反复练习。

5. 直臂侧下压

作用：主要发展胸大肌、背阔肌的力量。

要领：两臂侧上举，两手各握住拉力器的一个把手，然后用胸大肌和背阔肌力量做直臂侧下压，反复练习。运动员也可做侧卧直臂下压进行练习。

6. 宽撑双杠

作用：主要发展胸大肌下部、外部肌肉、肱三头肌、三角肌、前锯肌的力量。

要领：两手支撑在宽于肩的双杠上，脸朝下收紧下颌，弓背，脚尖向前，目视脚尖；屈臂使身体尽量下降，然后再伸臂撑起身体，反复进行。屈臂时，尽可能使身体降低一些，不要借力。此动作也可在脚上系重物或穿沙背心进行练习。

7. 俯卧撑

作用：主要发展胸大肌、肱三头肌、三角肌、前锯肌的力量。

要领：俯撑在平地上或俯卧架上，两臂间隔同肩宽，然后屈臂将身体下降至最低限度，再伸直两臂撑起身体。伸臂时两肘夹紧，身体始终挺直。该动作可用头高脚低、脚高头低或背上负重三种姿势进行练习。两手可用宽、中、窄三种距离支撑。

8. 俯卧撑推起击掌

作用：主要发展胸大肌、肱三头肌、三角肌，以及前锯肌力量和上肢与躯干的协调用力。

要领：俯卧，两臂伸直撑地，身体保持挺直。屈臂时，胸部接近地面，然后两手快速推离地面，要求击掌一次，缓冲落地，反复练习。

（六）腹部力量的训练

腹部力量训练的重点是发展腹外斜肌、腹内斜肌、腹直肌、髂腰肌力量。腹肌收缩主要是用来缩短骨盆底部至胸骨间的距离，这种收缩动作在幅度充分的仰卧起坐或仰卧举腿中，只占很小一部分。因此，半仰卧起坐（上体抬起幅度为全幅度的1/4 或 1/2）动作是比较好的发展腹部力量的方法。

1. 仰卧起坐

作用：主要发展腹直肌、髂腰肌的力量。

要领：仰卧斜板上（或平凳上），头部在下，两足在上并固定，两手抱头，然后屈上体坐起，再还原，反复进行。运动员也可两手于颈后持杠铃片或其他重物做负重练习。

2. 半仰卧起坐

作用：主要发展腹直肌上部的力量。

要领：平躺地上或练习凳上，两手持杠铃片置于头后，两足固定；上体向前上方抬起。练习时注意，背下部和髋部不能因上体抬起而离开地面或练习凳；用力时吸气，放松时呼气。该动作也可将重物放在胸的上部进行练习。

3. 蛙式仰卧起坐

作用：主要发展腹直肌的力量。

要领：仰卧垫上，两膝分开，两脚掌心靠拢相抵，两手置头后，向上抬头，使腹肌处于紧张收缩状态，2 秒后还原，重新开始。

4. 仰卧举腿

作用：主要发展腹直肌、髂腰肌的力量。

要领：仰卧在垫上（或斜板上），两手置身体两侧扶垫（或分握斜板两侧），然后两腿伸直或稍屈向上举至垂直。

5. 悬垂举腿

作用：同仰卧举腿。

要领：两手距离同肩宽握住单杠，身体悬垂并伸直，然后直腿向上举至水平位置，反复练习。该动作也可在双杠上做两臂支撑的悬垂举腿。

6. 仰卧侧提腿

作用：主要发展腹内、外斜肌的力量。

要领：仰卧垫上，屈肘，两手抱于头后，然后侧提右膝碰右肘，触肘后停 1 秒，然后换左膝碰左肘，反复练习。

7. 屈膝举腿

作用：主要发展腹直肌下部的力量。

要领：仰卧垫上，屈膝，两踝交叉，两脚着垫，两掌心朝下扶在髋侧，然后朝胸的方向举腿，直到两膝收至胸上方，还原后重新开始。

8. 举腿绕环

作用：主要发展腹直肌、腹内外斜肌的力量。

要领：背靠肋木，两手上举正握肋木悬垂，两腿并拢向左右两侧轮换举腿绕环，反复进行。需要注意的是，绕环幅度要大，腿尽力伸直并举高。

9. 负重转体

作用：主要发展腹内、外斜肌以及骶棘肌的力量。

要领：两腿开立同肩宽，颈后负杠铃横杠，两足固定不动，向左、右转体至极限。反复练习。

10. 仰卧两头起

作用：主要发展腹直肌、髂腰肌的力量。

要领：仰卧在垫子上，身体保持挺直，上体、两臂和两腿同时上举至体前上方，手触小腿（或脚背）前部，髋成 60 度～70 度后还原。一般来讲，连续做 15～20 次为一组。还可增加难度，如腿部和背部下放时不触碰垫子，距垫子 10 厘米时开始第二次练习；身穿沙背心、带沙护腿做此练习等。

11. 元宝收腹

作用：主要发展腹直肌的力量。

要领：两手置头后，仰卧在垫子或地上，上体蜷起时，两膝收至髋部上方。上体蜷起和收膝同时进行，直到两肘碰到两膝为止，并稍停 2 秒，反复练习。

12. 元宝收腹静力

作用：基本同元宝收腹所发展的力量一致。

要领：仰卧，收腹，两臂和两腿都伸直并同时上举，手触脚背成元宝收腹姿势，保持静止 30～60 秒。

（七）腿部力量的训练

1. 颈后深蹲

作用：除主要发展股四头肌、股二头肌、臀大肌力量外，还能有效地发展伸髋肌群的力量。

要领：上体正直，挺胸别腰，抬头，两手握杠铃放置颈后肩上。在做动作时，保持腰背挺直，抬头收腹，平稳屈膝下蹲后起立。根据不同的任务和要求，可采用不同的站距（宽、中、窄）和不同的速度（快速、中速、慢速、反弹）来做。下蹲或起立时，膝与脚尖方向应一致。起立时主要依靠伸膝肌的力量。

2. 胸前深蹲

作用：基本同颈后深蹲所发展的力量一致，但前蹲时由于胸部所受的压力较大，参与完成伸膝、屈足肌群工作的阻力矩大，因此，能更有效地发展伸膝肌群和躯干伸肌的力量。

要领：上体正直，挺胸别腰，抬头，两手握杠铃放置两肩胛和锁骨的连线上（"三点一线"），平稳屈膝下蹲。其余要领同颈后深蹲一致。

3. 半蹲

作用：发展伸膝肌群的力量与躯干的支撑力量，特别是股四头肌的外、内侧肌、股后肌群和小腿三头肌。

要领：正握杠铃于颈后肩上，挺胸别腰，屈膝下蹲至大腿接近水平位置时伸腿起立。其余要领同颈后深蹲一致。此练习也可采用坐蹲进行练习。

4. 半静蹲

作用：主要发展伸膝肌群的力量和躯干的支撑力量。

要领：颈后或胸前持铃屈膝下蹲至大腿呈水平部位，保持这个姿势不动，或做好半蹲姿势，静止 6～12 秒。该动作也可根据动作结构和需要，用不同角度来做。

5. 腿举

作用：主要发展股四头肌、臀大肌、股二头肌、半腱肌、半膜肌、大收肌、小腿三头肌、屈足肌群的力量。

要领：仰卧于升降练习架下，两脚蹬住练习架做腿屈伸动作。在进行练习时，可采用不同的速度（快、中、慢）和两脚间距（可两脚靠拢，也可分开）进行。

6. 负重伸小腿

作用：主要发展大腿前部肌群的力量。

要领：坐在腿伸展练习器一端，脚背前部放在圆柱垫子下面，两手抓住臀后方的两侧。股四头肌收缩，使小腿向斜上方伸起。随着小腿伸展，上体稍向后仰，以便使腿部最大限度地伸展。两腿完全伸直后坚持 2 秒，再还原重新开始。此练习也可坐在山羊或高凳上，足钩住壶铃或挂上重物，做伸小腿动作，也可在练习器上做腿蹬出动作。

7. 屈小腿

作用：主要发展股二头肌、半腱肌、半膜肌、小腿三头肌的力量。

要领：俯卧在屈腿练习器上，两脚跟钩住圆柱垫子，脚跟靠拢，两脚用力将负重拉起，使圆柱垫子碰到臀部。在将负重拉起的同时做俯卧撑起，主要发展股二头肌上部力量；当开始牵拉负重时，上体由原来的俯卧撑姿势向下变为平卧在练习器上，主要发展股二头肌中部肌肉。此练习也可在小腿上捆沙护腿或足穿铁鞋，做原地屈小腿动作；还可俯卧在练习凳上做加阻力（将固定于肋木上的橡皮筋一端置小腿踝关节处）的屈小腿动作，或进行双人对抗的屈小腿练习。

8. 内收大腿

作用：主要发展缝匠肌的力量。

要领：坐在一个高 15～30 厘米小凳上，两脚靠拢，两膝分开，两手各握一个拉力器手柄并放在两膝内侧，两脚尽量向外展开，然后两膝用力内收，直到两手相碰，还原后重新进行。

9. 负重蹬台阶

作用：主要发展伸膝、屈足肌群的力量。

要领：肩负杠铃，左腿屈膝踏在高 30～50 厘米的台阶上，右脚支撑于地面。左腿迅速蹬直。与此同时，右脚提起踏上台阶。还原后，两腿反复进行交换练习。该动作也可在踝关节缚橡皮带做此练习。

10. 负重抬大腿

作用：主要发展髂腰肌、股直肌的力量。

要领：两手扶墙或扶住同伴的肩，上体前倾成支撑姿势，左膝扎橡皮带，另一端固定在体后的杠柱上。左腿做抬大腿动作，右腿积极蹬直。两腿交替进行。

11. 肩负同伴深蹲起

作用：主要发展腿部伸膝、伸髋肌群的力量。

要领：侧对肋木站立，左手正握横木。做肩负同伴深蹲起动作，起立时腿蹬直。

需要注意的是，该动作要求快而有力，两人交替练习。

12. 负重蹲跳

作用：主要发展伸大腿和屈足肌群的力量。

要领：肩负杠铃，屈膝半蹲后，迅速伸髋、蹬腿、展体、起踵做起跳动作。起跳时，杠铃固定，保持挺胸、别腰、抬头、直体姿势，落地时屈膝缓冲。运动员也可用壶铃做，两脚开立同肩宽，屈膝直臂持壶铃做蹲跳动作（最好两足垫高）。

13. 弓箭步跳

作用：主要发展股四头肌、股二头肌、小腿三头肌、屈足肌群的力量，以及弹跳力。

要领：肩负杠铃成弓箭步，向上跳起两腿交换，落地仍成弓箭步，连续练习。

14. 快跳

作用：主要发展伸膝、屈足肌群的力量，以及弹跳力。

要领：两脚左右开立，两手持哑铃于肩上，向上快速连续跳，同时两臂上举哑铃，连续做。快跳时，要轻快，手脚配合。

15. 快推跳

作用：主要发展伸膝、屈足肌群的力量、肩带的力量，以及协调性和爆发力。

要领：两脚前后开立，两手持哑铃于胸前，向上跳起时，两手同时向前方推出，落地后两脚前后交换，连续跳。需要注意的是，该动作要求手脚配合，速度快，动作轻捷，反复练习。

16. 足尖深膝蹲

作用：主要发展小腿腓肠肌和比目鱼肌、股四头肌的力量，对提高身体平衡能力也有锻炼价值。

要领：两脚开立，将杠铃置颈后，全身直立，随即提踵，以脚前掌着地，然后徐徐屈膝蹲下至两腿完全弯曲（两脚尖向两侧分开），以脚尖支持身体重心；稍停，再伸腿起立至两腿完全伸直，仍以脚尖支持身体重心，反复练习。

17. 负重提踵

作用：主要发展小腿三头肌及屈足肌群的力量。

要领：开立，颈后负铃，或练习架，用力提踵，稍停后还原，反复练习。

18. 双人提踵

作用：主要发展小腿三头肌及屈足肌群的力量。

要领：练习者赤脚站立，两手扶在练习凳或台上，上体前屈，同伴骑跨在他腰上；慢慢地提起脚跟至小腿肌肉处于收缩状态。练习时，大部分重量落在脚拇指上。反复练习，每组 15～20 次。

19. 仰卧踝屈伸

作用：主要发展屈足肌群的力量。

要领：仰卧于腿举练习架上，两手扶住两膝，膝关节微屈。两脚向上，用脚指力量将重物顶起，还原后重复进行。

20. 纵跳

作用：主要发展伸膝和屈足肌群的力量，以及弹跳力。

要领：身穿沙背心，缚沙护腿，成半蹲姿势；两脚蹬地起跳，两臂上摆，两腿充分蹬伸，头向上顶，缓冲落地后继续做。每组连续练习 10～15 次，负重以 10～15 千克为宜。需要注意的是，动作要协调。该动作也可悬挂或标出高度目标，以两手触摸标志线或物体进行练习。

21. 蛙跳

作用：主要发展下肢爆发力，以及协调用力能力。

要领：身穿沙背心，带沙护腿（也可不负重），全蹲；两脚蹬地，腿蹬直向前上方跳起，腾空后挺胸收腹，快速屈腿前摆，以双脚掌落地后不停顿地连续做，6～10 次为一组。需要注意的是，要快速起跳，身体充分伸展开，可以先不要求远度而逐渐增加。

22. 跳深

作用：主要发展伸膝、屈足肌群和腹肌的力量。

要领：将 5～8 个高度为 70～100 厘米的跳箱盖横放纵向排好，间距均为 1 米。运动员面对跳箱盖并腿站立，双脚同时用力跳上跳箱盖，紧接着向下跳，落地后立即又跳上第二个跳箱盖，连续跳上跳下，20～30 次为一组。需要注意的是，动作之间不得停顿。该动作也可在有沙坑的高台处做此练习。

23. 直腿跳

作用：主要发展小腿三头肌和屈足肌群的力量。

要领：肩负轻杠铃，膝伸直，利用踝关节屈伸的力量向上跳起，连续跳。练习时，运动员要控制好杠铃，蹬地要富有弹性。

24. 跳台阶

作用：主要发挥伸膝、屈足肌群的力量，以及弹跳力。

要领：面向台阶，屈膝摆臂，用力蹬地收腹跳上 3～4 级台阶，连续做。该动作也可在楼梯上做此练习。

25. 多级跨跳

作用：主要发展下肢屈肌和伸肌的力量。

要领：做五、十、十五级等多级跨跳，最后一跳落在沙坑里，或在锯末道上练习。练习时，踝、膝、髋关节要蹬直，节奏要好。

（八）全身力量的训练

1. 窄上拉

窄上拉包括膝上窄拉、悬吊式窄拉、直腿拉、窄硬拉等多种练习方法。

作用：主要发展骶棘肌、斜方肌、前锯肌、臀大肌、股二头肌、半腱肌、半膜肌、大收肌、股四头肌、三角肌、肱肌、小腿三头肌、屈足肌群的力量。

要领：站距约与髋同宽，靠近杠铃横杠；两手握横杠，握距约同肩宽，挺胸别腰，下蹲提铃；当杠铃提拉到大腿中下部时，全身骤然用力，迅速做出蹬腿、伸髋、展体、起踵、耸肩、提肘动作，使杠铃继续上升，随之做屈膝、半蹲或直腿动作，同时顺势提肘。

2. 宽上拉

作用：基本同窄上拉所发展的力量一致。

要领：宽握距握杠，预备姿势同窄上拉，当杠铃上拉到大腿中上部时，迅速做出蹬腿、伸髋、展体、耸肩、提肘、起踵动作。宽上拉也包括膝上拉、悬吊式上拉、直腿拉、宽硬拉等多种做法。也可用助握带进行练习。

3. 高抓

作用：主要发展伸膝、伸髋、伸展躯干及肩带肌群的力量，并能有效地发展爆发力。

要领：高抓技术包括预备姿势、提铃、发力、半蹲支撑四个部分。预备姿势、提铃、发力部分同宽上拉的要领一致。半蹲支撑是在发力时提肘的瞬间开始，这时杠铃即将转入惯性运动，两腿随即迅速屈膝半蹲，两臂在半蹲开始时积极提肘继续提铃，当身体降至横杠高过头部瞬间，以肘为"轴"甩前臂，锁肩将杠铃支撑在头部上方。运动员也可用分腿高抓和直腿高抓做此动作。

4. 箭步抓

作用：基本同高抓所发展的力量一致，并能有效地发展爆发力。

要领：预备姿势、提铃、发力同宽上拉；在发力即将结束时，做前后箭步分退；与此同时，将杠铃提拉过头顶，伸直两臂做锁肩支撑，反复练习。

5. 抓举（下蹲式抓举）

作用：基本同高抓所发展的力量一致，并能有效地发展全身的力量及爆发力。

要领：完整的抓举包括预备姿势、提铃、发力、下蹲支撑与起立、放下杠铃与呼吸五个部分。前三个部分基本同宽上拉的要领一致。下蹲支撑与起立是在发力即将结束的瞬间，屈膝下蹲，提肘伸臂，锁肩将杠铃支撑于头顶上方并随即伸膝起立，站稳后从胸前放下杠铃。

6. 挺举

作用：挺举是由提铃至胸和上挺两部分动作组成。提铃部分主要发展股四头肌、臀大肌、股二头肌、半腱肌、半膜肌、大收肌、骶棘肌、斜方肌、三角肌、肱二头肌、肱肌、小腿三头肌、屈足肌群的力量；上挺部分主要发展股四头肌、臀大肌、股二头肌、半腱肌、半膜肌、大收肌、小腿三头肌、屈足肌群、斜方肌、前锯肌、背阔肌、三角肌、肱三头肌的力量。同时，该动作也能发展全身协调用力及爆发力。

要领：提铃至胸一般用下蹲式技术，它包括预备姿势、提铃、发力、下蹲翻与起立。除了下蹲翻与起立之外，前三个部分要领同窄上拉的要领一致。下蹲翻是当杠铃提拉到腰带高度时，积极向两侧分腿、屈膝下蹲，同时屈肘，以肩为"轴"转肘将杠铃翻上胸部，停在锁骨与两肩上，上臂近水平状态，随即起立；上挺时，先屈膝预蹲，然后迅猛地发力并做前后箭步分腿，将杠铃支撑于头顶，随即收腿起立。两脚站在同一横线上。

7. 箭步翻

作用：基本同挺举提铃所发展的力量一致。

要领：以肩宽的握距持铃，提铃部分除握距较窄外，其他要领基本同箭步抓的要领一致，即以大腿带动小腿做前后箭步分腿下蹲。两臂动作同下蹲翻，将杠铃翻上胸部后做起立动作：先蹬直前腿，随即向后收半步，再将后脚向前收，两脚平行站一横线上，反复练习。

8. 高翻推举

作用：主要发展伸膝、伸髋，伸展躯干、肩带及伸臂的力量。

要领：用高翻动作将杠铃提拉至胸部，用两臂力量将杠铃贴近面部向上推起至两臂伸直，反复练习。

9. 高翻借力推

作用：基本同挺举所发展的力量一致。

要领：用高翻动作将杠铃提拉至胸部，然后预蹲发力，同时，臂部用力将杠铃推举至两臂在头顶上方伸直。要求杠铃靠近面部向上举，保持挺胸别腰。该动作也可将杠铃放在颈后或练习架上练习。此练习若在练习架上做则主要发展上肢力量，作用同上挺部分；若提铃至颈后再做这个练习，作用基本同挺举的要领一致。

10. 高翻半挺

作用：基本同挺举所发展的力量一致。

要领：用高翻（也可用下蹲翻）提铃至胸后做好上挺预备姿势，然后预蹲发力，迅速屈膝半蹲，伸直两臂，在头顶上方支撑住杠铃。练习时，要求运动员上体正直、挺胸别腰、稳定重心。该动作也可将杠铃置于颈后或练习架上练习。另外，半挺还有一种做法，即分腿半挺。其要领是预蹲发力后，两脚向左右两侧分开约同肩宽，并迅速屈膝半蹲，伸直两臂支撑住杠铃。

11. 双手持重物后抛

作用：发展全身协调用力和爆发力，对发展股四头肌、股二头肌、臀大肌、小腿三头肌、屈足肌群、骶棘肌、斜方肌、背阔肌、肱肌的力量有一定作用。

要领：两手持重物（实心球、壶铃、铅球、杠铃片、杠铃等）于体前，两脚开立约同肩宽，屈膝半蹲；两脚蹬地、伸髋、展体，身体后仰，手臂顺势用力，奋力将重物经体前向头后上方抛出。该动作可两人一组做此练习，每人练习 10～15 次为一组。

12. 双手持重物前抛

作用：主要发展上肢、躯干和下肢的协调用力与爆发力。

要领：两手持重物（实心球、壶铃、铅球、杠铃片等）于体前，两脚开立约同肩宽、半蹲；两脚蹬地，伸展身体，两臂向前摆将重物向前抛出。该动作可两人一组，每人练习 10～15 次为一组。该动作也可采用双手持球向上抛接、双手持球跳起向上抛接、双手持球于体后向前抛等动作进行练习。

第二节　大学生耐力素质的训练实践

一、耐力素质的基本定义

耐力素质是指人体在长时间进行工作或运动中克服疲劳的能力，它是反映人体健康水平或体质强弱的一个重要标志。[1] 耐力素质主要包括有氧耐力和无氧耐力。提高耐力素质需要从多个方面入手，包括心肺耐力、肌肉耐力、技术水平和心理素质等，具体如下。

首先，心肺耐力的提高可以通过进行有氧运动来实现，如慢跑、游泳、骑车等。这些运动可以增强心肺功能，提高心肺耐力水平。例如，慢跑是一种有氧运动，可以帮助提高心肺耐力。通过逐渐增加跑步时间和强度，逐步提高心肺功能和耐力水平。

其次，肌肉耐力的提高可以通过进行力量训练来实现，如举重、俯卧撑、仰卧起坐等。这些运动可以增强肌肉力量，提高肌肉耐力水平。例如，举重是一种力量训练，可以帮助提高肌肉耐力。通过逐渐增加重量和次数，逐步增强肌肉力量和耐力水平。

① 孙玮.高校体育训练中如何提高耐力素质［J］.当代体育科技，2020，10（12）：28＋30.

再次，技术的提高可以帮助提高耐力素质。例如，改进跑步或游泳的姿势、掌握正确的动作要领等，可以减少能量消耗，提高运动效率。

最后，心理状态的调节也是提高耐力素质的重要方面。保持积极的心态、减轻心理压力等，可以减少疲劳感，提高运动表现。

二、耐力素质的基本分类

不同的分类方式有助于教练员了解和掌握运动中能量代谢的规律和特点，为运动员的体能训练和比赛表现提供科学依据和支持。

（一）根据运动中氧代谢特征分类

1. 有氧耐力

有氧耐力是指人体在有氧供能条件下，长时间进行工作或运动的能力。有氧耐力的提高主要依赖于心肺功能的提升和肌肉摄取、利用氧的能力的增强，常用方法包括长时间持续训练、间歇训练、重复训练等。

2. 无氧耐力

无氧耐力是指身体在短时间内高强度运动中，主要依赖无氧代谢来提供能量的能力。无氧耐力的提高主要依赖于肌肉的快速能量产生和乳酸的耐受能力，常用方法包括短跑、跳跃、举重等。

3. 有氧—无氧混合耐力

有氧—无氧混合耐力是指身体在长时间低强度运动中主要依赖有氧代谢，而在短时间内高强度运动中主要依赖无氧代谢的能力。这种耐力的提高需要同时考虑有氧训练和无氧训练，以达到在各种运动强度下都能保持良好的运动表现。在进行有氧—无氧混合耐力训练时，需要注意控制运动强度和时间，以及两种代谢方式的合理切换，以达到最佳的训练效果。

（二）根据肌肉工作的力学特征分类

1. 静力性耐力

静力性耐力是指有机体在较长时间的静力性肌肉工作中克服疲劳的能力。这种类型的耐力通常在需要维持一定姿势或者对抗一定阻力的活动中表现出来。比如，在射击、射箭等运动项目中，运动员需要保持静止的姿势，维持稳定性，确保技术动作的准确性。在举重、力量举等力量型运动项目中，运动员需要在整个动作过程中对抗重力及其他阻力，这就需要他们具备高度的静力性耐力。

2. 动力性耐力

动力性耐力是指人体处于动力状态，在较长时间的、反复的肌肉收缩和舒张活动中，能够保持持久的工作或运动的能力。例如，在长跑、游泳等活动中，运动员需要具备良好的动力性耐力。

（三）根据竞赛及体育活动的持续时间分类

1. 短时间耐力

短时间耐力是指人体在短时间内进行高强度或紧张度工作的能力。这种耐力通常在持续时间相对较短，通常在 30～60 秒之间，对身体的供能要求非常高。在竞赛及体育活动中，如 100 米短跑、原地站立推铅球等均属于此类。这种活动需要身体快速动员，以无氧代谢为主要能量供应方式，但同时也需要一定的有氧代谢能力作为辅助。

2. 中等时间耐力

中等时间耐力是指人体在中等时间长度内进行中等到高强度工作的能力。这种耐力的持续时间通常为 1～2 分钟，身体既需要无氧代谢提供能量，也需要有氧代谢提供能量。例如，400 米跑、800 米跑、200 米游泳等就属于此类。在训练中，中等时间耐力的训练强度和次数需要根据运动员的实际情况确定。

3. 长时间耐力

长时间耐力是指人体在较长时间内进行低强度工作的能力。这种耐力的持续时间通常在 2 分钟以上，甚至可以持续数小时或更长时间。例如，5000 米跑、10 000 米跑、马拉松、长距离游泳等就属于此类。长时间耐力的训练不仅需要提高运动员的有氧代谢能力，而且需要提高运动员的耐受力和意志力。

（四）根据耐力素质对竞技能力的作用分类

1. 一般耐力

一般耐力是指运动员在长时间、高强度的体育竞技中，维持最佳运动状态所需的耐力，是保证运动员在各类竞赛及体育活动中正常发挥技术、战术的基础。无论是什么类型的体育竞技项目，都需要一般耐力作为基础，它能够帮助运动员更好地应对长时间、高强度的比赛，提高身体的代谢能力和抗疲劳能力，保持最佳运动状态，提高运动员的竞技水平。

2. 专项耐力

专项耐力是指运动员在特定的体育竞技项目中，针对该项目的特殊要求而具备的耐力素质。不同的体育竞技项目对专项耐力的要求也不同，例如，长跑运动员需要具备较好的有氧耐力、举重运动员需要具备较好的力量耐力。专项耐力的训练可以帮助运动员适应特定项目的节奏和强度，提高技术运用能力和比赛成绩。

（五）根据器官系统的机能分类

1. 肌肉耐力

肌肉耐力是指肌肉在持续收缩时能够产生力量和持久性的能力。肌肉耐力是提高动作效率、减少能量消耗的重要因素，不仅受到遗传因素的影响，而且可以通过训练获得提高。

2. 心血管耐力

心血管耐力是指心脏和血管系统在长时间运动中，能够有效地为身体提供氧气和营养物质，同时将代谢废物排出体外，并保持正常的身体温度和酸碱平衡的能力。心血管耐力是身体在长时间运动中保持最佳运动状态的关键因素之一，包括心肺耐力和心血管耐力。

（六）根据参加主要工作的肌群分类

1. 局部耐力

局部耐力是指特定肌群在长时间工作或运动中保持收缩和放松的能力。局部耐力的提高可以通过有针对性的训练来实现。在练习时，可以尝试增加训练时间和强度。例如，如果想要增强手指的耐力，可以练习指卧撑或捏握力器。同时，进行一些轻量级的多次重复训练也可以提高肌肉耐力。例如，如果想要提高腕部的耐力，可以练习哑铃弯举。

2. 全身耐力

全身耐力是指整个身体在长时间工作或运动中保持协调能力、稳定性和平衡能力的能力。例如，在长跑中，全身耐力可以帮助身体维持较快的跑步速度，增加跑步距离，降低疲劳感；在游泳中，全身耐力可以帮助身体保持良好的游泳姿势，保持游泳速度，防止游泳过程中的肌肉痉挛和疲劳。

总之，耐力素质的分类方式多种多样，根据不同的分类标准可以将耐力素质分为不同的类型。无论在哪种分类方式下，全面提高各种耐力素质水平都是非常必要的，有助于提高运动员的竞技水平和运动表现。

三、耐力素质的价值分析

（一）增强身体功能

耐力素质对健康具有重要的影响，通过锻炼和培养耐力素质，可以提高身体的免疫力、抗氧化能力等，有效促进身体健康，预防心血管疾病、糖尿病等慢性疾病的发生。

1. 耐力训练可以提高心肺功能

通过锻炼和培养耐力素质，可以有效地提高心肺功能。心肺是身体的发动机，良好的心肺功能可以提高身体的耐力和持久力。例如，长跑、游泳等有氧运动可以锻炼心肺功能，使心脏更强壮、肺活量更大。同时，这些有氧运动还可以使身体的代谢能力增强，提高身体的能量水平，更好地维持身体各个系统的运作。

2. 耐力训练可以促进身体的免疫力

身体的免疫系统是一个复杂的系统，是人体的保护屏障，可以有效地抵抗外部入侵和内部的病变，它需要适当的刺激保持正常运作。耐力训练可以刺激身体的免疫系统，提高身体的抗氧化能力，增加白细胞数量和活性，提高身体的免疫力。在应对病毒、细菌和其他病原体时，免疫系统可以更有效地发挥其保护作用。

3. 耐力训练可以提高身体的抗氧化能力

身体在运动过程中会产生自由基，这些自由基会对身体造成损害。耐力训练可以促进身体的抗氧化能力，减少自由基对身体的损害，保护身体健康。研究发现，长期进行耐力训练可以增加身体内的抗氧化酶活性，减少身体的氧化应激反应。

（二）强化心理韧性

1. 耐力训练可以帮助人们培养毅力

通过耐力训练，可以让人们在面对困难和挫折时，更加有毅力和耐性，不轻易放弃。这种毅力可以帮助人们应对生活中的挑战和压力，提高心理韧性。

2. 耐力训练可以帮助人们培养耐心

通过耐力训练，可以让人们在面对不如意的事情时，更加有耐心和容忍，不轻易发怒或失控。这种耐心可以帮助人们应对人际关系中的矛盾和冲突，提高心理韧性。

3. 耐力训练可以帮助人们增强自信心

通过耐力训练，可以让人们更加自信、坚定和勇敢，不轻易被困难和挫折打败。这种自信心可以帮助人们应对挑战和压力，提高心理韧性。

（三）提升生活质量和工作效率

1. 耐力训练可以帮助人们更好地适应日常生活和工作

随着现代生活的快节奏和高压力，生活中充满了各种变化和挑战，无论是工作、学习还是家庭生活，都需要我们不断地适应和调整。耐力素质可以增强身体的耐力和心理素质，让人在面对工作和生活压力时更有应对能力。通过提高身体的耐力和心理素质，帮助人们应对工作和生活，提高生活质量和工作效率。

2. 耐力训练可以帮助人们更好地管理时间和工作量

在工作中，时间和工作量的管理是非常重要的。通过提高身体的耐力和心理素质，帮助人们应对工作压力和挑战，更好地管理时间和工作量。

3. 耐力训练可以帮助人们更好地管理情绪和提高自我意识

情绪管理和自我意识对于人们的生活和工作都是非常重要的。耐力训练可以帮助人们管理情绪和提高自我意识，应对生活和工作的挑战。在面对挫折和困难时，有耐力的人往往能够保持冷静，坚韧不拔，持续前进。这种积极乐观的态度可以影响人们生活和工作的各个方面，让人们在面对困难和挑战时，更加积极乐观，从而应对生活中的压力和挑战。

（四）提高社交能力

1. 塑造自信积极的形象

耐力素质训练不仅是一种身体上的锻炼，而且是一种精神上的挑战。通过耐力训练和体育活动，往往能够塑造积极、自信与健康的形象。这种形象不仅在运动场上受到赞赏，在社交场合中也同样受到尊重和欢迎。一个自信、健康的形象代表着一种积极的生活态度，这种积极的态度可以感染他人，能够更加自然地与他们交往，更积极地参与对话和活动，从而增强社交能力，建立良好的社交关系。

2. 促进情感稳定性

耐力素质训练可以帮助人们培养情感的稳定性。通过面对和克服挑战，人们可以学会如何在压力和不确定性中保持冷静和专注。这种情感稳定性在社交场合中同样是非常重要的，它可以帮助人们在面对困难或冲突时保持冷静，更好地处理和解决各种问题。

3. 增强团队合作能力

耐力素质的训练往往需要团队合作，这种合作不仅发生在体育场上，而且可以延伸到社交领域。通过在团队中学习如何与他人合作、如何解决冲突及如何达到共同的目标，个人的团队合作能力可以得到提高。这种能力在社交场合中同样是非常重要的，它可以帮助人们更好地与他人协作，更有效地实现共同的目标。

四、耐力素质训练的目标分析

（一）增强身体的耐受力

耐力训练可以增强身体的耐受力，使身体在承受负荷时不易疲劳。具体来说，耐力训练可以提高身体的代谢能力，促进血液循环，提高细胞线粒体的氧化能力，使身体在运动中能够更有效地利用氧气；也可以增加肌肉中慢肌纤维的比例，提高肌肉的氧化能力，使肌肉在运动中不易疲劳。

通过耐力训练，身体可以应对长时间或高强度的运动挑战。例如，在长跑比赛中，耐力训练可以提高跑步者的心肺功能，增加肌肉耐力和心理耐力，使跑步者在比赛的后半程仍能保持较好的运动状态。在激烈的竞技比赛中，耐力素质的提高可以帮助运动员应对高强度的比赛节奏，减少因疲劳导致的失误和失分。

（二）优化心肺功能

耐力训练可以通过多种方式优化心肺功能。具体来说，耐力训练可以提高心脏的收缩力和肺部的氧合能力，增加血液循环和氧气的供给。

1. 耐力训练可以改善心脏的收缩和舒张功能

耐力训练可以增加心脏的重量和体积，改善心脏的收缩和舒张功能，增强心房和心室壁的弹性，减少心脏在跳动时的震动和压力，使心脏的工作更加高效。

2. 耐力训练可以提高肺部的工作效率

通过增加肺部肌肉的体积和力量，可以增强肺部在呼吸时的气体交换能力，使肺部能够更有效地将氧气吸入体内，同时，将二氧化碳排出体外。此外，耐力训练还可以通过调整呼吸频率、加深呼吸深度等方式，提高肺部的工作效率。

3. 耐力训练可以提高血液循环和氧气的供给

通过增加心输出量和血容量，可以提高身体的供血能力，为身体的各个器官和组织提供充足的氧气和营养物质。此外，耐力训练还可以通过促进血管再生和改善血管弹性等方式，改善血液循环和氧气供给。

（三）提升运动效率

耐力训练可以帮助身体更高效地利用能量，提升运动效率。具体来说，耐力训练可以改善身体的能量代谢过程，使身体的能量消耗更加均匀。在运动中，身体的能量代谢主要包括有氧代谢和无氧代谢两个过程。有氧代谢是指身体通过氧化能源物质来获取能量；无氧代谢是指身体在没有氧气的条件下通过酵解等过程获取能量。耐力训练主要通过提高有氧代谢能力来提升运动效率。通过提高身体的线粒体数量和氧化酶活性，增加身体脂肪和糖原的储备，从而增强身体的氧化能力，减少无氧代谢的比例。

此外，耐力训练还可以提高身体的抗氧化能力。在运动中，身体会产生大量的有害物质，这些物质会对细胞造成损害。然而，耐力训练可以提高身体的抗氧化酶活性，增强身体的抗氧化能力，减少有害物质的产生和积累，保护细胞不受损害，保持身体健康。

（四）塑造健康身心

耐力训练是一种全面性的锻炼方式，不仅有助于保持身体健康，而且有助于维护和促进心理健康。

1. 耐力训练可以提高身体能力

耐力训练可以提高身体的各项能力，包括心肺功能、肌肉力量和耐力等，使身体在承受负荷时不易疲劳，更好地应对日常生活和工作的挑战。

2. 耐力训练可以缓解心理压力

耐力训练可以促进心理健康，增强自信、抗压能力和意志力。在耐力训练中，个体需要克服各种困难和挑战，如疲劳、疼痛和心理压力等，激发个体的内在动力和自我效能感，提高自信和自尊心。同时，耐力训练还能帮助个体应对生活中的压力和挑战，提高抗压能力和意志力。

3. 耐力训练可以调节情绪

耐力训练可以促进身体分泌多种神经递质和激素，如内啡肽、多巴胺和肾上腺素等，调节个体的情绪和行为，减轻焦虑和抑郁等负面情绪，形成积极向上的心态。此外，耐力训练还能帮助个体建立积极的生活态度和习惯，如自律、坚持和毅力等，更好地应对生活和工作的挑战。

（五）增强竞技优势

在竞技体育中，耐力素质的重要性不言而喻。通过耐力训练，运动员可以显著地提高自己的竞技能力，包括有氧能力、无氧能力、肌肉力量和耐力，以及心理素质和竞技意志，使运动员在比赛中能够更长时间地保持高强度的竞技状态，提高他们在比赛中的自信和冷静程度，更好地应对对手的冲击和挑战，增加在比赛中获胜的几率。例如，在长跑比赛中，耐力好的运动员更容易具备顽强的意志品质，更容易进入最佳竞技状态，更有可能在比赛的后半程赶超对手，取得优异的成绩。总之，耐力素质训练的目标是帮助个体更好地应对生活中的挑战和竞技场上的竞争，实现身心的全面提升。

五、耐力素质训练的影响因素

（一）遗传因素

人类机体的许多特征和性能都是由基因决定的，包括身体成分、身体形态、生理机能、运动能力等。耐力素质作为一种重要的运动能力，也受到遗传因素的影响。一些研究表明，最大吸氧量作为耐力素质的重要指标，其在很大程度上是由基因决定的。据估计，最大吸氧量中约有 93％是由遗传因素所决定，而后天训练只能提高剩余的 7％。这一观点得到了广泛的研究支持。然而，这并不意味着我们无法通过训练提高自己的耐力素质。尽管最大吸氧量受到遗传因素的影响较大，但是通过科学的训练和合理的营养补充，个体仍然可以显著提高自己的耐力水平。例如，长期进行有氧耐力训练可以改善心肺功能、增加肌肉量和提高肌肉利用氧的能力，从而在一定程度上提高最大吸氧量。此外，合理的营养补充和休息恢复也能为身体提供物质能量供应和恢复条件，有助于提高耐力素质。

因此，在制订耐力训练计划时，应该充分考虑自己的遗传因素，但也不能完全放弃训练和营养补充。通过科学合理的训练和营养补充，个体仍然可以在一定程度上提高自己的耐力素质，达到更好的健康状态。

（二）年龄和性别因素

耐力素质与年龄有关，少儿时期即可发展有氧能力，青春期是发展有氧能力的最佳时期。在少儿时期，通过适当的训练和活动，可以促进心肺功能的发育和提高，增强有氧能力。进入青春期后，身体的生长发育逐渐完成，心肺功能进一步增强，有氧能力也随之提高。但是，随着年龄的增长，身体的代谢和器官功能会逐渐下降，耐力素质也会相应减弱。另外，男女性别不同，耐力素质的增长期或衰退期略有相同。男性在 18～20 岁时的耐力素质会达到一个峰值，之后会逐渐下降；而女性在 15～18 岁时的耐力素质会达到一个峰值，之后也会逐渐下降。此外，女性的最大吸氧量明显小于男性，这可能与女性的身体构成和生理特征有关。

这些因素对耐力素质的训练和提升有着重要的影响。在制订耐力训练计划时，应该充分考虑年龄和性别因素，针对不同年龄和性别的特点，制订适合的训练计划和方法，以达到最佳的训练效果。同时，要注意根据个人情况合理安排训练强度和任务量，避免过度训练和不合理的运动负荷造成身体的损伤和不适。

（三）环境因素

研究表明，生活在高原地区的运动员普遍具有较高的有氧能力，这是因为他们长期生活在低氧环境中，身体逐渐适应了这种缺氧状态。这种适应过程可以增强身体的耐受能力和应对能力，提高有氧能力。

此外，高原环境下的生活和训练还可以带来其他一些特殊的益处。例如，低氧环境下可以促进身体的红细胞生成和增加血液中的血红蛋白含量，提高身体的携氧能力。高原环境下的训练还可以增加身体的能量消耗和脂肪氧化能力，提高身体的代谢能力和耐力水平。

因此，长期生活在高原环境的人可以在不经意中被动地接受适应自然环境的锻炼，从而增强耐力素质。但是，对于那些没有生活在高原环境下的人来说，通过适当的训练和锻炼也可以提高自己的耐力素质。例如，有氧耐力训练、间歇性训练等方法可以提高人们的心肺功能，增加肌肉量和提高肌肉利用氧的能力，从而增强耐力素质。

（四）训练因素

长期参加体育锻炼或者运动训练，可使人体的心肌发达、心肌收缩力增强、心脏功能改善、心脏的潜在能力被充分挖掘。同时，胸廓的活动性也随之增强，使多数肺泡参与气体交换，提高肺循环效率，大幅度增加肺通气量，最终实现提高持久运动的目的。

长期进行耐力训练可以对身体产生全面的影响，具体如下。

1. 促进心肌的发达和心肌收缩力的增强

心脏是身体的发动机，良好的心脏功能是提高耐力素质的基础。通过科学的耐力训练，心脏的潜在能力可以被充分挖掘和提升。此外，胸廓的活动性也会随之增强，使肺部可以更好地扩张和收缩，从而实现更多的气体交换，提高身体的供氧能力。

2. 提高肺循环效率

通过长期锻炼，肺部血管的张力和弹性会得到改善，血液流速会加快，在运动时可以更好地为身体提供氧气和营养物质，提高身体的耐受能力和应对能力。

3. 大幅度增加肺通气量

肺部气体交换需要充足的通气量，保证氧气的吸入和二氧化碳的排出。通过长期锻炼，肺部肌肉和呼吸道可以得到锻炼，使肺部通气量增加，更好地满足身体在运动时的需要。

（五）心理因素

耐力训练需要持久性的努力和坚持，因此，对于一些人来说，耐力训练可能会显得枯燥无味，甚至让人产生消极情绪。这种消极情绪不仅会影响个体进行耐力训练的积极性和效果，而且可能对周围的人产生负面影响，影响整个训练的氛围和团队士气。

六、耐力素质的训练方法

（一）有氧耐力训练

1. 有氧耐力训练的方法

有氧耐力训练是一种通过进行中等强度的、有节奏的、持续时间较长的运动来提高心肺功能和耐力的方法。在有氧耐力训练中，长跑、慢跑和有氧健身操是三种常见的训练方法。

（1）长跑

长跑是一种低强度、长时间的有氧运动，能够有效地提高心肺功能和耐力素质。

它通过持续的跑步刺激，增强心脏的收缩力量和肺部的氧气供给能力，增加身体的耐受力。在进行长跑训练时，需要注意保持适当的速度和步频，避免过度疲劳。

（2）慢跑

慢跑是一种中等强度的有氧运动，能够提高心肺功能和耐力，避免过度疲劳。它通过适当的跑步速度和步频，使身体保持一定的运动状态，充分地供给氧气和消耗能量，增强身体的耐力和心肺功能。在进行慢跑训练时，需要注意保持合适的速度、步频和适当的呼吸节奏。

（3）有氧健身操

有氧健身操是一种低强度、长时间的有氧运动，能够提高心肺功能和耐力，放松身心。它通过一系列低强度、高频率的动作组合，刺激心肺功能，提高身体的耐受力。在进行有氧健身操训练时，需要注意保持适当的节奏和运动强度，避免过度疲劳。

2. 有氧耐力训练的注意事项

（1）逐渐增加训练的强度和时间，避免对身体造成过度的负担。

（2）注意适当的休息和水分的补充，避免身体过度疲劳和脱水。

（3）持续进行训练，以逐渐提高心肺功能和耐受力。

总之，有氧耐力训练是一种有效的提高心肺功能和耐力的方法，但需要注意适当的强度和节奏，以及补充水分和休息，以达到最佳的训练效果。①

（二）无氧耐力训练

1. 无氧耐力训练的方法

无氧耐力训练是一种通过进行高强度的、短时间的运动来提高身体在高强度下的耐力和持久力的方法。在无氧耐力训练中，短跑、快速跑和爆发力训练是三种常见的具体训练方法。

（1）短跑

短跑是一种高强度的无氧运动，能够有效地提高腿部肌肉的耐力和爆发力。它通过快速的跑步速度和强烈的肌肉收缩，刺激腿部肌肉和心肺功能，提高身体的耐力和爆发力。在进行短跑训练时，需要注意保持适当的呼吸节奏和步频，避免过度疲劳。

（2）快速跑

快速跑是一种高强度的无氧运动，能够提高心肺功能和腿部的耐力和爆发力。它通过快速的跑步速度和强烈的肌肉收缩，刺激心肺功能和腿部肌肉，提高身体的

---

① 王萍. 大学生耐力素质练习的方法及注意事项 [J]. 田径，2019 (12)：50—52.

耐力和爆发力。在进行快速跑训练时，需要注意保持适当的呼吸节奏和步频，避免过度疲劳。

（3）爆发力训练

爆发力训练是一种高强度的无氧运动，能够提高肌肉的瞬间爆发力和速度。它通过使用重量训练或跳跃等高强度训练方式，刺激肌肉的快速收缩和放松，提高肌肉的爆发力和速度。在进行爆发力训练时，需要注意使用正确的姿势和呼吸方式，避免受伤。

2. 无氧耐力训练的注意事项

（1）逐渐增加训练的强度和时间，避免对身体造成过度的负担。

（2）注意适当的休息和相应的能量补充，避免身体过度疲劳和能量耗尽。

（3）持续进行训练，逐渐提高身体在高强度下的耐力和持久力。

总之，无氧耐力训练是一种有效的提高身体在高强度下的耐力和持久力的方法，但需要注意适当的强度和节奏，及时补充能量，以达到最佳的训练效果。

（三）间歇性训练

间歇性训练是一种在训练中采用不同的强度和时间间隔，进行有计划的训练的方法。通过间歇性训练可以提高身体的耐力和恢复能力，但要避免过度的疲劳。间歇性训练有以下特点。

（1）间歇性训练采用高强度和低强度交替进行的训练方式，通过快速的高强度运动和适当的休息，使身体在不同强度的刺激下产生适应和恢复。这样可以提高身体的耐受力，增加肌肉的氧含量和乳酸阈值，从而更好地应对高强度运动。

（2）间歇性训练中的间歇时间非常重要。适当的间歇时间可以使身体有足够的时间进行恢复和再生，避免疲劳和过度训练。一般来说，间歇时间可以根据个人的体能水平和训练目标进行选择和调整，以达到最佳的训练效果。

（3）间歇性训练中的训练强度和持续时间也需要根据个人的体能水平和训练目标进行选择和调整。高强度训练可以刺激身体的快速反应和适应，而低强度训练可以帮助身体进行充分的恢复和再生。适当的训练强度和持续时间可以使身体在不同强度的刺激下产生最佳的适应效果。

（4）间歇性训练需要注意饮食的搭配和营养的补充。适当的营养补充可以帮助身体更好地恢复和再生，从而更好地应对高强度训练。此外，在进行间歇性训练时，还需要注意适当的休息和放松，避免身体过度疲劳或身体受到损伤。

第三节 大学生速度素质的训练实践

一、速度素质的基本定义

速度是描述物体运动快慢和方向的物理量，等于位移和发生此位移所用时间的比。在物理学中，速度通常被定义为物体的位置或方向在单位时间内变化的量，表示为米/秒或千米/小时等单位。[①] 速度是一个矢量，具有大小和方向两个属性。速度的大小也被称为速率，而速度的方向则是物体运动的方向。在直线运动中，速度的大小和方向可以用一个单一的矢量来表示；而在曲线运动中，则需要用两个矢量来描述速度的大小和方向。

速度素质是指人体进行快速运动的能力，或用最短时间完成某种运动的能力。从概念角度理解，速度素质包括人体快速完成动作的能力和对外界信号刺激快速反应的能力，以及快速位移的能力。这些速度类型是在真实运动中呈现出的样态，它们之间相互联系、相互影响。

二、速度素质的分类

（一）反应速度

反应速度是指人体对各种刺激信号（声、光、触等）的快速应答能力，如听到枪声后快速奔跑、迅速躲闪或快速接住抛出的球等，是人体运动素质的重要指标之一。反应速度通常受到神经系统和肌肉系统的影响，它需要神经系统快速地传递信号并调动肌肉系统做出相应的反应。反应速度在运动中具有重要意义，如球类运动中的接球、击球、发球等动作，需要在极短的时间内完成，需要运动员具备快速的反应能力。

（二）动作速度

动作速度是指人体或身体某个部分快速完成某个动作的能力，如快速投篮、迅速踢腿或快速挥拍等，是技术动作不可缺少的要素。动作速度需要良好的神经—肌肉控制和协调能力，同时还需要足够的力量和耐力来支持。在竞技体育中，动作速度对于运动员的表现和成绩有着重要影响。例如，动作速度对于表现要求高的运动项目（田径、游泳、武术等）来说非常重要。

---

① 陈盼盼. 对当代大学生速度素质与力量素质训练手段的初步探讨［J］. 科技展望，2016，26（18）：354.

动作速度可以表现为多种形式，如人体完成某一技术动作时的挥摆速度、击打速度、蹬伸速度和踢踹速度等。此外，动作速度还包含在连续完成单个动作时单位时间里重复次数的多少，即动作频率。

（三）位移速度

位移速度是指人体在特定方向上位移的速度，通常以单位时间内机体移动的距离为评定指标，如短跑运动员的冲刺速度。位移速度需要良好的力量、耐力和协调性，同时也需要正确的跑步姿势和步频来支持。

位移速度对于短距离竞技项目来说具有十分重要的作用。在短距离竞技项目中，如 100 米、200 米、400 米等，运动员的起跑速度和加速能力是非常关键的。位移速度越快，运动员在比赛中所占优势就越大。

总之，速度素质是人体运动中非常重要的能力之一，受到多种因素的影响，如遗传、年龄、性别、训练和健康状况等。通过科学合理的训练方法和手段，可以提高人体的速度素质，进而提高运动成绩和表现水平。此外，速度素质的训练要遵循动力定型的原理，随着动力定型的日益稳固，训练效果也会越来越显著。因此，在进行速度素质训练时，需要注重合理安排训练计划和训练时间，进行有针对性的训练内容和手段，以达到最好的训练效果。同时，需要注意遵循渐进性原则和负荷递增原则，逐步增加训练强度和难度，避免因训练不当而造成的伤害和不良后果。

三、速度素质训练的基本要求

（一）结合运动员所从事的专项运动进行

不同的专项运动对速度素质的要求不同。例如，短跑运动员需要提高听觉反应能力，足球运动员需要提高视觉反应能力，体操运动员需要提高皮肤感觉的反应能力等。同时，每个运动员的生理特征和运动经验都不同，因此，在训练方法和目标制订上应该考虑到这些因素，根据运动员在特定运动项目中的需求和特点进行定制，最大限度地提升每个运动员的速度素质。

（二）有明确的目标和计划

在训练过程中，教练员应当注重训练的系统性、计划性和科学性，根据运动员的具体情况和训练目标制订详细的训练计划，并且根据实际情况进行适当的调整。

1. 确定目标

明确目标将有助于制订相应的训练计划，然后根据这一目标，进行下一步的计划。

2. 制订计划

根据设定的目标，制订一个详细的训练计划。计划应该包括具体的训练科目、训练强度、训练频率和训练时间。确保计划具有可操作性和可持续性，还要考虑到个人的实际情况和限制。

3. 合理安排休息

在制订计划时，要合理安排休息和恢复时间，帮助肌肉和神经系统得到充分的恢复和再生。

4. 渐增负荷

为了逐步提高速度素质，需要在训练中逐渐增加负荷，包括增加训练强度、增加重量、增加距离等。

5. 长期计划

速度素质的提高需要长期的积累和坚持。制订一个长期计划，并持续不断地进行训练和调整，将有助于达到更高的速度水平。

6. 监测进展

在训练过程中，要定期监测运动员的进展情况，帮助运动员了解训练是否有效，并能够及时调整训练计划。

7. 寻求专业指导

如果不确定如何制订合适的训练计划，或不知道如何安全地进行某些训练动作，可以寻求专业教练的指导。

（三）注重训练强度和恢复

高强度的训练是提高速度素质的关键，但是如果没有适当的恢复和休息，很容易导致身体疲劳和受伤。在制订训练计划时，训练强度应该根据运动员的实际情况进行合理安排，例如，可以采用间歇性训练法、重复跑等方式提高速度素质。同时，在速度素质训练中，训练强度的不断增加和维持也需要特别注意。训练强度过大或过小，都可能对运动员的速度素质产生不利影响。因此，在训练中应该保持适宜的训练强度，并根据运动员的反应情况进行适当的调整。

除此之外，恢复也是速度素质训练中不可忽视的一环。充足的恢复可以帮助运动员消除疲劳和缓解肌肉酸痛等情况，有助于提高训练效果。因此，在速度素质训练中，应该合理安排训练和休息的时间，避免训练过度而导致的疲劳和损伤。同时，可以采用一些恢复手段，如按摩、热敷、营养补充等，帮助运动员快速恢复体力。

（四）注重技术要领和细节

速度素质的提高不仅需要良好的身体素质，而且需要技术的精确掌握和良好的运动习惯。

1. 掌握正确的技术要领

在速度素质训练中，掌握正确的技术要领非常重要。正确的技术可以减少不必要的能量消耗，增加动作的效率，提高速度素质。因此，在开始训练之前，需要仔细学习正确的技术要领，确保在训练中掌握和运用这些要领。

2. 把握细节

在速度素质训练中，需要注意细节的把握。一些微小的细节可能会导致训练效果的大幅提升。例如，在跑步时，应该注意脚掌的着地方式、腰部的挺直程度、手臂的摆动等细节。

3. 动作规范

规范的动作是速度素质训练的基础。在训练中，需要保持身体的稳定性和平衡性，避免出现过度的身体摇晃和重心不稳。此外，还需要注意动作的连续性和流畅性，使动作更加规范和有效。

4. 控制节奏

在速度素质训练中，节奏控制非常重要。正确的节奏可以使动作更加流畅，提高速度素质。因此，需要在训练中掌握正确的节奏感，并尽可能保持稳定的节奏进行训练。

5. 不断改进和总结

在速度素质训练中，需要不断持续改进和总结。通过不断分析自己的训练情况，找出自己的不足之处，并加以改进。同时，可以向专业教练请教，听取他们的建议和指导，更好地提高自己的速度素质。

（五）与其他身体素质训练相结合

虽然速度素质是运动表现中非常重要的一部分，但是其他身体素质如力量、耐力、柔韧性等也是必不可少的。因此，在训练中应当注重各种身体素质的全面提升，以最大限度地提高运动员的整体素质水平。

1. 与力量素质训练相结合

速度素质与力量素质密切相关。通过进行力量素质训练，可以提高肌肉的力量和爆发力，增加速度素质。可以尝试进行一些力量训练，如深蹲、硬拉、卧推等，提高肌肉力量和爆发力，提高速度素质。

2. 与灵敏素质训练相结合

速度素质与灵敏素质密切相关。通过进行灵敏素质训练，可以提高身体的灵活性和协调性，增加速度素质。可以尝试进行一些灵敏训练，如紧急避障、快速变换方向等，提高身体的灵敏性和协调性，提高速度素质。

3. 与耐力素质训练相结合

速度素质与耐力素质密切相关。通过进行耐力素质训练，可以提高身体的耐力和持久力，增加速度素质。可以尝试进行一些耐力训练，如长跑、游泳等，提高身体的耐力和持久力，提高速度素质。

4. 与柔韧素质训练相结合

速度素质与柔韧素质密切相关。通过进行柔韧素质训练，可以提高身体的柔韧性和灵活性，从而增加速度素质。可以尝试进行一些柔韧训练，如瑜伽、普拉提等，提高身体的柔韧性和灵活性，提高速度素质。

（六）保持情绪饱满

速度素质训练应在运动员兴奋性高、情绪饱满、运动欲望强的情况下进行，一般应安排在训练课的前半部分。这是因为高昂的情绪和饱满的运动欲望可以帮助运动员，让他们更加积极地参与到训练中，专注度和动力得到提高，从而更好地发挥潜力，完成训练，提高训练效果。以下是一些关于如何在速度素质训练中保持情绪饱满的建议。

1. 设定明确的目标

当人们有一个清晰的目标和方向时，他们更容易专注于实现这个目标，而不是被其他不相关的事情分散注意力。这种专注和投入可以带来积极的情绪体验，帮助人们保持情绪饱满。在速度素质训练中，设定明确的目标可以帮助运动员保持专注和动力，更加清晰地认识到自己需要做什么，如何去做，从而减少迷茫和不必要的压力。

2. 制订计划并坚持执行

制订一个详细的训练计划并坚持执行是保持情绪饱满的关键。通过制订计划，运动员可以更好地规划训练科目、强度、频率和时间，避免随意性和无序性。同时，坚持执行计划也可以让运动员更加自信和坚定，更好地应对训练中的挑战。

3. 寻找激励与支持

在训练中，寻找激励与支持可以帮助保持情绪饱满。例如，与队友一起训练、听音乐、看视频、享受美食等，可以让运动员更加积极和兴奋地投入到训练中；寻求教练、队友、家人或朋友的帮助和支持，这些人可以提供建议、鼓励和支持，帮助运动员更好地应对挑战和困难。

4. 关注进步

在训练中，通过关注自己的进展情况，运动员可以看到自己的努力和付出所得到的回报，从而以饱满的情绪更加自信和坚定地继续前进。

5. 放松心情

在训练中，放松心情可以帮助运动员保持情绪饱满。可以尝试使用一些放松身心的方法，如冥想、深呼吸、瑜伽等，帮助运动员缓解心理压力和紧张情绪，更好地投入到训练中。

（七）应注重及时调整

当速度提高到一定程度时，可能会出现进展停滞、难以进一步提高的现象，这被称为速度障碍。对于这种情况，训练计划应做出相应的调整，确保训练的有效性和科学性，如改变训练方法和增加训练强度等，帮助运动员克服障碍，进一步提高速度素质。

1. 根据个体差异进行调整

速度素质训练需要根据运动员的个体差异进行调整，这是因为不同运动员的身体状况、年龄、运动经验等因素都会影响他们的速度素质。例如，年龄较大或身体状况较差的运动员应该适当降低训练强度，并逐渐增加训练频率和训练内容，以免过度训练造成伤害。另外，不同运动员的速度素质可能受其他因素的影响，如肌肉类型、神经系统等，使某些运动员在某些项目上具有优势，但在其他项目上则可能存在劣势。因此，针对不同运动员的个体差异，教练应该制订不同的训练计划和方案，确保每个运动员能够在其优势项目上得到更好的发展，并避免其劣势项目影响其整体表现。

2. 根据训练目标进行调整

速度素质训练需要根据训练目标进行灵活调整。不同的训练目标需要不同的训练方法和手段，例如，如果训练目标是提高短跑速度，需要注重进行短距离的冲刺训练和下肢力量的训练；如果训练目标是提高长跑速度，需要注重进行有氧耐力和心肺功能的训练；如果训练目标是提高球类运动中的反应速度，需要进行反应训练、视觉训练和手眼协调能力训练等。

3. 根据训练进展进行调整

在速度素质训练过程中，训练进展包括运动员的反应、成绩变化、身体状况等，可能会呈现出不同的状态和问题，这时需要根据实际情况进行及时的调整和优化，以实现最佳的训练效果。

在速度素质训练的初期，运动员的速度素质水平相对较低，训练进展可能比较缓慢。这时需要耐心地打牢基础，注重基本技能的训练和培养，如跑步姿势、肌肉力量、协调性等方面的练习。同时，也需要时刻关注运动员的身体状况和感受，避免训练过度导致的受伤或疲劳。

随着训练的深入和进展，运动员的速度素质水平会逐渐提高，训练进展也会逐渐加快。这时可能会出现一些新的问题，如训练方法不适应、训练计划不合理、技术动作变形等。针对这些问题，需要及时调整训练方法和计划，如更换训练方法、增加难度、加强技术要求等，确保训练的有效性和效率。

在速度素质训练的中后期，运动员的速度素质水平已经达到了一定的程度，训练进展也可能出现瓶颈或高原期。这时需要更加注重训练的针对性和个性化，根据运动员的特点和不足制订个性化的训练计划和方案，如加强弱项训练、技术细节的精练、对抗性和比赛模拟训练等。同时，也需要更加注重心理辅导和心理训练，帮助运动员克服心理障碍和压力，提高训练效果和比赛表现。

4. 根据季节和天气进行调整

速度素质训练需要根据季节和天气情况进行适当的调整。不同季节和天气的气温、湿度等都会影响运动员的训练效果和身体健康，需要根据实际情况进行灵活应对和调整。

（1）温度和湿度

在高温高湿的环境下进行速度素质训练，容易导致运动员脱水或中暑，因此，需要注意控制训练强度和时间，加强防暑降温措施；而在低温低湿的环境下进行速度素质训练，容易导致运动员受凉或呼吸道疾病，因此，需要注意保暖措施和适当的室内训练场所。

（2）风力和气压

风力和气压对速度素质训练的影响比较明显，例如，在顺风情况下可以提高运动员的速度和稳定性，而在逆风情况下则容易降低运动员的速度和耐力。同时，低气压和高气压环境对运动员的呼吸和体力也会有一定的影响。在风力和气压环境下，可以采取适当调整训练强度和时间、合理安排训练科目等措施，应对不同环境条件的影响，提高训练效果。

（3）日照和光线

日照和光线对速度素质训练的影响主要表现在夜间或低光照环境下，容易导致运动员视觉疲劳或反应迟钝，因此需要注意训练场所的照明和视线情况。在低照度和光线不足的环境下，可以采取增加照明设施、使用反光器材等措施，改善视线和照明情况，提高运动员的视觉反应和速度素质。

四、速度素质训练的价值分析

速度素质训练在多个方面都有着重要的价值，包括提升运动员的竞技水平和运动表现，增强运动员的身体素质和健康水平等。因此，在运动训练中，教练员应该重视速度素质的训练和发展，并根据运动员的具体情况和需要制订个性化的训练计划和方案，以达到更好的训练效果和目标。

（一）有助于运动员掌握运动技巧

在很多运动项目中，快速的动作和反应是技术发挥和技巧运用的关键。当运动员能够快速完成动作时，他们就有更多的时间和空间运用技术和技巧，发挥自己的实力。在这一方面，速度素质训练对于提升运动员的技术水平具有重要意义。例如，在田径项目中，起跑的快速启动能够使运动员获得更好的位置和时间优势；在篮球中，快速的反击和突破可以帮助运动员制造得分机会；在足球中，快速的传球和射门可以打破对手的防线，取得关键进球。

（二）对其他运动素质的发展有着积极影响

肌肉快速收缩能产生更大的力量，高度发展的速度又能为耐力的发展提供更大的空间。这意味着速度的提升能帮助运动员在比赛中表现出更高的力量和耐力，从而在力量和耐力的提升上提供帮助。速度素质高的运动员在比赛中能够保持速度耐力和力量耐力，从而获得更好的成绩。此外，高度发展的速度素质还能为耐力素质的发展提供更大的空间，使运动员在比赛中更具竞争力。

总的来说，良好的速度素质能够增强运动员的信心和动力，促进技术和技巧的进步，增强身体素质和体能。

（三）在不同的运动项目中具有重要作用

对于体能主导类速度性项目，速度水平直接决定着运动成绩的好坏。例如，短跑、游泳等项目，拥有更高的速度将直接决定运动员在比赛中能否取得好成绩。短距离冲刺、跳远起跳等动作都需要速度作为基础。然而，在耐力性项目中，速度的发展有助于运动员以更高的平均速度通过全程，这在长跑、自行车等项目中尤其重要。

对于技能主导类项目，时间上的优势可以转化为空间上的优势，使体操、跳水等项目的运动员有更大的可能完成高难度的复杂技巧。这意味着速度素质的提升可以增加运动员在比赛中的优势。例如，在体操项目中，快速的动作节奏可以帮助运动员完成更高难度的动作；在跳水中，快速的助跑和起跳可以帮助运动员在空中做出更复杂的动作。此外，速度素质好的球类项目运动员在比赛中获得更多的得分机会，而速度上的细微差别往往决定着比赛的胜负。

五、速度素质训练的影响因素

速度素质受到多种因素的影响，因此，在训练中需要综合考虑，采取科学的方法和手段进行全面提升。

（一）中枢神经系统

中枢神经系统的调节作用对速度素质有着重要影响，包括神经传导速度和肌肉收缩速度等。在速度素质训练中，中枢神经系统的训练主要集中在如何提高神经中枢的反应速度、兴奋性和抑制过程，以便更好地完成动作反应和肌肉收缩。此外，中枢神经的协调性和灵活性也对速度素质有影响，因此，训练中应注重提高这些方面的能力。

1. 信息处理能力

中枢神经系统是人体信息处理的关键部位，它负责接收来自感官器官的各种信息，并对这些信息进行加工和处理。速度素质的训练需要快速的信息处理能力，如在反应速度和决策速度的训练中，中枢神经系统需要快速地处理视觉和听觉等信息，以便做出准确的反应，不断提高速度素质的水平。

2. 神经传导速度

中枢神经系统的神经传导速度对于速度素质的训练至关重要。神经传导速度越快，人体对外部刺激的反应就越迅速，动作的执行也就越快。因此，速度素质的训练需要通过各种方法提高神经传导速度，如通过反复练习建立快速反应的神经通路。

3. 条件反射

中枢神经系统中的条件反射对于速度素质的训练也有重要影响。通过速度训练，可以使人体建立快速反应的条件反射，从而在面对外部刺激时能够迅速做出反应。例如，在足球比赛中，守门员需要对对方的射门动作进行快速反应，这需要在长期训练中建立条件反射。

4. 疲劳和恢复

中枢神经系统的疲劳和恢复对于速度素质的训练同样重要。长时间的训练和比赛会对中枢神经系统造成疲劳，影响其信息处理能力和神经传导速度。因此，在速度素质的训练中，需要注意合理安排训练强度和时间，并及时进行休息和恢复，以便保持最佳的训练效果。

（二）肌肉力量和收缩能力

肌肉力量和收缩能力是人体运动系统中非常重要的两个方面，是实现快速运动的基础，因为它们决定了肌肉在单位时间内能够输出的力量和速度。

肌肉力量的影响因素包括肌肉结构的特征、肌肉纤维类型、神经影响、训练方式等多个方面。肌肉力量的增强能够提高运动员的加速度和冲量，改善速度素质。肌肉力量可以通过多种方式进行评估，如通过测量肌肉在等张、等长或等速的运动条件下对抗阻力，以及做功功率的大小等。

肌肉收缩能力是指肌肉在迅速收缩时产生的力量和速度，它与肌肉力量存在一定的关系，但并不是完全相同的概念。肌肉收缩能力的表现与肌肉的神经控制、肌肉的弹性和灵活性等因素有关。

在训练中，可以通过增加肌肉力量和肌肉收缩能力的训练提高身体的运动表现。例如，通过重量训练增加肌肉力量，通过速度训练和灵活性训练提高肌肉收缩能力。此外，肌肉的柔韧性和弹性也对速度素质有影响，因为它们可以增加肌肉收缩的行程和速度。

（三）身体协调性

身体协调性是提高速度素质的重要因素之一，身体各部位的协调运动是实现快速运动的关键，良好的身体协调性可以帮助运动员在竞技体育中更好地控制身体姿态和运动节奏，提高运动速度和表现。例如，在跑步和游泳等项目中，良好的身体协调性可以使运动员的身体更加流线型，减少空气或水的阻力，更快地达到终点；在篮球和足球等项目中，良好的身体协调性可以帮助运动员更好地控制球和身体平衡，进而做出更快速和准确的动作。

为了提高身体协调性和速度素质，可以进行一系列练习和训练。例如，跳跃训练可以提高肌肉力量和协调性；定向运动可以提高空间感知和身体协调能力；有氧运动可以提高心肺功能和全身协调能力。此外，一些特定的练习也可以针对性地提高身体协调性和速度素质。例如，立卧撑跳起转体 360 度可以使全身肌肉群参与运动；全身波浪起可以锻炼全身的柔韧性，帮助提高身体协调性和速度素质。

需要注意的是，每个人的身体条件和训练背景都不同，因此，在进行身体协调性和速度素质训练时，运动员应该根据自己的实际情况制订个性化的训练计划。

（四）技术水平

在很多竞技体育项目中，技术水平是决定运动员速度素质的重要因素之一。技术熟练、动作规范的运动员在比赛中表现出更高的速度素质，因为他们的技术动作更加经济、合理，能够更好地利用身体的能量和力量。例如，在田径项目中，运动员需要掌握正确的起跑姿势、途中跑技术、冲刺技术等，才能发挥出自己的速度潜力；在游泳项目中，运动员需要掌握正确的划水技术、呼吸技术等，才能更快地游进；在篮球和足球等项目中，运动员需要掌握正确的传球、接球、运球等技术，才能发挥出自己的速度和爆发力。

技术训练可以提高运动员的技术水平和优化技巧，提高速度素质。例如，通过练习起跑姿势、转弯技巧等，可以在比赛中更快更准确地完成动作，进而提高速度素质。此外，技术训练还可以帮助运动员控制身体姿态和运动节奏，减少空气或水的阻力，从而更快地到达终点。

需要注意的是，技术训练需要结合实际比赛情况和个人特点进行针对性训练。同时，运动员还需要注意逐渐增加训练难度和挑战，提高技术水平和速度素质。

（五）心理因素

心理因素对速度素质的影响不容忽视。在速度素质训练中，运动员的心理状态可以直接影响其训练效果和比赛表现，如运动员的自信心、专注度、反应速度等都与心理因素有关。心理状态的稳定和集中能够提高运动员的反应速度和决策速度，改善速度素质。

自信心是影响速度素质的重要因素之一，拥有自信心的运动员往往能够更加放松、积极和快速地完成动作。意志力可以帮助运动员克服心理障碍，充分挖掘潜力，提高速度素质。情绪状态可以影响运动员的训练效果和比赛表现，过度紧张和焦虑可能会导致运动员在比赛中无法发挥出自己的实力。

因此，在速度素质训练中，运动员应该注重心理训练，关注运动员心理状态的调整，保持积极的心态和良好的情绪状态，提高运动员的心理素质。为了提高心理能力，可以进行一系列心理训练。例如，放松训练可以帮助运动员学会如何调节自己的心理状态，使其在比赛中更加放松、积极和快速地完成动作。此外，自我激励和自我对话等训练方法也可以帮助运动员提高自信心和意志力，更好地应对挑战。

（六）训练方法和恢复手段

训练方法和恢复手段也是影响速度素质的重要因素。为了提高训练效果，应该根据运动员的具体情况和需要制订个性化的训练计划，以达到更好的训练效果和目标。

在速度素质训练中，训练方法是关键。正确的训练方法可以帮助运动员挖掘潜力，提高速度素质。例如，分段训练法可以帮助运动员针对不同阶段进行有针对性的训练；循环训练法可以帮助运动员提高耐力和爆发力。

恢复手段也是影响速度素质训练的重要因素之一。如果运动员在训练中得不到充分的恢复，可能会出现身体疲劳、肌肉损伤等状况，从而影响其训练效果和比赛表现。因此，正确的恢复手段可以帮助运动员在训练中保持良好的状态，避免疲劳和损伤，更好地应对训练和比赛。

六、速度素质的训练方法

（一）反应速度的训练方法

反应速度是速度素质的重要组成部分，可以通过各种方式进行训练。其中，利用声、光等突发信号让运动员快速做出相应的反应动作是常用的方法之一。在训练中，可以设置不同的情境和练习条件，让运动员快速做出反应，提高其神经系统反射弧的接通机能水平。同时，教练员可以采用球类练习、击打练习等运动训练方式，让运动员根据视觉或听觉信号快速做出反应；还可以通过各种声、光等突发信号让运动员快速做出相应的反应动作，提高其神经系统反射弧的接通机能水平。

1. 重复练习法

利用已经掌握的完整的单个动作或组合动作，对突然发出的信号或突然改变的信号，快速地做出应答反应，提高运动员的动作反应能力；还可以根据瞬间信号（听觉、视觉），变换动作或改变运动方向，预判对方的各种动作等。

2. 分解练习法

由于简单动作反应是通过具体的、有目的的运动动作及其组合来完成的，因此，采用分解练习，能充分利用动作速度向简单反应速度转移效果。

（1）分解动作练习

将完整的动作分解成多个部分，逐一进行练习。例如，将跳高动作分解成起跳、腾空、过杆、落地等多个部分，逐一进行练习，可以提高反应速度和动作协调能力。

（2）局部动作练习

只对某个局部动作进行练习，降低整体动作的难度。例如，只练习起跑动作，可以提高反应速度和起跑技术水平。

（3）单独信号练习

通过单独练习对特定信号做出反应，提高反应速度和动作协调能力。例如，只练习对声音信号做出反应，可以提高听觉反应速度。

3. 变换练习法

（1）变换刺激信号

通过不断变换刺激信号的形式，提高反应速度。例如，用声音、视觉、触觉等多种形式给出刺激信号，要求运动员快速做出反应，提高反应速度。

（2）变换动作形式

通过不断变换动作形式，提高反应速度和动作协调能力。例如，要求运动员在练习中不断变换动作的方向、高度、幅度等，提高反应速度和动作协调能力。

（3）变换练习环境

通过不断变换练习环境，提高反应速度和适应能力。例如，在室内和室外进行交替练习，或在不同的场地、不同的光照条件下进行练习。

（4）变换练习时间

通过不断变换练习时间，提高反应速度和时间管理能力。例如，在白天和晚上进行交替练习，或在不同的时间段进行练习。

4. 移动目标练习法

对移动目标产生反应并做出选择，一般要经历四个阶段，即感知阶段、认知阶段、决策阶段和行动阶段。

（1）感知阶段

在这个阶段，个体接收到来自移动目标的视觉或听觉等信息，并对这些信息进行初步的感知和理解。这需要个体具备相应的感知能力，如视力、听力等。

（2）认知阶段

在这个阶段，个体对移动目标的特征、属性、运动轨迹等信息进行进一步的分析和理解。这需要个体运用相关的知识和经验，对目标进行识别、分类和判断。

（3）决策阶段

在这个阶段，个体根据对移动目标的认知和理解，对可能的行动方案进行评估和选择。这需要个体具备决策能力和相关的知识经验，以便在短时间内做出合理的决策。

（4）行动阶段

在这个阶段，个体根据决策结果，通过相应的身体动作或技术手段对移动目标做出反应。这需要个体具备相应的运动技能和反应能力，以便准确、迅速地做出反应。

需要注意的是，这四个阶段可能存在一定的重叠和交叉，个体在不同阶段所花费的时间和精力也会因目标特征、情境等因素而有所差异。此外，对移动目标产生反应并做出选择是一个复杂的过程，涉及多个脑区和神经系统的协同作用。

（二）动作速度的训练方法

动作速度训练是提高动作熟练度和肌肉收缩速度的有效方法。动作速度的练习需要结合专项特点和运动员个人情况制订相应的训练计划和方法，同时也需要注意适度原则，避免过度疲劳和受伤。

1. 重复练习法

这是提升动作速度的基础手段，通过反复练习同一动作或组合动作，不断快速重复练习，可以让肌肉逐渐适应高强度和高频率的动作刺激，增加肌肉的反应速度和力量输出。例如，进行快速跳绳、快速空挥拍等练习。

（1）快速跳绳

跳绳是一项非常简单但却十分有效的重复训练法。通过快速摇动绳子，可以有效地锻炼全身肌肉，特别是双臂和双腿的肌肉。在跳绳时，需要注意保持节奏和呼吸，不要过度用力，以免造成肌肉疲劳和受伤。

（2）快速空挥拍

空挥拍是一种非常实用的重复训练法，可以用于提高动作速度和协调性。在空挥拍时，需要注意姿势和节奏，不要使用蛮力，以免受伤。同时，还可以结合一些辅助练习，如使用重物进行空挥拍，增加训练的难度和效果。

2. 助力练习法

助力练习法是一种提升动作速度的有效方法，通过借助外力来辅助练习，可以让肌肉更容易适应快速动作，并逐渐提高速度。

（1）皮筋助力练习

使用皮筋作为助力工具，如使用皮筋进行助力摆臂、助力深蹲等练习。

（2）教练、伙伴助力练习

由教练、伙伴进行助力练习，如教练推拉练习、助力起跑，伙伴协助进行助力摆臂、助力跳跃等练习。

（3）器械助力练习

使用器械作为助力工具，如使用弹力带、阻力器等进行助力练习。

（4）自身重力助力练习

使用自身重力进行助力练习，如进行自身重力训练、倒立摆臂等练习。

3. 协调性练习法

通过协调身体各部位的动作，可以让动作更加流畅、快速。例如，进行交叉步跑、横向移动等练习。

（1）交叉步跑

在交叉步跑训练中，运动员需要前后交替地移动双腿，同时配合手臂的摆动。这种练习可以提高运动员的身体协调性和跑步速度。为了取得更好的效果，可以增加练习的难度，如在不稳定的地面上进行练习，或者在练习中增加一些障碍物或者变向动作。

（2）横向移动

横向移动是一种快速、敏捷的移动方式，需要身体各部位的协调配合。在练习中，可以采取侧向滑步或者交叉步的方式进行移动，同时配合手臂的摆动。需要注意的是，在横向移动中，需要保持身体的平衡和稳定性，避免出现摔倒或者失去平衡的情况。

4. 专项练习法

针对具体运动项目的练习，可以让运动员更好地掌握专项技能，提高动作速度。例如，进行击剑、羽毛球等专项练习。

（1）击剑

击剑是一种需要高度协调性和灵敏性的运动，要求运动员具备良好的反应速度、准确的判断和精细的动作协调能力。在击剑专项练习中，可以进行一些例如快速刺剑、假动作练习、反应训练等，提高运动员的反应速度和动作精确度，提高身体的协调性和灵敏性。

（2）羽毛球

羽毛球不仅需要运动员具备快速、准确的移动和击球能力，同时还需要掌握各种技巧和战术。在羽毛球专项练习中，可以进行一些例如快速击球、移动训练、反应训练等，帮助运动员提高击球速度和移动速度的同时，使运动员的身体耐力和协调性得到进一步提升。

5. 牵拉练习法

通过牵拉肌肉和韧带，可以增加肌肉和韧带的弹性，提高动作速度。例如，进行动态牵拉、本体感受性神经肌肉促进法等练习。

（1）动态牵拉

动态牵拉是一种在运动前或运动中进行的牵拉方法，通过缓慢移动身体的各个部位来牵拉肌肉和韧带。例如，在跑步前进行缓慢的深蹲、弓步跳等可以牵拉腿部肌肉和韧带，提高腿部的灵活性和力量输出。在动态牵拉中，需要注意保持呼吸和节奏，不要过度用力或者过快移动，以免造成肌肉拉伤或者失去平衡。

（2）本体感受性神经肌肉促进法

本体感受性神经肌肉促进法是一种高级的牵拉方法，通过刺激肌肉的主动收缩和放松，增加肌肉和韧带的弹性。在本体感受性神经肌肉促进法中，需要先进行一个主动收缩动作，然后进行一个放松动作，这样可以增加肌肉和韧带的长度和弹性，提高身体的灵活性和稳定性。需要注意的是，本体感受性神经肌肉促进法需要专业的指导和技巧，不正确的方法可能会对肌肉和韧带造成伤害，因此需要在专业人士的指导下进行。

6. 核心力量练习法

通过加强核心力量练习，可以提高身体的稳定性，增加动作的流畅性和速度。例如，进行平板支撑、仰卧起坐等练习。

（1）平板支撑

平板支撑是一种非常流行的核心力量练习，可以有效地锻炼腹部、背部和脊柱区域的肌肉。在练习时，需要保持身体呈一条直线，不要塌腰或弯曲脊柱，这样可以锻炼到腹部和背部的深层肌肉。建议初学者从 30 秒钟开始练习，逐渐增加时间，提高核心力量的水平。

（2）仰卧起坐

仰卧起坐是一种简单易行的核心力量练习，可以有效地锻炼腹部肌肉。在练习时，需要平躺下来，双手交叉放在胸前，用腹肌收缩的力量抬起上半身，直到肘部碰到膝盖。建议初学者从 15 个开始练习，逐渐增加次数，提高核心力量的水平。

7. 技术改进

通过分析和改进不合理的技术动作，可以让运动员更好地掌握正确的技术要领和技巧，使动作更加高效、流畅，从而提高动作速度。例如，改进投掷技术、击球技术等。

（1）投掷技术

在投掷项目中，投掷技术的改进可以大幅度提高投掷速度和准确性。例如，在投掷标枪时，可以采用"超越器械"的技术，将标枪斜插在身后，然后利用腰腹力量将标枪投出，提高投掷速度和准确性。

（2）击球技术

在球类项目中，击球技术的改进可以帮助运动员提高击球速度，减少不必要的失误。例如，在打乒乓球时，可以采用"鞭打式"击球方式，将球拍从身后向前挥动，利用手腕力量将球击出，提高击球速度和准确性。

8. 反应训练

通过反应训练，可以提高运动员的反应速度和判断能力，从而更好地应对快速动作。下面是在训练过程中需要注意的事项。

（1）在进行快速重复和助力练习时，应该逐渐增加训练强度和难度，避免过度负荷和受伤。

（2）在进行协调性、专项、牵拉和核心力量练习时，需要注意正确的姿势和技巧指导，避免错误的动作和运动伤害。

（3）在进行心理暗示和技术改进时，需要逐渐掌握正确的技巧和方法，并不断尝试和调整。

（4）在进行反应训练时，需要根据不同的运动项目和运动员的实际情况，制订合适的训练计划和策略。

（5）在整个训练过程中，需要注意合理的休息和营养补充，避免身体疲劳和运动伤害。

（三）位移速度的训练方法

位移速度是指身体在空间中移动的速度。在田径、游泳、短距离等项目中，位移速度是非常重要的素质之一。在训练中，可以通过追逐游戏、起动追拍等方式进行训练。同时，还可以采用跑动阶梯、爬绳、爬杆等练习方式，让练习者在有氧运动的状态下进行高强度和高频率的位移训练，可以通过追逐游戏、起动追拍等方式进行训练。

1. 短距离急速冲刺

短距离急速冲刺是一种提高位移速度的有效方法之一。练习者可以使用接近比赛速度的百分之九十以上的速度，进行短距离冲刺。这种训练方法可以帮助运动员提高突然加速的能力。为了取得更好的效果，可以逐渐增加短距离的距离和重复次数。

（1）热身活动

在进行短距离急速冲刺之前，需要进行一些热身活动，如慢跑、高抬腿跑等，以增加身体的温度和灵活性。

（2）短距离加速跑

选择一段适当的距离，如 30 米、50 米等，进行短距离加速跑练习。练习时，需要以最大的速度冲刺，并尽可能缩短加速的时间。

（3）重复练习

为了取得更好的效果，可以进行多次重复练习，并逐渐增加短距离的距离和重复次数。

（4）技术要点

在进行短距离急速冲刺时，需要注意以下几点。首先，保持身体挺直，尽量减少空气阻力；其次，用脚尖蹬地，增加地面的反作用力，加快速度；最后，手臂要放松，不要过于紧绷，这样可以减少身体的疲劳感。

（5）注意安全

在进行短距离急速冲刺时，需要注意安全。冲刺时不要过于剧烈，以免摔倒或受伤。同时，要在正规的场地或赛道上进行练习，避免与其他人碰撞。

2. 跑步技巧练习

跑步技巧练习是提高位移速度的有效方法，包括小步跑转加速跑练习、高抬腿跑转加速跑练习、快速后蹬跑练习等。这些跑步技巧练习可以帮助练习者更好地掌握跑步技巧，不断挑战自己的极限，提高跑步速度。以下是一些跑步技巧练习的建议。

（1）学会正确的姿势

在跑步时，保持正确的姿势非常重要。应该保持身体挺直，抬头挺胸，手臂自然摆动，腹部收紧，以减少空气阻力。同时，脚的着地方式也很重要，应该用前脚掌着地，以减少震动和冲击力。

（2）练习蹬地发力

蹬地发力是跑步中非常重要的技术之一。通过蹬地发力，可以增加向前的推力，加快速度。练习时，可以采取站立式或坐下式的姿势，重复蹬地发力的动作，同时注意发力的部位和角度。

（3）增加步频

增加步频可以增加跑步的速度和效率。可以通过逐渐增加跑步的速度或通过练习快速高抬腿等方式来增加步频。

（4）练习转弯技术

在跑步中难免会遇到转弯的情况。练习时，应该注意身体的姿势和手臂的摆动，采取正确的转弯技术和角度，避免身体的过度扭转和摔倒。

（5）调整呼吸方式

呼吸方式对跑步时的表现有很大影响。应该学会合理分配呼吸，保持呼吸的节奏和规律，避免呼吸急促和疲劳。

3. 器械辅助训练

器械辅助训练也是提高位移速度的有效方法之一。通过使用一些简单的器械进行辅助训练，帮助练习者提高肌肉力量和耐力，增加跑步速度和爆发力，提高跑步表现。在练习中，可以根据自己的实际情况选择合适的器械辅助训练方法。但需要注意的是，器械辅助训练应该与常规训练相结合，以达到更好的效果。以下是一些常见的器械辅助训练方法。

（1）使用哑铃

哑铃可以用于各种推、举、拉、抛和蹲跳等练习，可以锻炼到身体的各个部位，增加肌肉力量和耐力，提高跑步速度。

（2）使用杠铃

杠铃可以用于深蹲、硬拉、推举等训练，可以增加上半身和下半身的力量和爆发力，提高跑步表现。

（3）使用壶铃

壶铃一般用铸铁制成，可以用于各种推、举、提、抛和蹲跳等练习，可以锻炼到身体的各个部位，增加肌肉力量和耐力，提高跑步速度。

（4）使用阻力带

阻力带可以用于各种辅助训练，如腿部弯举、俯卧撑、深蹲等，可以增加肌肉耐力和爆发力，提高跑步表现。

（5）使用波速球

波速球可以用于平衡和协调性训练，可以增加脚下的稳定性和平衡感，提高跑步表现。

（6）使用瑜伽球

瑜伽球可以用于身体的平衡和柔韧性训练，可以提高身体的灵活性和稳定性，提高跑步表现。

（7）使用弹力带

弹力带可以用于上半身肌肉的训练，可以增加肌肉耐力和爆发力，提高跑步表现。

（8）使用弹力圈

弹力圈可以用于臀部和大腿的训练，可以增加肌肉力量和耐力，提高跑步表现。

4. 心理训练

心理训练也是提高位移速度的关键之一。在比赛中，紧张的情绪和注意力不集中都有可能会影响练习者的运动表现，因此，需要进行心理训练，提高心理素质和集中注意力的能力。心理训练可以帮助练习者更好地了解自己的内心状态，调整心态和情绪，提高自信心和动力，从而更好地追求目标并提高成绩。运动员需要结合实际情况，选择适合自己的心理训练方法，并在不断尝试中进行调整，以达到最佳效果。

（1）目标具象化

在开始长跑之前和在长跑训练过程中，可以想象一下自己冲过终点线时的情景，或者把跑步线路分割成不同较短的部分，每当自己完成一个简短目标时，就在心里给自己一个大大地庆祝，激励自己继续坚持下去。这样不仅可以激发自己的自信心和动力，而且能使自己更加坚定地追求更好的成绩。

（2）自我对话

在训练过程中，运动员可以与自己进行对话，鼓励自己、激励自己，表达自己的想法和感受。通过这种方式不仅可以更好地了解自己的内心状态，而且可以帮助自己调整心态和情绪，使自己更加专注和坚定地追求目标。

（3）心态调整

在训练过程中，可能会出现挫折和失败，这时就需要运动员自己调整心态，还要保持积极的心态和态度，从中吸取经验和教训，积极寻求改进的方法和途径。

（4）意识放松

在训练过程中，可以通过意识放松来缓解紧张和焦虑的情绪；还可以通过冥想、呼吸练习、瑜伽等方式放松自己的身体和心灵，使自己专注于训练过程，提高训练效果和表现。

（5）寻求帮助

在训练过程中，如果遇到困难和挑战，可以寻求他人的帮助和支持；还可以与教练、队友、心理医生等专业人士进行交流和咨询，获得更好的建议和支持，应对挑战和困难。

此外，为了更好地提高位移速度，还可以结合科学饮食和良好的睡眠来辅助训练。科学饮食可以提供身体所需的营养物质，帮助增强肌肉力量和耐力，从而增加跑步速度。良好的睡眠可以帮助身体缓解疲劳，更好地应对下一次训练。

第四节 大学生柔韧素质的训练实践

一、柔韧素质的基本定义

柔韧素质，是指人体关节在不同方向上的运动能力以及关节周围韧带、肌腱、肌肉、皮肤和其他组织的弹性和伸展能力。[①] 它是一种基本的身体素质，对于各个运动项目的表现和预防运动损伤具有十分重要的作用。具体来说，柔韧素质包括关节活动幅度和肌肉、肌腱和韧带的伸展能力。关节活动幅度指的是关节在运动时的最大活动范围，而肌肉、肌腱和韧带的伸展能力则代表着这些组织的弹性和可拉伸程度。

柔韧素质的好坏直接影响到运动员在各种运动项目中的表现和动作质量。例如，在舞蹈中，柔韧素质是完成各种技术动作的基础，可以让舞者更好地表达情感和展现舞蹈的韵律和美感；在武术中，柔韧素质可以帮助习武者更好地掌握高难度的动作技巧；在体育比赛中，柔韧素质也是评判一个运动员综合素质的重要指标之一。

总的来说，柔韧素质对于运动员的综合素质要求较高，需要运动员具备一定力量基础、协调性和柔韧性，同时，还需要具备较高的精神集中力和意志力。

二、柔韧素质的基本分类

柔韧素质可以从不同的角度进行分类。

（一）根据与专项的关系进行分类

根据与专项的关系，柔韧素质可分为一般柔韧性与专项柔韧性。

1. 一般柔韧性

一般柔韧性是指所有运动项目都需要的基本柔韧性，包括肩、髋、膝关节等部

---

① 张锋. 加强柔韧素质，提升身体机能——青少年田径运动员柔韧素质训练方法研究 [J]. 田径，2020（08）：55—56.

位的柔韧性。这些部位的柔韧性对于大部分运动项目都很重要，能够帮助运动员更好地完成动作，提高动作效率，降低运动损伤风险。比如，肩关节的柔韧性可以让舞者更好地完成上肢动作，提高舞蹈表现力；髋关节的柔韧性可以帮助舞者更好地完成旋转、跳跃等动作；膝关节的柔韧性则可以增加舞者腿部的线条美感，提高舞蹈的整体美感。

2. 专项柔韧性

专项柔韧性是指与特定运动项目相关的柔韧性。因为不同的运动项目对身体的柔韧性要求也不同，所以专项柔韧性在很大程度上也是具有选择性的。例如，在游泳项目中，运动员需要肩部和髋关节较高的柔韧性，以便在水中保持良好的身体流线型并提高速度；在体操项目中，运动员则更需要各个关节的柔韧性，以便完成各种高难度的动作。

对于柔韧性的训练，需要长期、反复、持续的练习。同时，运动员也需要注意在各个关节活动范围内进行充分的伸展和肌肉训练，提高肌肉和韧带的弹性和伸展能力。

（二）根据外部运动状态的表现进行分类

根据外部运动状态的表现，柔韧素质可分为动力性柔韧性素质和静力性柔韧性素质。

1. 动力性柔韧性素质

动力性柔韧性素质，是指肌肉、肌腱、韧带根据动力性技术动作需要，拉伸到解剖学允许的最大限度能力，随即利用强有力的弹性回缩力完成所要完成的动作。动力性柔韧性素质强调的是肌肉收缩时的活动能力，也就是在运动中表现出的一种主动的柔韧性。例如，在舞蹈、体操、田径等体育运动中，动力性柔韧性素质就非常重要。以舞蹈为例，舞者需要具备良好的动力性柔韧性素质，才能做出各种高难度的动作，如大幅度的跳跃、旋转和扭曲等。而在体操中，动力性柔韧性素质则是完成一些高难度的技术动作，如空翻、吊环和平衡木等必不可少的素质。通过动力性柔韧性素质的训练，可以增加肌肉的弹性，增加动作的幅度和效率，提高身体的协调性和灵敏性。

2. 静力性柔韧性素质

静力性柔韧性素质，是指肌肉、肌腱、韧带根据静力性技术动作的需要，拉伸到动作所需要的位置角度，控制其停留一定时间所表现出现的能力。静力性柔韧性素质强调的是肌肉在静止不动时，关节在一定范围内表现出的一种被动柔韧性。例如，在瑜伽和康复训练中，静力性柔韧性素质就非常重要。瑜伽的许多体式都需要通过静力性的拉伸增加关节的活动范围，并保持一定的静力性柔韧性。而康复训练中的某些被动活动，如牵伸、关节松动等也是静力性柔韧性素质的体现。静力性柔韧性素质的训练可以帮助运动员掌握正确的动作要领，增加肌肉和韧带的弹性，提高身体的灵活性和稳定性。

总的来说，动力性柔韧性素质和静力性柔韧性素质都是柔韧素质的重要组成部分，不同运动项目和情况下对这两种柔韧性的要求也可能会有所不同。在进行运动训练和练习时，应根据项目特点和个人情况有选择地进行训练和发展不同的柔韧性素质。

三、不同部位柔韧素质的训练方法

（一）颈部柔韧素质训练的技术动作

1. 前拉头

动作要领：运动员站立或坐立，双手在头后交叉；呼气，向胸部方向拉头部，下颌接触胸部；双肩下压。

训练要求：训练时，要使动作幅度尽可能大，保持 10 秒钟左右，结束该动作。

2. 后拉头

动作要领：运动员站立或坐立，小心地向后仰头，把双手放在前额，缓慢后拉颈部。

训练要求：动作轻缓，保持 10 秒钟左右，结束该动作。

3. 侧拉头

动作要领：运动员站立或坐立，左臂在背后屈肘，右臂从背后抓住左臂肘关节；将左臂肘关节向右拉过身体中线；呼气，将右耳贴到右肩上。

训练要求：训练时，要使动作幅度尽可能大，保持 10 秒钟左右，结束该动作。

4. 持哑铃颈拉伸

动作要领：运动员双脚并拢站立，右手持哑铃使肩部尽量下沉；左手经过头顶扶在头右侧；呼气，左手向左侧拉头部，使头左侧贴在左肩上。改变方向，做反复练习。

训练要求：动作缓慢进行，保持 10 秒钟左右，结束该动作。

5. 团身颈拉伸

动作要领：运动员身体由仰卧姿势开始举腿团身，头后部和肩部支撑体重，双手膝后抱腿；呼气，向胸部拉大腿，双膝和小腿前部接触地面；反复练习。

训练要求：保持 10 秒钟左右，结束该动作。

（二）肩部和背部柔韧素质训练的技术动作

1. 单臂开门拉肩

动作要领：在一扇打开的门框内，学生双脚前后开立，拉伸臂肘关节外展到肩的高度；拉伸臂前臂向上，掌心对墙；呼气，上体向对侧转动拉伸肩部，反复练习。

训练要求：训练时，要使动作幅度尽可能大，保持 10 秒钟左右，结束该动作。

2. 向后拉肩

动作要领：运动员站立或坐立，在背后双手合掌，手指向下吸气，转动手腕使手指向上；吸气，向上移动双手至最大限度，并后拉肘部，反复练习。

训练要求：训练时，应使动作幅度尽可能大，保持 10 秒钟左右，结束该动作。

3. 助力顶肩

动作要领：运动员跪立双臂上举，双手在同伴颈后交叉；同伴手扶在髋部与练习者肩胛接触，双脚左右开立站在练习者身后；身体后仰，用髋部向前上顶练习者肩胛部位，重复练习。

训练要求：训练时，应使动作幅度尽可能大，保持 10 秒钟左右，结束该动作。

4. 背向压肩

动作要领：运动员背对墙站立，向后抬起双臂，与肩同高直臂扶墙，手指向上；呼气，屈膝降低肩部高度，重复练习。

训练要求：训练时，应使动作幅度尽可能大，保持 10 秒钟左右，结束该动作。

5. 握棍直臂绕肩

动作要领：运动员双腿并拢站立，双手握一木棍或毛巾在腕前部；吸气，直臂从髋前部经头上绕到髋后部；再经原路线绕回，重复练习。

训练要求：速度不宜过快，双臂始终保持伸直。

6. 站立伸背

动作要领：运动员双脚并拢站立，上体前倾至与地面平行姿势，双手扶在栏杆上，略高于头；四肢保持伸直，屈髋；呼气，双手抓住栏杆下压上体，使背部下凹形成背弓。

训练要求：训练时，应使动作幅度尽可能大，保持 10 秒钟左右，结束该动作。

7. 坐立拉背

动作要领：运动员坐立，双膝微屈，躯干贴在大腿上部，双手抱腿，肘关节在膝关节下面；呼气，上体前倾，双臂从大腿上向前拉背，双脚保持与地面接触。

训练要求：训练时，应使动作幅度尽可能大，保持 10 秒钟左右，结束该动作。

（三）腹部和胸部柔韧素质训练的技术动作

1. 俯卧背弓

动作要领：运动员俯卧在垫上，屈膝，脚跟向臀部移动。吸气，双手抓住踝；臀部肌肉收缩，提起胸部和双膝离开垫子，重复练习。

训练要求：训练时，应使动作幅度尽可能大，保持 10 秒钟左右，结束该动作。

2. 跪立背弓

动作要领：运动员在垫上跪立，脚尖向后；双手扶在臀上部，形成背弓，臀部肌肉收缩送髋；呼气，加大背弓，头后仰，张口，逐渐把双手滑向脚跟，重复练习。

训练要求：训练时，应使动作幅度尽可能大，保持 10 秒钟左右，结束该动作。

3. 上体俯卧撑起

动作要领：运动员俯卧；双手掌心向下，手指向前放在腕两侧；呼气，用双臂撑起上体，头后仰，形成背弓，重复练习。

训练要求：训练时，应使动作幅度尽可能大，保持 10 秒钟左右，结束该动作。

4. 开门拉胸

动作要领：在一扇打开的门框内，运动员双脚前后开立，双臂肘关节外展到肩的高度；双臂前臂向上，掌心对墙；呼气，身体前倾拉伸胸部，重复练习。

训练要求：训练时，应使动作幅度尽可能大，保持 10 秒钟左右，结束该动作。该动作也可以将双臂继续提高，拉伸胸下部进行练习。

5. 跪拉胸

动作要领：运动员跪在地面，身体前倾，双臂前臂交叉高于头部放在台子上；呼气，下沉头部和胸部，一直到接触地面，重复练习。

训练要求：训练时，应使动作幅度尽可能大，保持 10 秒钟左右，结束该动作。

（四）腰部柔韧素质训练的技术动作

1. 俯卧转腰

动作要领：运动员俯卧在台子上，躯干上部伸出边缘之外，呈悬空状态，颈后肩上扛一根木棍。双臂体侧展开对木棍进行固定；呼气，尽量大幅度转动躯干，不同方向重复练习该动作。

训练要求：该动作结束应保持数秒，然后再回转躯干。

2. 仰卧团身

动作要领：运动员在垫上仰卧，屈膝，双脚滑向臀部；双手扶在膝关节下部；呼气，双手向胸部和肩部牵拉双膝，并提起髋部离开垫子，重复练习。

训练要求：训练时，应使动作幅度尽可能大，保持 10 秒钟左右，结束该动作。

同时，运动员需要注意伸展膝部并保持放松。

3. 站立体侧屈

动作要领：运动员双脚左右开立，双手交叉举过头顶向上伸臂；呼气，一侧耳朵贴在肩上，体侧屈至最大限度；向身体另一侧重复练习。

训练要求：训练时，应使动作幅度尽可能大，保持 10 秒钟左右，结束该动作。

4. 倒立屈髋

动作要领：运动员身体由仰卧姿势开始成垂直倒立，头后部、肩部和上臂支撑体重，双手扶腰；呼气，双腿并拢，直膝，缓慢降低双脚高度直至接触地面，重复练习。

训练要求：保持 10 秒钟左右，结束该动作。

（五）臂部和腕部柔韧素质训练的技术动作

1. 上臂颈后拉

动作要领：运动员站立或坐立，左臂屈肘上举至头后，左肘关节在头侧，左手下垂至肩胛处；右臂屈肘上举，右手在头后部抓住左臂肘关节；呼气，在头后部向右拉左臂肘关节，换臂重复练。

训练要求：训练时，应使动作幅度尽可能大，保持 10 秒钟左右，结束该动作。

2. 背后拉毛巾

动作要领：运动员站立或坐立，一只臂肘关节在头侧，另一只臂肘关节在腰背部；吸气，双手握一条毛巾逐渐互相靠近，换臂重复练习。

训练要求：训练时，应使动作幅度尽可能大，保持 10 秒钟左右，结束该动作。

3. 压腕

动作要领：运动员站立，双臂胸前屈肘，左手的手掌根部顶在右手的四指末端；用左手的手掌根部用力压右手的四指末端，换手重复练习。

训练要求：训练时，应使动作幅度尽可能大，保持 10 秒钟左右。

4. 跪撑正压腕

动作要领：运动员双膝和双臂直臂撑地，双手间距约与肩同宽，手指向前；呼气，身体重心前移，恢复开始姿势重复练习。

训练要求：训练时，应使动作幅度尽可能大，保持 10 秒钟左右，结束该动作。

5. 跪撑反压腕

动作要领：运动员双膝和双臂直臂撑地，双手间距约与肩同宽，手指向后；呼气，身体重心后移，恢复开始姿势重复练习。

训练要求：训练时，应使动作幅度尽可能大，保持 10 秒钟左右，结束该动作。

6. 跪撑侧压腕

动作要领：运动员双膝和双臂直臂撑地，双手腕部靠拢，手指指向体侧；呼气，身体重心缓慢前、后移动，重复练习。

训练要求：训练时，应使动作幅度尽可能大，保持 10 秒钟左右，结束该动作。

（六）髋部和臀部柔韧素质训练的技术动作

1. 弓箭步压髋

动作要领：运动员弓箭步站立，前面腿膝关节成 90 度，后面腿脚背触地，脚尖向后；双手叉腰，屈膝降低重心，后面腿的膝触地；呼气，下压后面腿髋部，换腿重复练习。

训练要求：训练时，动作幅度应做到尽可能大，保持 10 秒钟左右，结束该动作。

2. 身体扭转侧屈

动作要领：运动员直立，左腿伸展、内收，在右腿前尽量与其交叉；呼气，躯干向右侧屈，双手力图接触左脚跟，身体两侧轮换练习。

训练要求：训练时，应使动作幅度尽可能大，保持 10 秒钟左右，结束该动作。

3. 仰卧髋臀拉伸

动作要领：运动员平卧躺在台子边缘，从台子上移下外侧腿悬垂于空中；吸气，台子上的内侧腿屈膝，用双手抱膝缓慢拉向胸部。

训练要求：训练时，应使动作幅度尽可能大，保持 10 秒钟左右，结束该动作。

4. 坐立反向转体

动作要领：运动员坐在地面，双腿体前伸展，双手在髋后部地面支撑；一条腿与另一条腿交叉，屈膝使脚跟向臀部方向滑动；呼气，转体，头转向身体后方继续转体，使身体对侧的肘关节顶在屈膝腿的外侧，并缓慢推动屈膝腿。

训练要求：训练时，应使动作幅度尽可能大，保持 10 秒钟左右，结束该动作。

5. 仰卧交叉腿屈髋

动作要领：运动员仰卧，左腿在右腿上交叉，双手交叉在头后部；呼气，右腿屈膝，并提起右脚离地；缓慢向头部方向推动左腿，双腿交替练习。

训练要求：保持头、双肩和背部接触地面；训练时，要使动作幅度尽可能大，保持 10 秒钟左右，结束该动作。

（七）腿部柔韧素质训练的技术动作

1. 大腿内侧柔韧素质训练

（1）体侧屈压腿

动作要领：运动员两人侧对一个约与镜同高的台子站立，两脚与台子平行；将一只脚放在台子上；双手在头上交叉，呼气，向台子方向体侧屈，双腿交替练习。

训练要求：训练时，应使动作幅度尽可能大，保持10秒钟左右，结束该动作。

（2）直膝分腿坐压腿

动作要领：运动员双腿尽量开坐在地面，呼气，转体，上体前倾贴在一条腿上部；交换腿拉伸，重复练习。

训练要求：充分伸展双腿和腰部。训练时，应使动作幅度尽可能大，保持10秒钟左右，结束该动作。

（3）顶墙坐拉引

动作要领：运动员臀部顶墙坐在地面，双腿体前屈膝展开，脚跟和脚掌相对；双手握住双脚脚掌尽量向腹股沟方向拉；呼气，上体缓慢直背前倾。

训练要求：训练时，应使动作幅度尽可能大，试图将胸部贴在地面，保持10秒钟左右，结束该动作。

（4）扶墙侧提腿

动作要领：运动员双手扶墙站立，吸气，一条腿屈膝，向体侧分腿提起；同伴抓住其踝关节和膝关节，帮助继续向上分腿提膝，同时呼气。

训练要求：训练时，应使动作幅度尽可能大，保持10秒钟左右，结束该动作。

（5）跪撑侧分腿

动作要领：运动员双腿跪立，脚趾指向后方，直臂双手撑地；一条腿侧伸，呼气，双臂屈肘，降下跪撑腿的髋部至地面，并向外侧转镜。

训练要求：训练时，应使动作幅度尽可能大，保持10秒钟左右，结束该动作，双腿交替练习。

（6）青蛙伏地

动作要领：运动员分腿跪地，脚趾指向身体两侧，前臂向前以肘关节支撑地面；呼气，继续向身体两侧分腿，同时向前伸双臂，胸和上臂完全贴在地上。

训练要求：训练时，应使动作幅度尽可能大，保持10秒钟左右，结束该动作。

2. 大腿前、后部柔韧素质训练

（1）坐压脚

动作要领：运动员跪在地面，脚趾向后；呼气，坐在双脚的脚跟上。

训练要求：保持10秒钟左右，放松后重复练习。

（2）垫上仰卧拉引

动作要领：运动员臀部坐在垫上跪立，后倒身体到躺在垫上，脚跟在大腿两侧，脚尖向后；身体后倒过程中呼气，直到背部平躺在垫上，重复练习。

训练要求：训练时，应使动作幅度尽可能大，保持10秒钟左右，结束该动作。

（3）站立拉伸

动作要领：运动员背贴墙站立，吸气，直膝抬起一条腿；同伴用双手抓住其踝关节上部，帮助腿上举。

训练要求：注意上举腿时呼气。训练时，要使动作幅度尽可能大，保持10秒钟左右，结束该动作。

（4）坐立后仰腿折叠

动作要领：运动员坐立，一条腿屈膝折叠，大腿和膝内侧接触地面，脚尖向后；呼气，身体后仰，先由双臂的前臂和肘关节支撑上体，最后平躺地面，双腿交替练习。

训练要求：训练时，应使动作幅度尽可能大，保持10秒钟左右，结束该动作。

（5）坐拉引

动作要领：运动员坐在地面，双腿体前伸展，双手在髋后部地面支撑；一条腿屈膝，用一只手抓住脚跟内侧；呼气，屈膝腿伸展，直到与地面垂直。

训练要求：训练时，应使动作幅度尽可能大，动作保持10秒钟左右。

（6）仰卧拉伸

动作要领：运动员仰卧，直膝抬起一条腿，固定骨盆成水平姿势；同伴帮助固定地面腿保持直膝，并且帮助继续提腿。

训练要求：在同伴的帮助下继续提腿时呼气。训练时，应使动作幅度尽可能大，动作保持10秒钟左右结束。

3. 小腿柔韧素质训练

（1）坐拉脚掌

动作要领：运动员双腿分开坐在地面上，一条腿屈膝，脚跟接触伸展腿的腹股沟；呼气，上体前倾，一只手抓住伸展腿的脚掌向躯干方向牵拉，重复练习。

训练要求：伸展腿膝部始终伸直。训练时，应使动作幅度尽可能大，保持10秒钟左右，结束该作。

（2）扶墙拉伸

动作要领：运动员面对墙壁站立，双手扶墙支撑身体，双脚始终贴在地面，脚趾指向墙；呼气，屈肘前移重心，两前臂贴墙，身体斜靠在墙上，重复练习。

训练要求：运动员在做此动作要保持头、颈、躯干、骨盆、腿和踝成一直线。

训练时，要使动作幅度尽可能大，保持 10 秒钟左右，结束该动作。

（3）扶柱屈髋

动作要领：运动员在柱子前，双手握住柱子，双脚左右开立并尽量内旋；呼气，屈髋并后移髋关节，双腿与躯干形成约 45 度夹角。

训练要求：训练时，应使动作幅度尽可能大，保持 10 秒钟左右，结束该动作。

（4）靠墙滑动踝内翻

动作要领：运动员背靠墙站立，双手叉腰，双脚向前滑动，踝关节和脚掌内翻；呼气，髋关节前屈，重复练习。

训练要求：训练时，应使动作幅度尽可能大，保持 10 秒钟左右，结束该动作。

（5）体前屈足背屈

动作要领：运动员两脚相距约 30 厘米前后开立，前脚背屈，脚跟支撑地面；呼气，体前屈，力图双手触摸前脚，胸部贴在腿上，换腿重复练习。

训练要求：双腿膝关节保持伸直。训练时，应使动作幅度尽可能大，保持 10 秒钟左右，结束该动作。

（6）仰卧足内翻

动作要领：运动员背墙坐，臀部顶墙，双腿向上伸展分开；呼气，将双脚内翻（外踝向上翻）。

训练要求：训练时，应使动作幅度尽可能大，保持 10 秒钟左右，结束该动作。

（八）脚部和踝部柔韧素质训练的技术动作

1. 脚趾上部拉伸

动作要领：运动员两脚前后开立，前面腿微屈膝，脚趾上部支撑在地面，双手放在其大腿上，双脚轮流练习。注意吸气，逐渐把体重移到前面腿的脚趾上，并缓慢下压。

训练要求：训练时，应使动作幅度尽可能大，保持 10 秒钟左右，结束该动作。

2. 脚趾下部和小腿后部拉伸

动作要领：运动员面对墙双脚相距约 50 厘米前后开立，前脚距墙约 50 厘米；双手扶墙，身体向墙倾斜；后脚正对墙，脚跟贴在地面；呼气，提起后脚脚跟，将体重移到后脚的脚掌上，下压双腿轮流练习。

训练要求：训练时，应使动作幅度尽可能大，保持 10 秒钟左右，结束该动作。

3. 上拉脚趾

动作要领：运动员坐下，将一条腿的小腿放在另一条腿的大腿上；一只手抓住踝关节，另一只手抓住脚趾和脚掌，双脚轮流练习。

训练要求：注意呼气，并向脚背方向拉引脚趾。

4. 下拉脚趾

动作要领：运动员坐下，将一条腿的小腿放在另一条腿的大腿上；一只手抓住踝关节，另一只手抓住脚趾和脚掌，双腿轮流练习。

训练要求：注意呼气，并向脚掌方向拉引脚趾。

5. 跪撑后坐

动作要领：运动员跪在地面，双手撑地，双脚并拢以脚掌支撑；呼气，向后下方移动臀部。

训练要求：训练时，应使动作幅度尽可能大，保持 10 秒钟左右，结束该动作。

6. 踝关节向内拉伸

动作要领：运动员坐下，将一条腿的小腿放在另一条腿的大腿上；一只手抓住踝关节上部小腿，另一只手抓住脚的外侧；呼气，并向内（足弓方向）拉引踝关节外侧，双脚轮流练习。

训练要求：训练时，应使动作幅度尽可能大，保持 10 秒钟左右，结束该动作。

第七章 大学生专项体能训练的实践研究

第一节 体能主导类项目的体能训练实践

一、体能主导类项目的训练理论

（一）体能主导类项目的基本概念

体能主导类是指那些在竞赛中，体能直接决定其竞技能力表现的竞技项目，包括短跑、跨栏跑、短距离游泳、短程速度滑冰、短程速度滑雪、短程自行车和短程划船等。这些项目的共同特点是以速度和爆发力为基础，通过高强度的奔跑、跳跃、游泳等动作展现运动员的体能和技能。在进行这些项目训练时，既要注重速度和爆发力的训练，又要注重技能和战术能力的训练，这样才能取得最佳的训练效果。

在这些项目中，速度和爆发力的训练是体能主导类速度性项群的关键因素。运动员所具备的快速启动和高速运动能力，需要良好的速度基础和有针对性的训练。在生理机能方面，运动员神经过程的灵活性较高，神经冲动的传导速度快、强度大；心血管系统的功能较强，具有较强的抗缺氧能力，机体无氧代谢水平高。而身体素质的特点则表现为以良好的身体全面发展为基础，保证速度素质的不断提高。

除了体能特征外，技能和战术能力也是体能主导类速度性项群的决定因素特征之一。这些项目的技能包括奔跑技巧、跳跃技巧、游泳技巧等。运动员需要掌握正确的技术动作和战术策略，才能在比赛中表现出色。

（二）体能主导类项目的训练原则

1. 特定原则

体能主导类项目的特定原则是指根据不同运动项目的特殊需求，设计相应的训练方式、训练时间和训练频率等。这些特定原则是在训练过程中需要考虑的重要因素，可以帮助教练和运动员更好地理解项目特点和要求，制订更加科学合理的训练计划，提高运动员的体能水平和竞技能力。

（1）渐进式超负荷训练原则

渐进式超负荷训练原则是指在训练过程中逐步增加训练负荷，使运动员的身体逐渐适应更高的运动强度和更大的运动量。这种训练原则可以逐渐提高运动员的体能水平和运动表现，增加肌肉力量和耐力，也可以防止过度疲劳和受伤。但是，这种训练原则的实施需要注意个体差异和恢复的重要性。每个运动员的身体都有不同的适应能力和恢复能力，所以需要教练和运动员密切关注他们的身体状况，避免训练过度导致的伤害或过度疲劳。

（2）周期性训练原则

周期性训练原则是指在训练过程中，将训练分为不同的周期，每个周期都有不同的训练目标和重点。这种训练原则可以帮助运动员规划训练计划，掌握不同阶段的核心技能和战术，提高运动员的全面素质和竞技能力。该原则的应用范围广泛，尤其适用于需要长期规划和管理训练的体育项目。通过将训练划分为不同的周期，运动员可以更好地掌握不同阶段的核心技能和战术，提高全面素质和竞技能力。同时，周期性训练原则也有利于教练员规划和管理整个训练过程，确保运动员在不同阶段的训练效果。

（3）特异性训练原则

特异性训练原则是指根据不同运动项目的特殊需求，设计相应的训练方式、训练时间和训练频率等。这种训练原则适用于各种运动项目的训练和比赛。通过针对性的训练计划和个性化的训练方案，可以帮助运动员适应比赛的要求和对手的特点，提高运动员在比赛中的表现和竞技水平。

2. 一般原则

体能主导类项目的一般原则包括安全原则、渐进原则、持续原则等。这些原则在训练过程中非常重要，可以帮助教练和运动员更好地制订训练计划和方案，提高运动员的体能水平和竞技能力。

（1）安全原则

安全原则是指在训练过程中需要注意安全问题，避免运动员受伤或出现其他安全事故。在体能主导类项目中，由于训练强度和难度较大，运动员容易出现疲劳和受伤的情况，因此，安全原则非常重要。在实践中，教练需要根据运动员的实际情况和项目需求，制订科学合理的训练计划，确定相应的训练方式和训练量，尽可能避免出现安全问题。

（2）渐进原则

渐进原则是指在训练过程中需要逐步增加训练负荷和难度，使运动员的身体逐渐适应更高的运动强度和更大的运动量。渐进原则可以帮助运动员逐渐提高他们的体能水平，防止过度疲劳和受伤。需要注意的是，渐进原则应与运动员的实际情况相结合。在实践中，应考虑到运动员的年龄、性别、身体状况和训练目标等因素，确保训练计划的科学性和有效性。

（3）持续原则

持续原则是指在训练过程中需要持续进行训练，保持一定的训练频率和训练时间。这种训练原则可以帮助运动员更好地掌握技能和战术，提高运动员的全面素质和竞技能力，适应比赛和训练的需要。为了达到持续训练的目标，需要制订合理的训练计划，充分考虑运动员的实际情况和训练目标，逐步增加训练负荷和难度。同时，还应注重休息和恢复的重要性，合理安排训练和休息的时间，确保身体能够适应并从训练中得到最大的收益，不因眼前利益而失去长远利益。

（三）体能主导类项目的训练处方要素

体能主导类项目训练过程中有四个关键方面，即考虑采取何种训练方式、强度应如何、训练的时间及期间应如何和训练次数、频率应如何。这些方面在训练计划的制订和实施中起着重要作用。

考虑采取何种训练方式是指针对不同的运动项目，需要考虑采取何种类型的训练方式，包括有氧训练、无氧训练、力量训练、速度训练、灵敏训练等。不同类型的训练方式可以刺激不同的肌肉群和提高不同的能力，因此，需要根据项目需求和运动员的特点选择合适的训练方式。

强度应如何是指训练的难度和强度，需要根据运动员的体能状况和项目需求进行合理安排。训练强度可以通过训练负荷、间歇时间、重复次数等方式进行调整。在合适的强度下，运动员可以获得最佳的训练效果，同时避免过度疲劳和受伤。

训练的时间及期间应如何是指训练的时间和持续时间。训练时间应该合理安排，避免过长或过短，同时需要考虑运动员的恢复和疲劳情况。一般来说，训练期间应该有一定的时间间隔，使运动员有足够的时间进行恢复和调整。

训练次数、频率应如何是指训练的次数和频率。训练频率应该根据运动员的训练目标和时间安排来确定。高频率的训练可以帮助运动员快速提高体能水平，但同时也可能增加运动员的疲劳和受伤风险。因此，需要根据实际情况和项目需求进行合理安排。

1. 组数和休息时间

在体能主导类项目中，组数和休息时间也是训练过程中需要考虑的重要因素，它们会影响训练效果和运动员的体能状况，需要根据实际情况和项目需求进行合理安排。

组数是指一次训练中完成的练习次数或组数。在制订训练计划时，需要根据运动项目的需求和运动员的体能状况确定适当的组数，确保运动员能够获得最佳的训练效果，提高其体能水平和竞技能力。一般来说，高强度的训练需要较少的组数，而低强度的训练则需要较多的组数。如果组数过多，可能会导致运动员过度疲劳和受伤；如果组数过少，则可能无法达到预期的训练效果。

休息时间是指每组练习之间的休息时间。适当的休息时间可以帮助运动员恢复体力和调整呼吸，避免过度疲劳和受伤。一般来说，高强度的训练需要较短的休息时间，而低强度的训练则需要较长的休息时间。如果休息时间过长，可能会导致训练效果不佳；如果休息时间过短，则可能无法完全恢复体力和调整呼吸，从而影响后续的训练效果。

因此，在制订训练计划时，需要根据运动员的实际情况和项目需求进行合理安排，考虑适当的休息时间，确保运动员能够获得最佳的训练效果。

2. 训练强度和训练量

在体能主导类项目中，不同的运动项目对于训练强度和训练量的需求也不同，因此，训练强度和训练量的合理安排对于提高运动员的体能水平和竞技能力就显得至关重要。训练强度是指单位时间内训练的难度和负荷，可以通过训练负荷、间歇时间、重复次数等方式进行调整。训练量则是指整个训练过程中的总负荷量，包括训练次数、训练组数、训练距离等。

一般来说，高强度的训练可以提高运动员的速度、力量、耐力和爆发力等素质，但同时也可能增加运动员的疲劳和受伤风险。其原因在于高强度的训练需要逐渐适应，如果突然增加训练负荷或难度，可能会导致身体无法承受，从而引发疲劳和受伤。同时，训练量的合理安排对于提高运动员的体能水平至关重要。适当的训练量可以刺激运动员的肌肉生长和发展，提高身体的适应能力。但是，过大的训练量可能会导致运动员过度疲劳和受伤，而过小的训练量则可能无法达到预期的训练效果。因此，需要密切关注运动员的疲劳状况和身体状况，及时调整训练计划，避免过度疲劳和受伤。

3. 训练周期

在体能主导类项目中，训练周期是体能主导类项目中需要考虑的重要因素。训练周期的合理安排可以帮助运动员更好地规划训练计划，掌握不同阶段的核心技能和战术，提高运动员的全面素质和竞技能力。

一般来说，训练周期可以分为基础训练、专项训练和比赛期三个阶段。基础训练阶段主要是提高运动员的基础素质和基本技能，为后续的专项训练和比赛打下坚实的基础；专项训练阶段则是根据不同运动项目的需求，针对性地提高运动员的专项技能和体能水平；比赛期则是根据比赛日程和运动员的体能状况，逐步调整训练强度和训练量，适应比赛的要求和对手的特点，提高运动员在比赛中的表现和竞技水平。

在制订训练周期计划时，需要考虑不同阶段的核心目标和重点任务，以及运动员的体能状况和时间安排。一般来说，基础训练阶段需要较长时间的准备和训练，专项训练阶段则需要更多的时间和精力来提高技能和体能水平，而比赛期则需要根据比赛日程来调整训练计划和策略。

二、体能主导类速度与力量性项群体能训练

（一）短冲类项目

1. 短跑

短跑是一项要求爆发力和速度的体能主导类运动项目，包括 4～10 项短距离的快速奔跑，要求运动员要具备高度集中的爆发力和速度。[①] 短跑成绩的提高需要进行全面的体能训练，其中，爆发性起跑训练是关键环节之一。

爆发性起跑训练可以采用多种方式进行，主要包括跨栏跳、深蹲跳、换腿跳等增强式训练方法。这些训练可以帮助运动员提高臀部、膝盖和脚踝的爆发力，增强身体的推动力，从而产生更大的加速度。此外，这些训练还可以提高运动员的肌肉力量和耐力水平，提高短跑过程中的后程冲刺能力。

除了爆发性起跑训练之外，短跑成绩的提高还需要进行全面的体能训练，包括基础体能训练和专项体能训练等。基础体能训练主要包括跑步、游泳、骑自行车等全身运动，用以提高心肺功能、耐力水平等；专项体能训练主要包括短距离的快速跑、冲刺跑、高频跑等训练，用以增强运动员的速度感、协调性和灵敏性，提高短跑成绩。

需要注意的是，短跑训练需要注重适度原则，避免由于过度训练导致受伤。同时，运动员还需要注意合理安排训练强度、次数、组数和休息时间等参数，确保训练效果和运动员身体健康。此外，合理的营养和休息也是短跑训练的重要组成部分，可以为运动员提供足够的能量和营养物质，帮助其身体得到更好的恢复，并进一步提高自身的身体素质。

2. 接力跑

接力跑是一项对速度和爆发力有着超高要求，同时，还需要队员之间默契配合的多人短跑项目。每个运动员在准备出发时，不仅需要发挥出自己最佳的速度和爆发力，而且需要与队友配合，完成接力棒的传递。这种配合需要运动员之间的默契和信任，以及对队友的充分了解和信任。

为了提高接力跑成绩，除了要求每个运动员具备高度的速度和爆发力之外，还需要进行一些针对性训练。其中，多人协同训练和交接棒技术训练是较为常见的训

① 向赤蓉．短跑运动员专项训练的体能练习设计［J］．新体育，2023（06）：11-13.

练方式。

（1）多人协同训练

多人协同训练可以帮助运动员之间取得相互之间的信任，达成默契的配合。这种训练可以采用多种形式，如多人接力跑、交叉接力跑等，让队员在实践中逐渐建立起默契和信任。此外，在训练中还可以加入一些趣味性元素，如游戏或竞赛，让运动员在轻松愉快的氛围中提高配合的默契程度。

（2）交接棒技术训练

交接棒技术训练是接力跑中非常重要的一环，它可以提高运动员之间交接的稳定性和速度。这种训练可以采用模拟比赛的方式进行，让队员熟悉交接棒的技术要领和注意事项。在训练中，需要注意交接棒的细节和技巧，如交接棒时的握法和站立姿势，这些细节均会影响到交接的速度和稳定性。此外，还需要注重交接棒的练习次数和质量，不断提高队员的熟练程度和技术水平。

3. 跨栏跑

跨栏跑是一种要求运动员具备跨越障碍物的能力和高度集中爆发力的短距离竞技项目。在比赛中，运动员需要快速地跨越设置在赛道上的障碍物，尽可能地减少通过每个障碍物所需的时间，保持稳定和速度的平衡。为了提高跨栏跑成绩，运动员需要进行全面的体能训练和技巧训练。

（1）跨越障碍物的技术训练

跨越障碍物的技术训练是提高跨栏跑成绩的关键环节之一。在训练中，运动员可以进行一些针对性训练，如栏间距感知训练、起跨和落跨技术训练等。其中，栏间距感知训练可以帮助运动员掌握跨越障碍物的节奏和步伐，提高在比赛中的速度和稳定性；起跨和落跨技术训练则可以帮助运动员掌握跨越障碍物的技术要领，提高在比赛中的稳定性和速度。

（2）爆发力训练

爆发力的训练也是提高跨栏跑成绩的重要因素之一。运动员可以通过使用杠铃、弹力带等器材进行负重训练，也可以进行一些增强式训练，如深蹲跳、连续跨栏跳等，帮助运动员增强腿部肌肉力量和核心稳定性，提高在比赛中的反应速度和起跑速度。此外，在爆发力的训练中，还需要注意肌肉力量的平衡发展，以避免肌肉力量失衡而受伤。

（3）体能训练

体能训练也是跨栏跑中不可或缺的一部分。运动员需要进行全面的体能训练，包括有氧运动和无氧运动，以提高身体的耐力和灵敏性。这可以帮助运动员在比赛中更好地控制自己的呼吸和体力分配，提高在比赛中的表现和成绩；提高身体的代谢水平，促进身体恢复和减少疲劳感。

4. 短距离游泳

短距离游泳是一项要求高度耐力和速度的体能主导类运动项目，通常包括 50 米、100 米等短距离的快速游泳。在比赛中，运动员需要通过高效的游泳技术和出色的耐力，以最短的时间完成比赛。为了提高短距离游泳成绩，需要进行全面的体能训练和技巧训练。

（1）耐力训练是短距离游泳的关键因素之一。在训练中，运动员可以进行一些针对性训练，如长距离游泳、有氧运动等，以提高身体的耐力和持久力。这些训练可以帮助运动员在比赛中控制自己的呼吸和体力分配，提高在比赛中的表现和成绩。

（2）速度训练也是短距离游泳的重要因素之一。在训练中，运动员可以进行一些针对性训练，如快速游泳、间歇性游泳等，以提高身体的游泳速度和灵敏性。这些训练可以帮助运动员在比赛中以最短的时间完成比赛，并保持良好的游泳姿势和节奏感。

（3）推进力量训练也是短距离游泳的重要因素之一。在训练中，运动员可以进行一些针对性训练，如使用划水板、划船机等器材进行划水训练，以提高手臂和腿部的肌肉力量和划水效率。这些训练可以帮助运动员在比赛中更好地利用水流和阻力，提高在比赛中的速度和稳定性。

（4）短距离游泳训练需要注意安全问题。运动员需要在专业教练员的指导下进行训练，确保正确的游泳技术和器材的使用方法。同时，在训练前需要进行充分的热身运动和拉伸运动，以降低受伤的风险。

（二）跳跃类项目

1. 跳高

跳高是一项具有挑战性和技巧性的运动，要求运动员以各种姿势越过横杆，包括背越式、俯卧式和跨越式等。在比赛中，跳高运动员需要通过准确的起跳、有效的过杆和熟练的落地技术来获得优异的成绩。

（1）背越式跳高

背越式跳高是跳高比赛中常用的技术之一。在背越式跳高练习中，运动员首先需要发挥助跑的速度和力量，尽可能地提高起跳的高度，然后在空中完成转身动作，使身体与横杆平行。在完成转身动作后，运动员需要弯曲肘部和膝盖，使身体缩成一个团状，以背部着垫的方式完成过杆和落地动作。背越式跳高的技术要求非常高，需要运动员具备很好的身体协调性和灵敏性，同时还需要掌握正确的起跳、转身和过杆技术。

背越式跳高技术的优点在于，运动员在过杆时可以充分利用身体的弯曲和弹性，使身体在空中的姿态更加优美，提高比赛观赏性。同时，背越式跳高技术也能够提高运动员的跳跃能力和身体素质，是一种非常具有挑战性和观赏性的比赛项目。

（2）俯卧式跳高

俯卧式跳高也是一种常见的跳高技术。在俯卧式跳高练习中，运动员需要利用助跑速度和力量，尽可能提高起跳高度，然后俯卧在横杆上，通过肩部和臀部的翻转动作完成过杆和落地动作。具体来说，运动员在起跳后需要降低身体的重心，将身体向前推送，使身体的重心移到手臂和肩部。然后，运动员需要利用手臂和肩部的力量翻转身体，使身体呈反弓形，同时提高臀部和腿部的位置，使身体呈一条直线。在翻转过程中，运动员需要保持身体的平衡，避免失去控制。一旦运动员的身体越过横杆，他需要继续翻转身体，将身体的重心移到双腿上，并利用双腿的力量完成落地动作。

（3）跨越式跳高

跨越式跳高是一种较为传统的跳高技术，现在已经被更加先进的背越式跳高技术所取代。在跨越式跳高练习中，运动员需要利用助跑速度和力量，尽可能提高起跳高度，然后以单脚或双脚越过横杆，以腿的伸展动作完成过杆和落地动作。具体来说，运动员在起跳后需要将身体向前推送，使身体的重心移到手臂和肩部，同时提高腿部的位置。然后，运动员需要利用手臂和肩部的力量将身体翻转，并伸展双腿，使双腿与身体呈一条直线，从而越过横杆。在翻转和伸展身体的过程中，运动员需要保持身体的平衡，避免失去控制。一旦身体越过横杆，运动员需要弯曲双腿，降低身体的重心，并利用双腿的力量完成落地动作。

2. 跳远

跳远是一项要求运动员以尽可能远的距离从起跳点向前跳跃，并安全着陆在沙坑中的运动项目。在比赛中，运动员需要通过准确的起跳、有效的空中姿态和精确的落地技术获得优异的成绩。具体来说，要想获得较好的跳远成绩，运动员首先需要具备出色的助跑技术，使身体获得足够的前冲速度；其次，运动员需要掌握准确的起跳技术，包括起跳时双脚蹬地的力度和角度、起跳后身体的姿势等，以获得最大的初速度和弹跳高度。在空中姿态方面，运动员需要掌握合适的腾空姿势和动作，以尽可能地延长滞空时间并减小空气阻力；最后，运动员需要精确控制身体姿态和落地角度，确保安全着陆在沙坑中，并尽可能地远距离着陆。

除了技术上的要求外，跳远比赛还要求运动员具备良好的身体素质和心理素质。在体能方面，跳远运动员需要具备优秀的弹跳力、灵敏性和协调性，具备较高的身高和较好的体重；在心理素质方面，跳远运动员需要具备冷静、自信和毅力等品质，以应对比赛中的各种挑战。

3. 三级跳远

三级跳远是一项要求运动员以三个连续的跳跃动作来完成的比赛项目，包括单足跳、跨步跳和跳跃。

在三级跳远比赛中，运动员需要通过准确的起跳、有效的空中姿态和精确的落地技术，获得优异的成绩。具体来说，运动员需要以单足跳的方式向前跳跃，掌握好重心和角度，尽量加大第一次跳跃的距离，为后续的跨步跳和跳跃做好准备。在单足跳结束后，运动员需要进行一个跨步跳动作，将有力的一条腿向前方跨出，带动身体向前运动，加大跳跃距离。接着，运动员需要进行最后一次跳跃，尽可能地延长滞空时间并减小空气阻力。在落地时，运动员需要掌握合适的落地角度和速度，确保安全着陆在沙坑中，并尽可能地远距离着陆。

三级跳远技术的关键在于准确掌握每个跳跃动作的技术要点，并不断进行反复练习和调整。此外，运动员还需要具备良好的身体素质和力量基础，以完成连续的跳跃动作并取得优异成绩。

4. 撑杆跳高

撑杆跳高是一项要求运动员手持撑杆助跑，借助撑杆的力量腾空，完成一系列复杂的动作后越过横杆的运动项目。在比赛中，运动员需要通过准确的起跳、有效的腾空和精确的落地技术来获得优异的成绩。

（1）撑杆跳高的比赛规则

在撑杆跳高比赛中，每名运动员共有三次试跳机会，以最高成绩决定名次。撑杆跳高的杆高度和比赛顺序由组委会决定，通常比赛的杆高度在 4.5～5.5 米。运动员在指定的区域进行助跑，在撑杆跳高的起跳线之前用单手将撑杆摆放在身前，起跳后撑杆的头部不得接触身体，以确定成绩有效。落地时，运动员的双脚必须同时触地，如果支撑杆体与横杆之间的距离小于或等于 2 厘米，则视为有效成绩。

（2）撑杆跳高的技术要求

撑杆跳高的助跑是关键的一步，运动员需要掌握好速度和节奏，以获得最大的起跳力量。起跳时，运动员需要将撑杆的力量和自己的力量结合起来，使自己能够腾空到足够的高度。腾空时，运动员需要掌握好身体的姿态和角度，完成一系列复杂的动作，同时保持身体的平衡。落地时，运动员需要控制好身体重心和姿态，确保安全着陆在垫子上。

总而言之，在比赛中，运动员还需要注意保持身体平衡，避免在助跑和腾空过程中失控；合理运用助跑距离，掌握好节奏和速度；准确掌握落地动作，避免身体受伤和成绩无效。

5. 立定跳远

立定跳远是一项要求运动员从立定姿势开始，通过双脚同时离地和双臂摆动，向前跳跃尽可能远的距离的运动项目。在比赛中，运动员需要通过准确的起跳、有效的空中姿态和精确的落地技术来获得优异的成绩。

立定跳远的起跳是关键步骤之一，运动员需要在极短的时间内快速蹬地，使身体向前上方弹出。同时，双臂的摆动可以帮助运动员维持平衡并产生一定的推力。在跳跃的过程中，运动员需要掌握好身体的姿态和角度，以获得最大的跳跃距离。在落地时，运动员需要控制好身体重心和姿态，确保安全着陆在垫子上。

立定跳远技术需要掌握正确的预摆、起跳和腾空动作，双腿也需要具备足够的弹性和力量。

（1）预摆动作

预摆准备阶段，身体站直，双脚与肩同宽，手臂向后做一个小弧度的摆动，同时双脚微曲，为下一步的起跳蓄力。这一动作能协助身体储存能量，为随后的起跳做好准备。

（2）起跳

预摆结束后，双脚迅速蹬地，身体在一瞬间向前冲出。起跳时，身体与地面的角度需保持适当，既不宜过大也不宜过小，以实现最大化的起跳效果。

（3）腾空

起跳后，身体在空中需尽量展开，以实现最大的距离感。此时，双腿向前伸展，将极大提升跳远的距离。

6. 跳绳

跳绳是一项以一根环摆的绳为器材，一个人或多个人在其中做各种跳跃动作的运动游戏。它是一项全身性的运动，其主要功能如下所述。

（1）增强心肺功能

在跳绳过程中，心脏需要增加供血量，以满足身体需要，进而提高心肺功能。此外，跳绳还可以提高身体的耐力，使身体更加健康。

（2）增强协调能力

跳绳需要身体各个部位的配合，包括手、脚、腰和腹部的肌肉等。通过跳绳练习，可以让身体的各个部位更加协调，提高身体的协调能力。

（3）帮助减肥

因为跳绳可以消耗大量的卡路里，所以它是一种非常有效的减肥运动。同时，跳绳还可以锻炼身体的肌肉，使身体更加健康。

跳绳有很多种跳法，包括单脚跳、双脚跳、交叉跳等，还可以通过各种花式动作来增加难度和趣味性。在跳绳的过程中，需要注意节奏和身体的协调性，保持呼吸的平稳，以避免过度疲劳和受伤。

跳绳的练习需要从基本的跳绳动作开始，逐渐增加难度和花式动作。通过不断地练习和挑战自己，可以提高身体的耐力、灵敏性和协调性。在比赛中，跳绳运动员需要高度专注和集中，避免出现失误和动作中断。

7. 跳水

跳水是一项极具美感和技巧性的水上运动，要求运动员从高处以各种姿势跃入水中，或从跳水器械上起跳，在空中完成一定动作姿势，并以特定动作入水。这项运动需要高度的技巧和身体素质，同时还需要卓越的勇气和自信心。

跳水比赛中最常见的比赛高度是 10 米跳台和 3 米跳板，比赛项目包括男子和女子跳台、跳板和双人跳水等。在比赛中，运动员需要展示各种高难度的动作，如翻腾、转体、屈体等，还需要在入水时保持身体和水面的垂直，以获得最佳的得分效果。

跳水运动体能训练的具体内容分别如下所述。

（1）注重基本功

跳水需要有良好的基本功，包括身体的姿势、肌肉的协调和平衡控制等方面。基本功的训练需要反复的练习和不断地提高，只有这样才能在比赛中表现出色。

（2）充分准备

跳水训练前需要进行充分的身体准备工作，包括适当的热身运动，以预防肌肉拉伤和其他受伤。同时，还需要进行全面的身体素质训练，包括力量、耐力、柔韧性等方面的训练。

（3）重视调整

跳水运动员需要根据自己的身体状况和技术特点进行不断的调整，以达到最佳状态。这需要根据比赛的情况和对手的表现进行调整，以达到最佳的比赛效果。

（4）适时补充能量

跳水运动在进行过程中会消耗大量的能量，需要在训练和比赛中适时地补充水分和能量，保证身体正常运转。

（5）练习正确的呼吸技巧

跳水时需要进行正确的呼吸技巧，控制身体的节奏和运动状态。需要在训练中进行反复的练习和不断的提高，以达到最佳的呼吸效果。

（6）不断练习

跳水技巧需要不断地进行练习和提高，只有不断地练习，才能逐步掌握和提高。同时，还需要制订科学的训练计划，并进行有针对性的训练，提高跳水技巧和水平。

（三）投掷类项目

1. 铅球

铅球是一项要求力量和技术的运动项目。铅球通常由金属或硬橡胶制成，具有特定的重量范围，形状为球体。在比赛中，运动员需要利用全身的力量将铅球从肩部投出，这就需要协调发力和使用正确的技术。

在投掷过程中，铅球的速度和角度是决定投掷距离的关键因素。为了取得最佳成绩，运动员需要掌握正确的投掷技术，包括正确的握持铅球的方式、身体的姿势和用力的顺序等。在投掷过程中，运动员还需要注意保持身体姿势，避免因过度用力和动作失控而影响成绩。除了力量和技术之外，铅球比赛还注重策略的应用。运动员需要根据比赛的规则和对手的表现制订相应的策略，如在投掷时注意角度和风向，以及根据比赛情况选择合适的投掷距离等。

2. 标枪

标枪是一项要求速度、力量和技术的运动项目。标枪通常由金属制成，长度较长，拥有金属尖端，是一种具有挑战性的投掷项目。

在投掷标枪时，运动员需要以一定的速度和角度将其投出，并尽量使其飞行轨迹与地面平行。这需要强大的爆发力和协调性，以及准确的技术和动作。运动员需要通过不断的训练和练习，掌握正确的投掷姿势和飞行角度，以便最大限度地提高投掷距离和精度。

同时，运动员需要理解比赛规则，观察对手的表现，并据此制订相应的策略。在投掷时，选择合适的角度和高度能够增加标枪的远度和准确性。此外，确保在规定的区域内进行投掷是获取有效成绩的必要条件。换言之，运动员不仅需要具备出色的力量和技巧，而且需要灵活运用策略，提高标枪比赛的成绩。

3. 链球

链球是一项对力量、技巧和协调性都有很高要求的运动项目。除了要求运动员有足够的力量来投掷链球之外，还需要有良好的旋转技巧和身体协调能力。

链球通常由金属制成，通常由把手和链条两部分组成。把手通常是一个圆环，运动员将手放在环中，然后通过旋转链条带动球进行旋转。链条的长度和重量都会影响链球投掷的远近。

链球运动是一种具有挑战性的投掷项目，需要运动员具备较高的身体素质和技巧水平。在投掷链球时，运动员需要掌握正确的旋转技巧和身体姿势，以便使球获得最大的速度和稳定性。在投掷过程中，运动员还需要注意平衡和控制，以便准确地投掷出球，并在比赛中有良好的表现。

除了要求力量、技巧和协调性之外，链球运动还需要运动员具备较高的心理素质和专注力。在比赛中，运动员需要保持冷静、自信，并控制好自己的情绪，以便在比赛中有良好的表现。同时，运动员还需要全神贯注地关注比赛和对手的表现，做出正确的决策和应对策略。

（四）举重类项目

1. 挺举

挺举是举重比赛中最具代表性的动作之一，它对运动员的综合能力要求极高。在挺举过程中，运动员首先需要弯曲膝盖和髋关节，使身体下降到一定程度，然后通过伸展髋关节和膝关节，将杠铃从地面举起。这一系列动作的完成，不仅需要运动员具备强大的腿部力量和腰部力量，而且需要腰部力量的积极配合。只有当这些力量能够得到有效的配合和运用，运动员才能在挺举过程中保持稳定并成功完成动作。

挺举动作的成功与否，不仅取决于运动员自身的力量和技能水平，而且与运动员的身体素质息息相关。挺举是一个多关节动作，需要各个肌肉群协同作用才能完成。因此，运动员需要通过系统的训练提高自己的身体素质，包括力量、耐力、柔韧性、协调性和平衡感等。

2. 抓举

抓举是举重比赛中非常具有挑战性的项目之一。在抓举过程中，运动员首先需要弯曲膝盖和髋关节，使身体下降到一定程度；其次，通过伸展髋关节和膝关节，将杠铃从地面直接抓起。抓举的挑战性体现在运动员需要在瞬间汇聚全身力量，从地面直接将杠铃举起。这个过程需要运动员精确控制肌肉的收缩和伸展，以及呼吸的节奏，使得力量得以最大限度地发挥。这一系列动作的完成，需要运动员具备强大的上肢力量和腰部力量，确保正确执行动作。

在抓举过程中，运动员手应注重培养腿部力量的协调性和稳定性，这可以通过进行专门的训练来实现。例如，运动员可以练习通过使用弹力带或哑铃进行腿部力量训练，提高腿部肌肉的力量和耐力。此外，运动员还可以通过进行瑜伽或普拉提等协调性训练，提高身体的协调性和平衡感。这些训练可以帮助运动员更好地掌握抓举的动作要领，并提高身体的稳定性。

3. 推举

推举是举重比赛中一项具有挑战性的项目之一。在推举过程中，运动员首先应稳定自己的身体，然后将杠铃从肩部位置向上推起。这个过程需要运动员具备强大的上肢力量和协调性，保持身体的平衡和稳定，同时还应注意杠铃的移动轨迹和速度，避免出现动作失控或杠铃脱落的情况，确保正确执行动作。

在推举比赛中，除了需要运动员的上肢力量和协调性之外，推举还需要运动员掌握正确的握法和发力方式，确保杠铃能够平稳地向上运动，并在顶点处稳定住。如果技术动作不正确，可能会导致杠铃摇晃或偏离垂直轨迹，从而影响成绩。同时，良好的呼吸可以帮助运动员控制动作的节奏和稳定性。在推举过程中，运动员应注意呼吸节奏，向上推起杠铃时吸气，在保持杠铃稳定的过程中缓慢呼气。

4. 蹲举

蹲举是举重比赛中的一种基本动作，也是举重训练中的重要环节之一。在蹲举过程中，运动员首先需要稳定自己的身体，然后将杠铃从地面蹲起。在开始蹲举之前，运动员需要保持身体的稳定。这通常涉及膝盖弯曲，臀部下沉，肩膀放松并后收，同时保持背部挺直。这样的起始姿势有助于运动员控制杠铃并使腿部肌肉得到更好的发力。运动员应具备强大的腿部肌肉力量才能成功完成蹲举动作，包括股四头肌（大腿前侧）、股后肌群（大腿后侧）、臀部肌肉。

除了腿部力量之外，运动员还应具备良好的协调性。这包括身体各部分的配合，例如在蹲下时控制臀部和腿部的动作，以及在站起时控制腿部的伸展。协调性的好坏直接影响到蹲举动作的正确性和流畅性。在蹲举过程中，运动员还需要具备良好的控制能力和呼吸技巧。在蹲下和站起的过程中，运动员应控制杠铃的速度和身体的节奏，避免出现过快或过慢的情况。同时，正确的呼吸可以帮助运动员控制身体的紧张程度，从而更好地执行动作。

三、体能主导类耐力性项群体能训练

（一）中长距离类项目

1. 竞走

竞走是一项要求耐力和速度的长距离赛跑项目，通常在公路或田径场上进行。这个项目对运动员的体能和竞技技巧要求较高。在竞走比赛中，运动员需要遵循比赛规则，在规定的赛道上进行长距离的赛跑。竞走的规则要求运动员在比赛过程中不能同时支撑身体的重量，因此，运动员应具备良好的耐力和速度才能完成比赛。

在竞走比赛中，优秀的运动员应在整个比赛中保持稳定的速度和节奏，同时，具备良好的耐力和速度储备，以便在最后冲刺阶段取得好成绩。运动员还应具备良好的协调性和平衡感，以保持身体的稳定性和姿态的优雅。此外，运动员还应进行科学有效的训练和准备，不断提高自己的体能和技术水平，以便在比赛中取得好成绩。

2. 马拉松

马拉松是一项非常著名的长距离赛跑项目，对运动员的身体素质和竞技技巧要求极高，需要运动员具备出色的耐力和速度，以及良好的战略和技巧。

马拉松运动员通常需要经过长时间的训练和准备，以增强他们的心肺功能、耐力和速度。在训练中，他们应逐步增加跑步距离和强度，提高自己的有氧和无氧运动能力。此外，马拉松运动员还应进行重量训练、核心训练和柔韧性训练等，以增加身体的力量、稳定性和灵活性。在比赛中，马拉松运动员应根据自己的身体状况合理分配体力，以及在比赛过程中保持稳定的速度和节奏，同时，注意身体的反应和状态，及时调整跑姿、呼吸和步伐等。此外，马拉松运动员还应具备良好的心理状态和竞技心态，以应对比赛中的压力和挑战。

3. 长距离游泳

长距离游泳是一项在水面上进行的游泳比赛，通常距离较长，对运动员的耐力和速度要求较高。在长距离游泳比赛中，运动员应保持稳定的速度和节奏，同时，合理安排游泳路线和换气时间。这要求运动员具备出色的耐力和速度，以及良好的游泳技术和策略。运动员应注意身体的反应和状态，及时调整游泳姿势、频率和呼吸方式等。此外，运动员还应保持身体的稳定性和平衡性，避免在游泳中失去方向或被水流冲走。

长距离游泳比赛的形式可以是公开水域比赛或室内游泳比赛等。公开水域比赛通常是在较大的自然水域中进行的，比如湖泊、海滩或河流。这种比赛对运动员的耐力和体力要求较高，因为距离较长，有时甚至需要数十公里甚至更远。此外，公开水域比赛还受限于环境因素，如水温、水流、风浪等，这些因素都可能影响运动员的比赛成绩。因此，运动员应具备较高的身体素质和技术水平，以应对各种可能出现的情况。

室内游泳比赛则是在室内游泳池或水上运动场馆中进行的，与公开水域比赛相比，室内游泳比赛的水温和水质更加稳定，距离和时间也可以根据需要进行调整。这种比赛对于运动员的技术和体能要求也比较高，因为室内游泳池的池水深度和水质条件不同于自然水域，所以需要运动员进行更多的身体调节和适应性训练。此外，室内游泳比赛的环境相对固定，需要运动员熟练掌握比赛的各个环节和细节，以取得最佳成绩。

4. 长距离自行车赛

长距离自行车赛是一项在公路上进行的自行车比赛，通常距离较长，对运动员的耐力和速度要求较高。在长距离自行车赛中，运动员需要具备出色的耐力和速度，以及良好的自行车技巧和战略。运动员应掌握正确的骑行姿势、踏频和呼吸方法等，并根据自己的身体状况合理分配体力，以便在比赛中保持稳定的速度和节奏。此外，运动员还应具备良好的转弯技巧、应急处理能力和战术意识等，以应对比赛中可能出现的不同情况。

长距离自行车赛的形式可以是公路自行车赛或山地自行车赛等。公路自行车赛是在公路上进行的比赛，通常是在平坦的道路上进行，距离较长，需要运动员具备较高的耐力和体力。在公路自行车赛中，运动员需要面对车辆和道路障碍，如路口交叉口、行人、其他自行车手等，因此需要具备较高的技术和安全性。此外，公路自行车赛应考虑天气和气候等自然因素，如雨、风、阳光等，这些因素都可能影响运动员的比赛成绩。

山地自行车赛则是在山地中进行的比赛，通常是在崎岖的山路上进行，需要运动员具备攀登和平衡能力。这种比赛的关键在于运动员的攀爬能力和下坡技巧，以及在山地中的方向感和距离感。山地自行车赛需要考虑运动员的体能和技术水平，因为比赛中会有爬坡、下坡、颠簸的路段等不同的地形条件，所以需要运动员具备较高的身体素质和技术水平以应对各种情况。

无论是哪种形式的比赛，都需要运动员有良好的自行车骑行技能和体能储备，以及相应的比赛经验。在比赛前，运动员应进行系统的训练和准备，包括体能训练、技术训练、心理准备等方面的练习，以便在比赛中发挥出自己的最佳水平并取得好成绩。

（二）超长距离类项目

1. 铁人三项

铁人三项是一项极具挑战性和吸引力的运动项目，它包括游泳、自行车和跑步三个部分，需要运动员在连续的竞赛中完成这三个部分，每个部分都有严格的时间限制。铁人三项的比赛距离可以根据不同级别和标准进行调整，但通常需要运动员在一天或更长时间内连续完成三个运动项目，这对运动员的耐力和速度，以及自行车和跑步技巧都有极高的要求。为了取得好成绩，运动员应进行科学有效的训练和准备，注重身体素质的提高、技巧的掌握和心理状态的调整。

在铁人三项比赛中，游泳、自行车和跑步三个部分的转换需要运动员迅速完成，需要运动员具备良好的协调性和灵活性。在游泳部分，运动员应具备良好的游泳技巧和耐力，以便在水中快速前进；在自行车部分，运动员应掌握正确的骑行技巧和策略，以保持稳定的速度和节奏；在跑步部分，运动员应具备良好的跑步技巧和耐力，以便在赛道上快速奔跑。

除了标准铁人三项比赛之外，还有多种形式的铁人三项比赛，如短距离比赛、铁人两项（游泳＋自行车或自行车＋跑步等）、铁人四项（游泳＋自行车＋跑步＋皮划艇等）等。这些比赛的规则和标准铁人三项比赛有所不同，难度和挑战性也各不相同，为不同年龄、体能和技术水平的运动员提供了多样化的比赛形式，为这项运动注入了更多的趣味性和挑战性。

2. 马拉松游泳

马拉松游泳是一项超长距离游泳比赛，通常在公开水域进行，距离一般在 10～50 公里。这项比赛对运动员的耐力和速度，以及游泳技巧和策略都有极高的要求，以便在水中快速前进。同时帮助应对水流、潮汐、海浪、水温等多种因素的变化。这些因素可能会对运动员的速度和节奏造成极大的影响，因此，运动员应根据实际情况及时调整自己的游泳技巧和策略。

由于马拉松游泳比赛的距离非常长，运动员应具备极高的耐力和体力。此外，他们还应具备较高的心理稳定性，以应对比赛中的压力和挑战，如长时间的游泳带来的身体疲劳、心理压力等。

3. 环球航行

环球航行是一项极具挑战性和壮丽的水上运动，通常指的是划船或驾驶帆船等水上工具跨越全球的生存挑战。这项比赛对运动员的耐力、适应能力和生存技能都有极高的要求，以应对海上长时间的生存挑战。在航行中，运动员应掌握各种生存技能，如捕鱼、导航、修船、应对紧急情况等。同时，运动员还应具备坚强的意志力和勇气，以应对孤独、心理压力，以及随时可能出现的危险情况。

除了身体素质和技能方面的要求之外，环球航行还需要运动员具备全面的水域知识和船只的驾驶技巧。在比赛中，运动员应根据实际情况选择最合适的船只和装备，以便在各种水域和气候条件下生存和前行。此外，他们还应掌握正确的导航和方向识别技巧，以便在海上快速找到自己的位置并安全到达目的地。

第二节　表现难美类项目的体能训练实践

一、表现难美类项目

(一) 表现难美类项目的概念

表现难美类项目，是指在比赛中注重表现运动员的技巧、难度和美感的项目。这些项目在训练和比赛中，评价标准主要基于一定的规则下的主观评价。它们要求运动员具备基本姿态美、基本技术美、身体动作运用美，以及各种造型动作美等要求。

竞技体操是表现难美类项目的代表之一，运动员应在比赛中完成一系列难度较高的动作，包括各种体操姿势和翻腾、转体、跳跃等技巧。评判标准包括动作难度、完成质量和表现美感和个性风格等。除了竞技体操之外，表现难美类项目还包括艺术体操、武术、跳水、花样游泳和花样滑冰等。在这些项目中，运动员不仅要展现出高超的技巧和完美的动作，而且要在比赛中表现出独特的个性和风格，突出运动员所具有的美感和艺术修养。

总体来说，表现难美类项目不仅注重比赛的结果，而且注重运动员在比赛中的表现和美感呈现。这些项目对运动员的综合素质和训练水平要求较高，需要经过长期系统的训练才能达到高水平的竞技状态。

（二）表现难美类项目的发展历程

难美类项目的发展历程可以追溯到古代奥林匹克运动会，当时只有男性参加比赛，且比赛项目比较少。到了现代，随着社会和文化的发展，女性也开始参加比赛，比赛项目也变得更加多样化和复杂化，见表 7-1。

表 7-1 　难美性项群各竞技项目列入奥运会年代

项目	男子	女子
体操	1896 年	1928 年
跳水	1904 年	1912 年
花样滑冰	1908 年	1908 年
花样游泳	—	1984 年
艺术体操	—	1984 年

20 世纪中期，难美类项目开始进入飞速发展的时期。这些项目的规则、裁判的评分标准和比赛的观赏性都有了显著的提高和发展。一些表现难美类项目，如竞技体操、艺术体操、武术等开始在国际上得到广泛的认可和推广。

在 20 世纪后期，难美类项目的发展开始进入多元化和创新化的阶段。各个项目开始注重个性化和创新性的发展，比赛的观赏性和竞争性也越来越高。此外，随着科技的不断进步，运动员的训练方法和手段不断得到改进和优化，这也促进了难美类项目的不断创新和提高。

进入 21 世纪，难美类项目开始与科技更加紧密地结合在一起。科技的发展为运动员的训练和比赛提供了更好的支持和帮助，也为裁判员的评价提供了更加客观和准确的依据。同时，难美类项目也开始与文化和艺术更加紧密地结合在一起，形成了更加独特的比赛形式和风格。

总之，难美类项目的发展历程是一个不断进步和创新的过程。这些项目不仅要求运动员具备高超的技巧和完美的动作，展现出独特的个性和风格，而且需要裁判员具备高度的专业知识和技能。在未来，难美类项目将继续得到发展和创新，为运动员和观众带来更加精彩的比赛体验。

（三）表现难美类项目的训练核心

1. 重视精细动作的训练

对于表现难美类项目来说，细节决定成败。因此，在体能训练中，需要重视精细动作的训练。精细动作训练主要关注的是在表现难美性项群运动员训练中，进行精确、细致和规范的技术训练，以获得更好的竞技水平和表演效果。这些项目包括杂技、舞蹈、戏剧表演等多种形式，它们的共同点是要求运动员具有高超的技术和表现力。

在体能训练中，重视精细动作的训练可以帮助运动员掌握正确的技术动作和技巧。通过不断的练习，运动员可以逐渐掌握高超的技术和技巧，优化自己的动作细节，提高体能的表现水平，在比赛中获得更好的成绩。

2. 技术和打法的交互作用

技术是指运动员在比赛中运用身体动作和技巧的能力。打法是指运动员在比赛中如何运用技术和战术的能力。在表现难美类项目的体能训练中，运动员应注重技术和打法的交互作用。技术是打法的基础，只有掌握了正确的技术，才能在比赛中更好地运用战术。同时，打法也是技术的体现，只有通过正确的打法，才能将技术发挥到极致。因此，技术和打法是相互依存、相互促进的。为了提高自身的体能水平，运动员应不断地调整和优化技术和打法的配合。

3. 进攻性和防守性技术的交替发展

表现难美类项目的比赛过程中，进攻和防守是交替进行的。因此，在体能训练中，注重进攻性和防守性技术的交替发展是十分关键的。只有通过不断提高各种技术的熟练程度和身体素质水平，才能更好地应对比赛中的各种情况，提高比赛成绩。

进攻性技术是指运动员在比赛中主动发起攻击，创造机会并得分的技术。在体能训练中，运动员需要通过专项训练来提高自己的进攻能力。包括掌握各种进攻技巧，如快攻、扣球、拦网等。同时，还需要注重身体素质的训练，如灵敏度、爆发力和协调性等，帮助运动员在比赛中快速准确地判断形势，并采取有效的进攻行动。

对于防守性技术而言，它是指运动员在比赛中有效防御对手攻击，减少失分的技术。在体能训练中，运动员应通过专项训练来提高自己的防守能力。包括掌握各种防守技巧，如移动、预判和反应速度等。同时，还应注重身体素质的训练，如耐力、灵敏度和协调性等，帮助运动员在比赛中快速准确地判断形势，并采取有效的防守行动。

4. 影响技术和打法演进的因素

表现难美类项目的比赛过程中，技术和打法的演进受到多种因素的影响，如运动员的体能状况、对手的技术水平、比赛氛围等。这些因素之间相互作用，共同影响着比赛结果。在训练中，教练员应帮助运动员分析和掌握这些影响因素，制订相应的训练计划和比赛策略，提高运动员的适应能力和应对能力。

（四）影响表现难美类项目发展的因素

1. 技术和训练方法

技术的进步和训练方法的改进是影响表现难美类项目发展的两个重要因素。随着科学技术的不断进步，运动员的训练方法和手段也不断得到改善和优化。教练员通过科学的方法指导运动员进行训练，有助于提高运动员的技术水平和表现能力。

（1）表现难美类项目要求运动员具备高度专项能力，包括技巧、体能和战术等。运动员需要花费大量时间和精力来磨练他们的技巧，提升体能和战术水平。

（2）优秀的教练员对于表现难美类项目的发展是不可或缺的。教练员应具备丰富的专业知识和经验，能够为运动员提供准确的指导、恰当的训练方法、合适的战略战术。

2. 规则变化

规则的改变也是影响表现难美类项目发展的因素之一。规则的变化可以促进技术的发展和创新，使运动员更加注重技术细节和表现力。例如，在竞技体操中，受竞赛规则不断调整的影响，使运动员更加注重动作的难度、质量和表现力，从而促进了技术的发展和创新。

3. 文化因素

文化因素对表现难美类项目的发展有着深刻的影响。不同的国家和地区的文化背景和价值观对运动员的训练和比赛产生着不同的影响。这些不同的文化背景和价值观在运动员的训练和比赛中相互交融，对运动员的表现产生深刻的影响。

4. 社会因素

社会因素对表现难美类项目的发展也有重要的影响。社会的发展和进步为运动员提供了更好的训练条件和比赛环境。例如，随着经济的发展和社会的进步，许多国家都加大了对体育事业的投入，为运动员提供了更好的训练条件和比赛环境，促进了表现难美类项目的发展。

5. 经济因素

经济因素对表现难美类项目的发展也至关重要。经济的稳定和持续发展可以为运动员提供更好的物质保障和职业发展机会。例如，一些国家为了促进体育产业的发展，加大了对体育事业的投入，鼓励企业和社会团体投资体育事业，这些措施为运动员提供了更好的职业发展机会和经济保障，也促进了表现难美类项目的发展。

综上所述，表现难美类项目的发展受到多方面的影响，包括技术的进步、训练方法的改进、规则的变化，以及文化、社会和经济因素等。这些因素相互作用，共同促进了表现难美类项目的不断发展和进步。

二、表现难美类项目运动员的体能特征

表现难美类项目的运动员需要具备多方面的体能特征，这些特征不仅包括身体形态和身体素质，而且包括神经过程和心理特质等方面的要求。这些体能特征的全面发展有助于运动员在比赛中表现出更高的完成度和更好的动作质量，取得优异的比赛成绩。

（一）身体形态

身体形态是表现难美类项目运动员最基本的体能特征之一。这类项目的运动员通常需要拥有优美的体型、匀称的身材、流畅的线条，以及良好的身体姿态和气质。例如，在竞技体操、艺术体操和武术等项目中，运动员的体型通常较小，身材匀称，线条流畅，这有助于他们在比赛中表现出更优美的动作和更高的完成度。

（二）身体素质

在身体素质方面，表现难美类项目的运动员需要具备多种素质。例如，力量素质，主要包括全身力量、爆发力和耐力等；柔韧素质，主要包括关节柔韧性和肌肉伸展性等；灵敏素质，主要包括反应灵敏、动作协调和节奏感等；专项耐力，主要包括有氧耐力和无氧耐力等。

（三）神经过程

运动员的神经过程需要具备灵活性和均衡性。这类项目的比赛要求运动员具备迅速适应各种情况的能力，还需要具备良好的反应速度、动作协调性和节奏感。此外，运动员还需要具备感知和判断能力，以便在比赛中能够感知自己的动作和姿态，判断比赛情况。

（四）心理特质和技能储备

除了上述的三种体能特征之外，表现难美类项目的运动员还需要具备心理特质和技能储备等方面的要求。例如，运动员需要具备良好的心理素质和意志品质，包括自信、自律、毅力和耐心等。此外，运动员还需要具备扎实的专项技能基础和丰富的比赛经验，帮助他们在比赛中表现出更高的完成度和更好的动作质量。

三、表现难美类项目的体能训练

（一）竞技体操运动员的体能训练

竞技体操运动员的体能训练需要全方位、多角度地进行，要注重基本功、技术、

力量、灵敏度和柔韧度等方面的训练。① 同时，还要根据每个运动员的实际情况和特点进行个性化的训练，提高体能水平和比赛竞争力。

1. 基本功训练

基本功主要包括姿势、手势、步伐等方面的训练。这些基本功的训练是竞技体操运动员体能训练的基础，不仅可以帮助运动员掌握正确的动作要领，提高动作质量和比赛表现，而且可以增强运动员的体能素质，如力量、柔韧性和协调性等。

2. 技术训练

技术训练主要包括空翻、翻滚、手臂、腿部动作等多种技术动作的训练。技术训练需要循序渐进，即从简单到复杂、从低难度到高难度，逐步提高技术水平。竞技体操运动员通过反复练习和不断调整，熟练掌握各种技术动作，提高自身的技术水平，以便在比赛中能够准确、稳定地完成各种动作，提高其比赛成绩。

3. 力量训练

在竞技体操中，力量素质的表现形式主要包括力量耐力、爆发力和绝对力量。力量素质训练的开展可为体操运动员提供以下帮助。

（1）提高身体稳定性

在竞技体操比赛中，运动员需要完成各种复杂动作，这些动作需要强大的力量支撑，特别是非平衡状态下的位移更需要力量素质的支撑。良好的力量素质有助于提高身体的稳定性和平衡能力，帮助运动员更好地完成动作。

（2）增加动作难度

力量素质是完成高难度动作的基础，一些高难度的竞技体操动作需要运动员具备强大的力量才能完成。通过力量训练，运动员可以更好地掌握动作技巧，提高动作完成质量。

（3）降低损伤风险

力量素质好的运动员通常具备更好的身体控制能力和关节稳定性，能够在运动中缓冲震动，降低受伤的风险。同时，力量训练还可以增强肌肉耐力和恢复能力，预防因疲劳引起的运动损伤。

（4）提高比赛成绩

在竞技体操比赛中，动作的稳定性和完成质量直接影响到比赛成绩。通过力量训练，运动员可以提高动作完成的质量和稳定性，从而获得更好的比赛成绩。

4. 灵敏度和柔韧度训练

灵敏度是竞技体操运动员在比赛中非常重要的体能素质之一，主要是指竞技体

---

① 杨文剑. 对我国女子竞技体操项目体能训练的思考［J］. 体育视野，2021（18）：67—68.

操运动员的反应速度和判断能力的训练，包括反应球、平衡球、悬挂器械等道具的使用。这种训练可以提高竞技体操运动员的反应速度和判断能力，帮助运动员快速适应比赛中的各种情况，使其在比赛中更加灵活自如，提高动作质量和完成效率。

柔韧度是竞技体操运动员必备的体能素质之一，主要是指竞技体操运动员的身体柔韧度的训练，包括拉伸、瑜伽等活动。这种训练可以提高竞技体操运动员的身体柔韧性，帮助其更好地完成各种技术动作，提高动作质量和完成效率。运动员可以采用主动发展柔韧性的方式进行训练，如热身后进行主动压腿并适度控制进行柔韧性练习，然后再进行逐渐增长时间的压腿练习；同时，还可以采用被动发展相结合的方式，如两人相互扳腿、压腿练习等。

5. 速度训练

速度训练是竞技体操中非常重要的一个方面，通过科学有效的训练方法和注意事项，可以提高竞技体操运动员的反应速度、动作速度和移动速度，在比赛中取得优异的成绩。运动员可采用快速完成俯卧撑、引体向上、爬绳、爬杆等练习提高动作速度。在进行速度素质训练时，需注意以下几点。

（1）充分做好准备活动

在开始速度训练之前，竞技体操运动员需要充分做好准备活动，使身体逐渐进入运动状态，预防运动损伤的发生。

（2）适量增加负荷

在速度训练中，适量增加负荷可以刺激运动员的速度潜力，提高速度素质，但要注意逐渐增加负荷，避免由于过度疲劳导致受伤。

（3）重视休息和恢复

在速度训练后，运动员需要得到充分的休息和恢复，可以采取适当安排休息时间、进行按摩放松等措施帮助身体恢复。

（4）技术动作的准确性和规范性

在速度训练中，竞技体操运动员需要重视技术动作的准确性和规范性，掌握正确的姿势和发力方式，提高动作速度和质量。

（二）艺术体操运动员的体能训练

艺术体操运动员的体能训练是提升其竞技水平和比赛表现的重要环节。为了满足艺术体操项目的特点和要求，体能训练需要有针对性地进行，综合考虑其身体特点、技术要求和比赛需求等多方面，采用科学、合理的训练方法和手段，提高运动员的体能水平和比赛成绩。艺术体操运动员的体能训练主要包括以下方面。

1. 有氧耐力训练

艺术体操运动员应在比赛中持续完成各种复杂的技术动作，展现出良好的表现力和动态耐力。有氧耐力训练可以通过长跑、登山、游泳等方式提高心肺耐力和体能水平。有氧耐力训练主要采用持续性练习、间歇性练习和重复性练习三种方法，增加艺术体操运动员的心肺耐力和提高体能水平。

2. 核心力量训练

艺术体操运动员应具备稳定的核心力量，保证在比赛中身体的稳定性和控制力。核心力量训练可以通过静态支撑、动态支撑和旋转支撑等方式，增强核心肌群的力量和稳定性，提高动作的准确性和稳定性。

3. 爆发力训练

艺术体操运动员应具备出色的爆发力，保证在比赛中能够支撑各种高难度技术动作的完成。爆发力训练可以通过重量训练和快速伸缩训练等方式，增强肌肉的力量和速度，提高动作的力度和速度。

4. 柔韧性训练

艺术体操运动员应具备出色的身体柔韧性，保证在比赛中能够准确地完成各种高难度的技术动作。柔韧性训练可以通过伸展、旋转和弯曲等方式，增强肌肉的弹性和灵活性，提高动作的幅度和表现力。

5. 灵敏性训练

艺术体操运动员应具备出色的灵敏性，保证在比赛中能够更为精准地做出各种复杂的技术动作。灵敏性训练可以通过快速变换方向、快速反应和快速协调等方式，增强肌肉的灵敏性和协调性，提高动作的准确性和表现力。

6. 心理训练

心理素质是艺术体操运动员不可或缺的重要素质，对其比赛表现产生直接且深远的影响。因此，艺术体操运动员应注重心理素质的培养和提高，通过有针对性的训练增强自信心、专注力和抗干扰能力等心理品质，以取得更好的比赛成绩。

（三）武术运动员的体能训练

武术运动员的体能训练是提高其竞技水平和比赛表现的重要环节。为了满足武术项目的特点和要求，体能训练需要有针对性地进行。以下是武术运动员体能训练的几个方面。

1. 速度素质训练

速度素质是武术运动员的重要素质之一，包括快速启动、快速停顿、快速转换和快速跟进等方面的训练。在速度素质训练中，运动员可以通过各种跑步练习，如冲刺、疾跑、折返跑等，提高运动员的快速启动和跟进能力；通过各种跳跃练习，如单脚跳、双脚跳、跨栏跳等，提高运动员的快速转换能力；通过各种击打练习，如快速出拳、踢腿、身法等，提高运动员的动作速度和反应速度。

2. 耐力素质训练

耐力素质主要包括有氧耐力和无氧耐力两方面的训练。有氧耐力可以通过长跑、游泳、自行车等运动来提高；无氧耐力可以通过短跑、疾跑、跳跃等运动来提高。在耐力素质训练中，可以根据武术运动员的竞技水平和比赛需求，合理安排训练时间和强度，逐步提高运动员的耐力水平。

3. 灵敏素质训练

灵敏素质主要包括反应灵敏、动作灵敏和节奏灵敏等方面的训练。在灵敏素质训练中，可以通过各种游戏，如追逐游戏、闪避游戏等，提高运动员的反应灵敏度和动作灵敏度；通过各种体操练习，如翻滚、倒立、平衡等，提高运动员的动作灵敏度和节奏灵敏度；通过各种舞蹈练习，如芭蕾舞、街舞等，提高运动员的节奏灵敏度和协调性。

4. 柔韧素质训练

柔韧素质主要包括关节柔韧和肌肉柔韧两方面的训练。在柔韧素质训练中，可以通过各种拉伸练习，如体前屈、侧伸展、扭转等，提高运动员的关节柔韧度；通过各种体操练习，如韧带拉伸、关节活动等，提高运动员的肌肉柔韧度；通过练习瑜伽等运动，提高身体的柔韧性。

5. 力量素质训练

力量素质是武术运动员的重要素质之一，通过力量素质训练，特别是核心力量训练，可以增强身体的各部位肌肉力量，提高身体的协调性和稳定性，使得身体的各个部位能够更加协调地运动；可以促进肌肉的代谢，使得身体的能量代谢效率提高，从而更好地适应高强度的武术动作和技术的要求；通过爆发力和耐力的训练，可以增强身体的耐力和爆发力，更好地应对武术比赛和训练中的高强度和长时间的竞技挑战；通过力量素质训练，可以塑造身体形态，使身体更加健康和优美。除此之外，力量素质训练还能够加强肌肉的记忆和神经对肌肉的控制能力，有助于武术运动员更好地掌握技术动作和提高技术水平。

6. 心理素质训练

心理素质是武术运动员的重要素质之一，直接影响其比赛表现。为了提高心理素质，武术运动员需要进行有针对性的心理训练。包括培养专注和集中的能力，保持冷静，学会在压力下快速分析和解决问题，以及适应各种比赛环境等。同时，教练员和运动员本身也需要关注心理状态的变化，及时进行心理辅导和调整，确保最佳的比赛状态。

（四）竞技健美操运动员的体能训练

竞技健美操运动员的体能训练是提升其竞技水平和比赛表现的重要环节。为了满足竞技健美操项目的特点和要求，体能训练需要有针对性地进行。竞技健美操运动员的体能训练主要包括以下几个方面。

1. 柔韧性训练

竞技健美操要求运动员具备良好的身体柔韧性。柔韧性训练可以通过静态拉伸、动态拉伸和本体感觉神经肌肉促进等方式进行。需要注意的是，对于竞技健美操运动员来说，不仅要注重肌肉的柔韧性，而且要注重关节的灵活性和稳定性。

2. 协调性和平衡感训练

竞技健美操运动员不仅需要具备高度的身体协调性，而且需要在各种复杂动作中保持平衡。协调性和平衡感可以通过各种体操练习、舞蹈练习和特定的技术动作练习来提高。例如，倒立、空中翻转等动作对于提高平衡感和协调性非常有帮助。

3. 肌肉力量和耐力训练

竞技健美操要求运动员具备强大的肌肉力量和耐力，以便在比赛中能够持续地完成高强度的动作和表演。肌肉力量可以通过负重训练、等距训练和爆发力训练等方式进行提高。同时，通过有氧运动（跑步、游泳等）可以提高肌肉耐力。

4. 心肺耐力训练

竞技健美操运动员应具备良好的心肺耐力，以便在比赛中能够将持续高强度的动作和表演完成。可以通过长时间的有氧运动训练来提高心肺耐力，如长跑、游泳等。同时，一些短时间的高强度间歇训练也是提高心肺耐力的有效方法。

5. 营养和恢复

良好的营养和恢复是体能训练的重要环节。竞技健美操运动员需要摄取足够的蛋白质、碳水化合物、脂肪、维生素和矿物质等营养素以支持其高强度的体能训练。同时，充足的休息也是非常有必要的，可以帮助运动员恢复体力和提高免疫力。

第三节　技能对抗类项目的体能训练实践

技能对抗类项目主要包括隔网对抗、同场对抗和格斗对抗项目等，这些项目的共同特点是要求运动员在掌握技术、技能的同时，具备良好的身体素质和竞技素质。具体来说，这些项目要求运动员具备较高的技术水平，能够熟练掌握各种攻防技巧和战术策略。[1] 同时，运动员还应具备出色的身体素质，包括力量、速度、耐力和灵敏素质等。例如，在隔网对抗类项目中，运动员需要具备快速移动、灵敏反应和爆发力等素质，才能有效地进行攻防转换和得分。在格斗对抗类项目中，运动员应具备良好的拳击、腿法、摔法等攻防技能和身体素质，才能在比赛中获得胜利。

---

① 徐小平. 青少年羽毛球体能训练方法探析 [J]. 才智，2023 (20)：98—100.

一、隔网对抗类项目的体能训练

隔网对抗类项目是一种技能主导类对抗性项群，主要包括乒乓球、羽毛球、网球等项目。这些项目的共同点是运动员之间通过对位于球网另一侧的对方发球、接发球、扣球、防守等动作进行对抗和竞争，以争取获得比赛的胜利。

在隔网对抗类项目中，运动员应具备高超的技术和战术水平，出色的身体素质和心理素质。这些项目要求运动员具备快速移动、灵敏反应、爆发力和耐力等素质，才能有效地进行攻防转换和得分。同时，运动员还需要具备出色的注意力、判断力和反应能力，才能准确地掌握对方的动作和战术，并及时做出相应的应对措施。

由于隔网对抗类项目的体能训练要求较高，需要运动员具备全面的体能素质和技能水平。下面是一些常见的隔网对抗类项目及其体能训练要点。

（一）羽毛球项目

1. 上肢专项力量

羽毛球运动员可以进行羽毛球掷远、掷垒球练习，手持哑铃作绕 8 字练习，挥拍练习重点进行前臂、腕、指的各种击球动作以发展击球爆发力，手持哑铃于体侧作旋内、旋外练习等。

2. 躯干专项力量

羽毛球运动员可以进行屈伸练习，仰卧起坐、左右体侧起，俯卧挺身练习，肩负杠铃分腿站立身体向左右旋转，两人背靠背分腿站立手拿实心球等练习。

3. 下肢专项力量

羽毛球运动员可以进行负重深蹲起、负重半蹲提踵、负重跨步走、负重半蹲跳、跳绳练习（单腿跳、双腿跳、单摇、双摇）、原地纵跳、单足跳、蛙跳、跳台阶练习等。

4. 速度素质训练

（1）反应速度训练

羽毛球运动员的反应速度可以通过多种方式进行训练，如使用发球机进行接发球练习、打墙壁练习、多球练习等，帮助运动员提高对来球的速度和方向的判断能力，从而更快地做出反应。

（2）移动速度训练

羽毛球运动员的移动速度可以通过快速步伐训练、变向跑动训练、横向移动训练等方式进行训练，帮助运动员提高脚下的速度和灵活性。

（3）动作速度训练

羽毛球运动员的动作速度主要针对手腕和手臂进行训练，通过快速挥拍训练、哑铃练习等方式进行训练，帮助运动员提高手腕和手臂的力量和灵活性，从而更快地完成击球动作。

（4）速度耐力训练

羽毛球运动员的速度耐力可以通过持续训练法、间歇训练法等方式进行训练，帮助运动员提高身体的耐力和持久力，从而更好地应对比赛中的长时间奔跑和挥拍。

5. 耐力素质训练

羽毛球运动员想要提升耐力素质，就需要全面系统的训练，从有氧耐力、无氧耐力、力量耐力到心理耐力等多个方面入手，制订科学合理的训练计划，注重细节和技巧，从而帮助运动员提高耐力素质，提升比赛竞争力。

（二）网球项目

网球运动的专项体能训练包括以下方面。

1. 耐力训练

网球比赛往往持续数小时之久，这对运动员的耐力是极大的考验。耐力是网球运动员的重要体能素质之一。在比赛中，运动员需要不断地移动、击球和应对各种情况，而这些都需要足够的耐力来支撑。运动员可以通过有氧运动和无氧运动进行耐力训练。

2. 爆发力训练

网球比赛中快速移动和大力击球是非常重要的，这需要运动员具备强大的爆发力。爆发力是指身体在短时间内快速产生力量的能力，是网球运动员的重要体能素质之一。爆发力对于网球运动员的作用主要体现在以下方面。

首先，爆发力可以帮助网球运动员更快地移动。在比赛中，快速移动可以占据优势，使运动员更好地覆盖球场，并在关键时刻进行有力的攻击。

其次，爆发力对发球和接发球的速度和准确性有影响。在发球时，爆发力可以帮助运动员将球以更快的速度发出，增加对手接发球的难度。在接发球时，爆发力可以帮助运动员更准确地回击对手的攻击。

再次，爆发力对运动员的耐力和力量产生影响。在比赛中，持续的爆发性动作可能会消耗大量的体力。通过训练增强爆发力，可以帮助运动员更好地应对比赛中高强度的运动要求。

最后，爆发力对运动员的心理素质也有影响。在一些关键时刻，如比赛的关键分或者决胜盘的关键比分，需要爆发力来帮助运动员顶住压力，保持冷静并取得胜利。

总而言之，网球运动员应重视对爆发力的训练，并采取科学、合理、有效的训练方法提高自己的爆发力水平。比如，进行挥拍练习，可以帮助运动员提高自己的击球力量和准确性。或者是进行反应训练，可以帮助运动员提高自己的反应速度和移动速度，进而提高身体的爆发力。

3. 平衡性训练

平衡能力是指身体在运动或静止状态下保持稳定的能力。在网球比赛中，运动员需要在各种不同的姿势和状态下快速移动、击球和应对各种情况，这就需要运动员具备良好的平衡能力。

为了提高自己的平衡能力，运动员可以通过一些专项训练加强身体的稳定性和控制能力。比如，进行深蹲练习可以帮助运动员加强下肢的肌肉力量和稳定性，提高身体的平衡能力；或进行仰卧起坐等核心力量训练，可以加强腹部和背部肌肉的力量和稳定性，提高身体的平衡能力。

此外，运动员还可以通过一些其他方法来提高自己的平衡能力。比如，进行瑜伽、普拉提等身体感知训练，这些训练可以帮助运动员提高身体的柔韧性和平衡能力；或者进行多球训练，可以帮助运动员锻炼反应速度和移动速度，提高身体的平衡能力。

4. 力量训练

（1）力量训练可以提高运动员的击球速度和准确性

在网球比赛中，运动员需要在很短的时间内完成击球动作，这就需要身体的各个部位协调发力，尤其是手臂、肩部和腰腹部的力量。通过力量训练，可以增强这些部位的力量和稳定性，提高击球的速度和准确性。

（2）力量训练可以帮助运动员更好地控制球的落点

在网球比赛中，球的落点往往决定了比赛的胜负。运动员需要通过精准的挥拍动作将球击到指定的位置，而这就需要身体的各个部位协调发力，尤其是肩部和腰腹部的力量。通过力量训练，可以增强这些部位的力量和稳定性，从而更好地控制球的落点。

（3）力量训练可以降低运动员受伤的风险

在网球比赛中，运动员需要不断地跑动、跳跃、急停和转向，这些动作都需要身体的各个部位协调发力，如果某个部位力量不足或者发力不协调，就可能导致受伤。通过力量训练，可以增强身体的各个部位的力量和稳定性，降低运动员受伤的风险。

（4）力量训练可以提高运动员的体能水平

在网球比赛中，运动员需要不断地跑动、跳跃、急停和转向，这些动作都需要身体的各个部位协调发力，需要运动员具备一定的体能水平。通过力量训练，可以增强身体的各个部位的力量和稳定性，提高运动员的体能水平。

(三) 乒乓球项目

乒乓球运动员的体能训练不仅包括耐力、爆发力、柔韧性、协调性和灵敏性等多种素质，而且需要针对乒乓球运动的专项特点进行训练，即专项体能训练。这种训练可以提高运动员的移动速度、反应时间、连续作战能力、技术发挥水平，进而提高比赛成绩。同时，还可以帮助运动员增强身体的耐受度，延长运动生涯。

与一般体能训练相比，专项体能训练更加注重与乒乓球运动特性相关的训练内容，如脚步移动、攻防转换、多球训练等。这些训练能够提高运动员在比赛中所需的专门素质，如灵活性和协调性。同时，专项体能训练也更加注重与技术训练的结合，使运动员在掌握技术的增强身体素质，从而更好地发挥技术水平。

乒乓球运动专项体能训练还能帮助运动员调整比赛心态，增强自信心。在比赛中，体能水平的高低可以直接影响运动员的心理状态，进而影响比赛结果。通过专项体能训练，运动员可以应对比赛中出现的各种困难和挑战，提高自我意识和自我认知，从而调整比赛心态。同时，良好的体能训练成果能够增强运动员的自信心，使其在比赛中更加坚定自己的技术水平和战术思路，进而取得更好的比赛成绩。

此外，专项体能训练还有助于培养运动员的专注力和意志品质。乒乓球运动节奏快速多变，需要运动员高度集中注意力，以及在比赛中持续保持高水平的体能状态和心理稳定性。通过专项体能训练，运动员可以逐渐适应这种高强度的训练和比赛状态，培养出更加专注、自律和坚韧的意志品质。这种品质对于运动员的长期发展也是非常重要的，可以帮助他们在职业生涯中不断突破自我、超越自我。

综上所述，乒乓球运动专项体能训练对于提高运动员的体能水平和竞技能力具有重要作用。通过科学安排训练计划，采用多种训练方法和手段，不断提高运动员的专项体能水平，可以为乒乓球运动员取得更好的成绩，以及在职业生涯中不断进步奠定坚实的基础。

二、同场对抗类项目的体能训练

同场对抗性项目主要包括篮球、足球、手球、水球、棒球、垒球、冰球和曲棍球等。这些项目要求运动员具备全面的运动素质、出色的形态条件、熟练的技术。在时间和空间上占据优势，争取主动，并且必须具备快速的奔跑能力，运动强度大，能量消耗大。因此，对运动员的力量、速度、耐力、灵敏、柔韧等运动素质有全面的要求。在此，我们以篮球和足球运动为例，对同场对抗类项目的体能训练进行简要分析。

(一) 篮球运动的体能训练

篮球作为一项高强度的对抗性项目，要求运动员具备全面的体能和技能。在激烈的比赛中，篮球运动员需要不断快速移动、抢夺球权、创造得分机会，以及限制对手得分，这些都需要强大的力量、弹跳力、速度、耐力、灵敏和柔韧素质作为基础。

为了获得竞争优势，篮球运动员必须全面提升自身的体能水平。力量可以帮助他们在比赛中对抗对手、抢夺球权、完成投篮和传球等技术动作；弹跳力可以让他们在空中抢夺球权、完成扣篮、投篮等技术动作；速度可以让他们快速突破对手、抢夺球权、创造得分机会等；耐力可以让他们在整场比赛中保持高强度的运动状态；灵敏的反应和判断能力可以让他们快速做出正确的决策和动作；柔韧性可以让他们更好地控制身体，完成技术动作性，预防运动损伤。

1. 力量训练

篮球运动员的力量训练主要集中在发展手指、手腕力量，上肢、腰腹和下肢力量。一系列练习可以帮助运动员提升这些方面的力量，如指卧撑、俯卧撑、托球、抓球（抓铅球、篮球）、传接球、引体向上、双臂屈伸、倒立推、推举、悬垂举腿、仰卧起坐、抓举、挺举、弓身、半蹲、深蹲、半蹲跳、负重跨跳和两腿交换跳等。力量训练的目的主要是发展全身爆发力，因此，训练时必须尽量加快动作速度。

2. 弹跳力训练

弹跳力的训练少不了力量和速度训练的结合，此外，还需将专门性弹跳练习和技术训练相互融合，以使运动员在不同突发条件下快速起跳且于空中变换动作。练习时，可采取发展腰腹和下肢力量的练习，以及跳绳、跳台阶、助跑摸高、中长跑、三级跳、多级跳、跳深等动作。

3. 速度训练

要提升篮球运动的速度，可以采取各种专项速度练习，如短跑运动员的各种速度练习、10～30米的加速跑和变速跑、各种快速起动和急停练习、传接球练习等。另外，以下是一些具体的练习方式：快速往返跑3米两次，全程运球投篮，半场8米三点运球上篮，全场快速往返运球投篮等。

4. 耐力训练

主要关注的是在比赛过程中能够保持合理的速度和体力，在攻防转换中保持稳定，以及在比赛最后阶段能够保持高强度的对抗。可采用中长跑、越野跑、游泳、爬山及各种专项练习。

5. 灵敏训练

发展灵敏素质可采用各种专项技术练习和辅助练习，如翻滚、手翻、闪躲与模仿练习等。同时，进行各种脚步动作的转换、抢断球游戏、绕过障碍的接力赛等。传接各种难度的球、接地滚球和在快跑中根据信号的起动、急停、后退跑、转身跑与改变方向跑等也是训练灵敏素质的有效方式。

6. 柔韧训练

柔韧训练可采取各种压指、压腕、压肩、拉肩、转肩、体前后屈、劈叉、压腿、踢腿等练习。此外，双手持球成弓箭步、向前后左右扔球和拿球，以及一些体操和武术的柔韧性练习动作。

（二）足球运动的体能训练

足球运动员需要具备全面的体能要求以适应比赛中的各种挑战。他们需要具备高耐力水平，能够在整场比赛中保持持久的跑动能力；同时，拥有快速奔跑和迅速转身的能力，以及出色的力量素质，特别是腿部力量和核心力量，以在比赛中稳定身体、控制动作和对抗对手；[①] 此外，足球运动员还需要具备出色的柔韧性，使身体的各个部位能够自如地活动，提高技术动作的舒展性和准确性；最后，他们也需要具备冷静的头脑和快速决策能力，在比赛中应对各种局面。总体来说，优秀的足球运动员应具备全面的身体素质和心理素质，适应比赛中的各种变化和挑战，提高比赛表现。

1. 耐力训练

足球运动员需要的耐力是在一般耐力基础上的速度耐力，这使得他们能够在紧张激烈的比赛中保持高速运动能力。足球比赛中的运动经常需要在快速运动中变换速度、路线和方向。因此，足球运动员的耐力训练需要在变化中进行，可以采用变速跑、短距离反复冲刺跑、较长时间的各种专项练习等方式来发展耐力。

2. 速度训练

足球运动员的速度主要体现在反应快、起动快、冲刺快、突然转身和完成动作快等方面。通过各种不同姿势的起跑、冲刺练习，以及各种技术动作的快速反应练习，可以有效地提高足球运动员的速度。练习时可以采用以下方法：各种姿势起跑的10～20米练习；原地快跑、顺风跑、下坡跑、全速跑、加速跑；迎面接力（均为短距离练习）；在快跑中看信号的急停、转身、跳跃、滚翻和改变方向跑；先做顶球、颠球、传球和倒地铲球，然后起跑10～20米；全速带球跑、变速带球跑、两人追抢球、快速向前传接球、断球、冲刺射门和运动射门等。

3. 力量训练

足球运动员的力量素质建立在全身力量发展的基础上，重点提升腿部、上肢和腹、背力量。各种负重练习和轻重量的练习可以帮助足球运动员提高这些方面的力量。例如，实心球、快挺、快举、沙袋跑、各种深蹲、俯卧撑、仰卧起坐、蛙跳，

---

① 王苑. 论高校足球运动训练中的体能训练 [J]. 田径，2022（05）：34—35.

以及各种结合专项的力量练习，都是发展力量素质的有效方法。

4. 柔韧训练

柔韧训练对足球运动员来说至关重要。良好的柔韧性可以帮助足球运动员更好地完成各种技术动作，同时也可以减少受伤的风险。在足球运动中，柔韧训练主要包括身体各个部位的拉伸练习，包括肩部、背部、腰部、腹部、大腿前后侧和小腿等部位的肌肉拉伸。通过柔韧训练，足球运动员可以提高身体的灵活性和协调性，使身体的各个部位更加灵活、协调地运动，从而更好地完成各种技术动作。

三、格斗对抗类项目的体能训练

（一）格斗对抗类项目的竞技要素

格斗对抗类项目是一种两人或多人在特定规则和环境下进行搏击或战斗的运动。这类运动通常以力量、速度、耐力、灵敏性和柔韧性等身体素质为基础。在比赛中，运动员需要具备超凡的力量，以击打、推搡和抓住对手；速度是快速发动攻击、闪避和反击的关键；耐力可以让运动员在整场比赛中保持状态，避免过早地耗尽体力；灵敏性和柔韧性可以让运动员灵活地移动身体，避开攻击并迅速发动反击。

除了身体素质之外，格斗对抗类项目还要求运动员具备高度的体能、技巧和心理素质。体能是支持运动员进行高强度对抗的基础，包括心肺耐力、肌肉力量和柔韧性等；技巧涉及各种搏击技术和战术，如拳击、踢腿、摔倒和防卫等；心理素质包括自信心、冷静和决心等品质，这些是帮助运动员在比赛中取得胜利的重要因素。

格斗对抗类项目的共同特征包括攻击和防御、身体接触、对抗性的运动和训练。这些项目要求运动员在规则允许的范围内，使用各种技巧和战术来攻击对手，同时也要进行自我防护，防止对手攻击自己。

（二）格斗类项目的综合性训练

这些项目的训练通常是系统性的，包括身体素质训练、技术训练、战术训练和心理训练等。运动员需要通过不断的训练和练习，提高自己的身体素质和技术水平，同时也要学习如何针对不同的对手制订相应的战术和策略。

在格斗对抗类项目中，拳击是最具有代表性的运动之一。拳击是一种以拳头攻击和防御为主要手段的运动，要求运动员具有高度的身体素质和技巧。拳击比赛中，运动员需要通过迅速移动、闪避和阻挡等技巧躲避对手的攻击，同时也要通过迅速有力的出拳和灵活的步伐攻击对手。

除了拳击之外，格斗对抗类项目还包括散打、摔跤、柔道、跆拳道等。这些运动都有其独特的技术和规则，要求运动员具备相应的身体素质和技术水平才能取得

大学生体能训练前沿理论与方法应用实践研究

好成绩。例如，散打是一种以拳、腿、肘、膝等多种攻击方式为主要手段的武术竞技项目，要求运动员具备全面的技术和速度；摔跤是一种以摔倒对手为主要目的的运动，要求运动员具备高度力量和技巧；柔道是一种以投掷、扫技、控制等技术为主要手段的武术竞技项目，强调技术的精准和对手的控制；跆拳道是一种以腿法为主要攻击手段的武术竞技项目，要求运动员具备高度的速度和力量。

总之，格斗对抗类项目是一种要求运动员具备全面身体素质、技巧和心理素质的运动，运动员们必须在严格遵守比赛规则的前提下展开竞争。他们需要熟练掌握各种格斗技术和战术，保持高度集中的注意力和敏锐的直觉，以便在瞬息万变的比赛中做出正确的决策。此外，良好的沟通能力和团队合作精神也是这类项目的关键要素，在多人格斗比赛中更是如此。

第八章　大学生体能训练
评价体系的实践研究

第一节　大学生体能训练评价指标体系的构建

一、体能训练评价的理论基础

（一）体能训练评价的内容

体能训练评价是指通过一定的方法和手段，对运动员的体能水平进行测量和评估，以了解运动员的身体素质和运动能力，从而为教练员制订运动员的训练计划和参赛策略提供参考。体能训练评价主要包括以下几个方面。

1. 体能测试

体能测试是通过一系列科学、客观、标准化的方法和手段，对运动员的体能水平进行测量和评估。这些测试可以涵盖多个方面，包括身体形态、肌肉力量和耐力、爆发力和速度、心肺功能，以及柔韧性和协调性等，不仅可以帮助教练员了解运动员在不同方面的体能水平，而且可以为运动员的专项训练提供参考和依据。

在体能测试中，不同测试方法和手段的应用可以反映出运动员不同的体能特征。例如，身体形态测试可以通过测量身高、体重、体脂率等指标，评估运动员的身体形态状况；肌肉力量和耐力测试可以通过推举、俯卧撑、仰卧起坐等力量训练，评估运动员的肌肉力量和耐力水平；爆发力和速度测试可以通过 50 米跑、立定跳远等速度和爆发力训练，评估运动员的爆发力和速度水平；心肺功能测试可以通过心电图、肺活量等测试，评估运动员的心肺功能水平；柔韧性和协调性测试可以通过坐位体前屈、仰卧起坐等柔韧性训练，评估运动员的柔韧性和协调性水平。

在体能测试中，还需要注意以下几点。

（1）测试方法和手段应该标准化和规范化，确保测试结果的准确性和可比性。

（2）测试过程中需要避免运动员的疲劳和受伤，避免对运动员造成不必要的伤害。

（3）需要对测试数据进行科学、客观、全面的分析和处理，为教练员提供准确的参考依据，制订科学有效的训练计划。

2. 数据分析和处理

数据分析和处理是体能训练评价的核心环节，通过对体能测试获得的各种数据进行深入的分析和处理，可以帮助教练员全面地了解运动员在不同方面的体能水平，制订针对性强的训练计划。数据分析和处理的主要工作包括以下几个方面。

（1）数据整理

数据整理是体能测试后续步骤的重要基础，其主要任务是对收集到的各种数据进行分类、整理和编辑。这一过程包括以下具体步骤。

①数据收集

首先，需要从不同的来源和测试中收集有关运动员的各种数据，包括身体形态数据、肌肉力量和耐力数据、爆发力和速度数据、心肺功能数据，以及柔韧性和协调性数据等。

②数据筛选

在收集到大量的数据后，需要进行筛选以排除错误或异常的数据。例如，如果某项测试的某个运动员的数据明显偏离其他人，可能就需要排除该数据，以避免对整体分析产生误导。

③数据录入

经过筛选的数据需要被准确地录入到数据库或统计软件中。这是一个需要高度细心和准确的工作，因为任何错误的录入都可能导致后续分析的错误。

④数据编辑和整理

在数据录入完成后，可能还需要进行一些编辑和整理的工作，包括纠正一些错误的输入，或将数据格式统一化以便进行后续分析。

⑤确保数据的准确性和完整性

在整个过程中，都需要确保数据的准确性和完整性，包括对原始数据的核查，以及在可能的情况下与其他数据源进行对比验证等。

（2）统计分析

统计分析是体能测试数据处理的核心环节，其目的是通过运用一系列统计学方法，对整理后的数据进行深入分析，以了解运动员在不同方面的体能水平和特点。以下是统计分析的详细步骤。

①描述性统计分析

需要对数据进行整体的描述，包括计算数据的平均数、中位数、众数、方差、标准差等指标，以了解数据的集中趋势和离散程度。例如，通过计算平均数，可以了解运动员的整体体能水平；通过计算方差和标准差，可以了解运动员之间的差异程度。

②探索性数据分析

在描述性统计分析的基础上，可以进行探索性数据分析，包括对数据分布的形状、对称性、异常值等进行探索，以了解数据中可能存在的异常值或缺失值。例如，如果某个运动员的某项体能测试数据明显偏离其他人，可能就需要对该数据进行进一步的审查和分析。

③相关性分析

通过相关性分析，可以了解数据之间的相互关系。例如，可以计算不同体能测试项目之间的相关系数，了解它们之间的关联程度。通过这种方法，可以帮助教练员发现不同体能测试项目之间的联系，理解运动员的体能状况。

④多元统计分析

如果需要更深入的分析，还可以使用多元统计分析方法，主要包括方差分析、回归分析等，可以了解数据之间的复杂关系和模式。例如，通过回归分析，可以了解体能测试结果与运动员比赛成绩之间的关系。

（3）比较分析

比较分析是在统计分析的基础上，将不同运动员之间的体能测试结果进行比较，以了解他们之间的差异和特点。这是体能测试数据分析的重要环节，其目的是帮助教练员更好地了解运动员之间的差异，制订和实施针对性的训练计划。

比较分析的方法主要包括组内比较和组间比较。组内比较是在同一组运动员之间进行的比较，通常用于了解每个运动员在某项体能测试中的相对位置。例如，如果在一组运动员中进行力量测试，通过组内比较，可以了解每个运动员在力量方面的相对优势或劣势。

组间比较是在不同组运动员之间进行的比较，通常用于了解不同组运动员之间的整体差异。例如，如果要对两组不同训练水平的运动员进行力量测试，通过组间比较，可以了解这两组运动员在力量方面的整体水平差异。

在进行比较分析时，可以使用各种图表和统计指标来直观地展示比较结果。例如，通过柱状图或饼图展示不同组运动员的体能测试数据的分布情况；通过箱线图展示不同组运动员的体能测试数据的四分位数和异常值；使用方差分析或卡方检验等统计方法比较不同组运动员之间的差异是否具有显著性。

最终，通过比较分析，教练员可以更加清楚地了解不同运动员之间的差异和特点，为制订更加针对性的训练计划提供参考依据。同时，这也有助于教练员发现某些运动员的弱点和不足之处，以便及时调整训练方案，提高运动员的体能水平。

（4）可视化图表

可视化图表是将统计分析结果以直观的图形形式展示出来的一种方法。通过将数据转化为图表，可以更加清晰地呈现运动员在不同方面的体能水平和变化趋势，帮助教练员更好地理解数据并做出相应的决策。①

常见的可视化图表包括折线图、柱状图、饼图等。折线图可以展示运动员在一段时间内的体能变化趋势，如在一定时间范围内运动员的体重变化趋势；柱状图可以展示不同组运动员在某一指标上的比较，如不同组运动员在力量、耐力等方面的比较；饼图可以展示不同指标之间的比例关系，如在不同运动项目中的体能分配比例。

在进行可视化图表制作时，需要注意以下几点。

①选择合适的图表类型，以便准确地表达数据信息。

②将图表制作得清晰易懂，避免使用过多的图表元素和复杂的图表设计。

③将图表中的数据进行解释和说明，以便读者更好地理解图表含义。

通过可视化图表，教练员可以更加直观地了解运动员在不同方面的体能水平和变化趋势，为制订更加针对性的训练计划提供参考依据。同时，这也有助于教练员及时发现运动员的弱点和不足之处，及时调整训练方案，提高运动员的体能水平。

3. 训练计划

根据体能测试的数据分析和处理结果，教练员可以制订针对性的训练计划，提高运动员的体能水平。这一过程不仅涉及不同训练科目的选择，而且涉及训练强度和训练时间的确定，从而形成一个全面提升运动员体能的综合方案。

在制订训练计划时，教练员需要全面考虑不同训练科目对于运动员体能的影响。例如，力量训练能够提升运动员的肌肉力量和耐力，使他们在比赛中更具竞争力；速度训练可以帮助运动员提高反应速度和移动速度，更好地应对比赛中的快速攻防转换；耐力训练能够增强运动员的心肺功能，使他们在比赛中能够持续保持良好的竞技状态。通过选择合适的训练科目，教练员可以为运动员打造一个全面的体能提升方案。

除了训练科目的选择之外，教练员还需要把握好合适的训练强度。训练强度可以通过运动负荷、次数、组数、时间等因素来体现。例如，大负荷力量训练可以提升运动员的力量和耐力，但同时也可能增加运动员的疲劳程度和受伤风险；然而，小负荷速度训练虽然对体能提升较小，但可以提升运动员的速度和灵活性，使其在比赛中更加敏捷。因此，教练员应根据运动员的实际情况和训练目标，调整到合适的训练强度，以达到最佳的训练效果。

此外，训练时间的安排也是制订训练计划的重要环节。教练员应考虑运动员的

---

① 杨家炜. 基于知识图谱的我国体能训练研究可视化分析［J］. 运动精品, 2021 (8): 71—73.

训练兴趣和疲劳程度等因素，确定合适的训练时间。过长或过短的训练时间都可能对运动员的体能提升产生不利影响。因此，教练员应根据运动员的具体情况，灵活安排训练时间，保证训练计划的顺利实施。

在制订好训练计划后，教练员应认真贯彻执行。在训练过程中，对运动员进行全面的监测和评估，及时发现和解决训练中存在的问题，确保训练计划的有效实施。例如，在力量训练中，如果运动员在某次训练中出现受伤情况，教练员需要及时调整训练计划，避免类似情况的再次发生。此外，教练员还需要密切关注运动员的训练状态和进展情况，及时调整训练计划，满足不同阶段的需求和提高体能水平的要求。

训练效果评估是制订和实施训练计划的重要环节。通过再次进行体能测试和数据分析和处理，可以了解运动员的体能提高情况，及时调整和优化训练计划，以达到更好的训练效果。同时，通过对训练效果进行评估，还可以总结经验和教训，为以后的训练计划制订提供有益的参考。

4. 参赛策略

参赛策略是体能训练评价的重要应用之一。根据对运动员体能状况的评价结果，教练员可以制订针对性的参赛策略，帮助运动员在比赛中发挥出最佳水平。在参赛策略的制订过程中，教练员应考虑以下几个因素。

（1）比赛前的训练计划

比赛前的训练计划的目的是了解运动员的体能状况，并根据评价结果制订合适的训练计划，以提高运动员的体能水平和应对比赛中的不确定性为主。比赛前的训练计划主要包括体能测试、评价分析、训练计划的制订、训练实施等方面。

（2）参赛项目的安排

参赛项目的选择是根据运动员的体能状况和技能特点，选择适合的比赛项目的过程。在选择参赛项目时，教练员需要考虑以下几个方面。

①运动员优势和特点

教练员需要了解每个运动员的优势和特点，包括体能、技能、心理等方面的特点。根据这些特点，选择能够发挥运动员实力的参赛项目，使其在比赛中具有更好的竞争力和运动表现。

②比赛竞争程度

教练员需要考虑比赛的竞争程度和对手的情况。不同比赛项目的竞争程度不同，且对手的实力和水平也会影响比赛的结果。因此，教练员需要选择适合运动员参赛的项目，考虑比赛的竞争程度和对手的情况，制订合理的比赛策略。

③比赛目标和期望

教练员需要明确比赛的目标和期望，根据目标选择适合的参赛项目。例如，如果目标是取得好成绩，教练员则需要选择具有挑战性和竞争性的比赛项目；如果目标是锻炼队伍和积累经验，教练员则可以选择相对较容易或具有较低竞争性的比赛项目。

（3）比赛过程中的战术选择

比赛过程中的战术选择是体能训练的另一个重要环节。在比赛中，教练员需要根据比赛的情况和对手的战术选择合适的战术，以提高比赛胜算。比赛过程中的战术选择流程包括以下几个方面。

①比赛情况分析

在比赛前，教练员需要对比赛的情况进行分析，包括比赛的场地、天气、对手的实力和特点、自己的运动员的体能和技能状况等。这些因素都可能影响比赛的结果，因此，教练员需要全面了解和掌握比赛的具体情况。

②对手战术分析

在比赛前，教练员还需要对对手的战术进行分析，包括对手的攻击和防守特点和漏洞等。通过分析对手的战术，可以找出对手的弱点，制订针对性的战术，提高比赛胜算。

③战术选择

在比赛中，教练员需要根据比赛的情况和对手的战术选择合适的战术。例如，在比赛中遇到强大的对手时，可以采用消耗对手体力的战术，降低对手的竞争力。此外，在比赛的关键时刻，可以采取突击、快速反击等战术，提高比赛胜算。

④调整和应对

在比赛中，教练员需要根据比赛的情况及时调整战术。如果对手的战术发生变化或者比赛情况出现意外，教练员需要灵活应对，及时调整战术，以适应比赛的变化。

（4）体能分配和合理轮换

体能分配和合理轮换是制订参赛策略时需要考虑的重要因素。在比赛中，如果能够合理地分配体力和进行适当的轮换，可以避免运动员在比赛中出现过度疲劳或身体受到损伤的情况，从而提高比赛的胜算。体能分配和合理轮换包括以下几个方面。

①体能分配计划

在比赛前，教练员需要根据每个运动员的体能测试结果和技能特点，制订合理的体能分配计划。计划需要包括每个运动员在比赛的不同阶段所需要分配的体能，以及在不同战术情况下需要使用的体能。

②合理轮换策略

在比赛中，教练员需要根据比赛的情况和战术需要，进行适当的轮换。轮换需要考虑每个运动员的体力和技能特点，以及比赛的节奏和对手的情况。通过适当的轮换，可以保持运动员的体力和竞技状态。

③体能监控和调整

在比赛中，教练员需要时刻关注每个运动员的体能状况，并根据实际情况进行适当的调整。如果发现运动员出现体力不支或过度疲劳的情况，需要及时采取措施进行干预，包括进行休息、替换、调整战术等。

④训练和恢复

为了确保在比赛中能够合理地分配体力和进行适当的轮换，教练员需要在日常训练中注重体能的训练和恢复。通过科学合理的训练和恢复计划，可以提高运动员的体能水平，增强身体的抗疲劳能力，从而更好地应对比赛中的挑战。

（二）体能训练评价的意义

体能训练评价具有非常重要的意义，它可以帮助教练员和运动员更好地了解和评估运动员的体能水平和训练效果，进而制订更加科学合理的训练计划和方法，提高运动员的体能水平和比赛成绩。[①] 体能训练评价的意义包括以下几个方面。

1. 了解运动员的体能状况

了解运动员的体能状况是整个体能训练过程中的关键步骤。通过系统的体能测试和评估，教练员可以获得关于每个运动员的详细信息，不仅包括运动员的身体形态、肌肉力量和耐力水平等基本的身体指标，而且涉及心肺功能、灵敏性和协调性等多数据。这些数据就像是一面镜子，能够客观地反映出运动员的体能水平和优点、缺点，从而为教练员制订针对性强的训练计划提供了重要依据。

在了解每个运动员的体能状况后，教练员便可以开始构思适合个体的训练计划。例如，针对力量不足的运动员，可以设计以提高力量为主的训练计划；对于心肺功能较差的运动员，可以着重对其进行有氧耐力的训练。这种个性化的训练方案能够更好地满足运动员的体能提升需求，提高训练效果。同时，了解体能状况还有助于预防运动损伤。

此外，了解体能状况也有助于合理地安排训练强度和密度。通过分析运动员的体能数据，教练员可以大致估算出运动员在不同类型的训练中能够承受的最大强度

---

① 卫晓阳，徐艳，王海霞，等.抗荷体能训练方案制订及效果评价研究［J］.中华航空航天医学杂志，2020，31（1）：7.

和密度，避免训练强度过大导致运动员过度疲劳或受伤。

2. 评估运动员的训练效果

评估训练效果，是指通过定期的体能测试和评价，了解运动员在经过一段时间的训练后，体能水平的变化和进步情况。这种评估有助于评估训练效果，发现训练中存在的问题和不足，及时调整和优化训练计划和方法，为运动员的进一步提高打下基础。

在定期的体能测试和评价中，教练员可以对比运动员的初始数据和当前数据，了解运动员在力量、耐力、心肺功能、灵敏性和协调性等方面的进步情况。这些数据可以反映运动员的体能水平是否提高，从而对训练效果进行评估。

通过评估训练效果，教练员可以发现训练中存在的问题和不足。例如，如果运动员的耐力水平没有得到明显提高，那么可能需要对训练计划进行调整，以加大对耐力的训练力度。此外，评估训练效果也能帮助教练员及时发现运动员是否有适应不良的训练计划或方法，并对其进行及时的调整。

及时调整和优化训练计划和方法对于运动员的进步是非常重要的。通过评估训练效果，教练员可以了解哪些训练计划和方法是有效的，哪些需要改进。在此基础上，教练员可以制订更加针对性的训练计划和方法，提高运动员的体能水平和比赛成绩。

3. 提高运动员的比赛成绩

通过科学合理的体能训练评价，教练员可以了解运动员的体能特点和不足之处，进而制订更加有针对性的训练计划和方法，以提高运动员的体能水平和比赛成绩。

首先，体能训练评价可以帮助教练员了解每个运动员的优点和不足。例如，如果一个运动员的力量水平很高，但是在耐力方面较弱，教练员就可以根据这些特点，制订以增强耐力为主的训练计划。这样的针对性训练可以更好地提高运动员的体能水平，使其在比赛中发挥出更好的水平。

其次，体能训练评价可以帮助教练员了解运动员在不同比赛项目中的优劣。例如，一个运动员可能在短跑项目中表现出色，但在长跑项目中却表现不佳。通过体能训练评价，教练员可以更好地了解运动员在不同比赛项目中的特点，为其安排更适合的项目。

最后，体能训练评价可以帮助教练员了解运动员在不同战术下的表现。例如，如果一个运动员在快速反击战术中表现突出，但是在阵地进攻中表现不佳，教练员就可以根据这些特点，制订更适合运动员的战术。

4. 监控运动员的身体状况和训练效果

体能训练评价不仅可以帮助教练员了解运动员的体能状况和训练效果，而且可以监控训练过程，及时发现并解决潜在问题。

通过定期的体能测试和评价，教练员可以了解每个运动员的训练状态和进展情况，包括了解运动员的训练强度、训练质量、训练进度等方面。

监控训练过程可以帮助教练员及时发现运动员的身体状况和伤病情况。如果运动员在训练中受伤或身体状况不佳，教练员可以及时暂停训练或调整训练计划，避免进一步的损伤。

此外，监控训练过程还可以帮助教练员及时发现训练中的瓶颈期。运动员在训练中遇到瓶颈期时，训练效果会明显下降。这时，教练员可以及时调整训练计划和方法，帮助运动员突破瓶颈期，进一步提高体能水平。

5. 促进运动员的自我评估和成长

体能训练评价不仅可以帮助教练员了解运动员的体能状况，而且可以促进运动员自我评估和成长。

首先，通过参与体能训练评价，运动员可以了解到自己的优点和不足，从而更好地了解自己的体能特点和发展潜力。

其次，通过与其他运动员和教练员的交流和讨论，运动员可以发现自己的不足之处并寻求改进的方法；也可以了解到不同的训练方法和技巧，找到更适合自己的训练方式；还可以从其他人的评价和建议中获得更多的反馈，从而更好地了解自己的体能水平和需要提高的方面。

最后，体能训练评价可以促进运动员自我评估和成长。通过参与评价，运动员可以了解自己的训练进展和效果，对自己的训练计划进行调整和优化；也可以从评价中获得更多的激励和动力，从而更加努力地训练和提高自己的竞技实力。

二、体能训练评价的指标体系

（一）定量指标评价

大学生体能训练的定量指标评价可以从多个方面进行评估。

1. 身体形态指标

身高和体重是最基本的身体形态指标，可以反映学生的生长发育情况和整体营养状况。通过计算 BMI 指数，即体重（千克）/身高（米）的平方，可以更准确地评估身体成分状况，包括体脂率、肌肉量等。这些指标可以反映学生的基础代谢率、能量平衡、营养摄入等状况。

（1）身高标准体重

形态指标主要涉及到身高和体重。身高标准体重是将身高和体重综合起来，以每厘米身高的体重分布查表来判断学生体形的匀称度，判断体重是否超重或超了多少千克，或者体重过轻或营养不良，轻了多少千克。这一指标对于学生形成正确的身体形态观具有非常直观的教育作用。

此项测试是评价学生身体形态的基本指标，占总成绩的 15%。通过计算 BMI 指数衡量学生的体重与身高的比例。BMI 指数的正常范围为 17.2～23.9，低于或超过正常范围则会相应的扣除分数。需要注意的是，在进行测试时，学生需要穿着轻便的运动服装，不穿鞋子，不戴帽子或其他饰品。这个测试可以反映学生是否超重或肥胖以及身体的匀称程度。

（2）体重和体脂率

体重和体脂率是两个不同的概念，它们反映的人的身体状况有所不同。

体重是反映人体横向生长及围、宽、厚度和重量的整体指标，也是判断肥胖程度的基础指标之一。在体脂秤出现之前，我们通常会用公式判断一个人的肥胖程度，即体重（千克）＝身高（厘米）－105，但是这个公式并不适用于所有人，因此仅供参考，不能完全判断一个人是否肥胖。

体脂率是脂肪重量与身体重量的比值，反映脂肪占比和健康程度。对于肥胖人群和超重人群来说，体脂率更能反映脂肪的增加或减少的情况。一般来说，正常成年人的体脂率为 18%～24%，男性为 15%～18%，女性为 20%～25%。体脂率的测量可以采用体脂秤或通过测量身体围度如腰围、臀围等估算，但不同的人体脂率可能存在差异。

虽然体重和体脂率都是评估人体健康的重要指标，但它们并非完全相同的概念。因此，在评估身体状况时，需要结合自己的体重和体脂率进行综合评估，通过监测体重和体脂率的变化，了解自己身体成分的变化情况。

2. 身体机能指标

机能指标是指对人体器官和系统功能状况进行衡量的指标，它们可以反映人体的健康水平、身体状态和适应能力。在体能训练中，机能指标通常包括有氧运动能力、爆发力/肌肉力量、柔韧性、动作协调性、速度/反应能力、肺活量等。

肺活量和台阶指数是反映心肺功能的重要指标。肺活量可以评估学生的通气功能，而台阶指数可以反映心血管健康水平。台阶指数是通过计算每分钟最大摄氧量和安静时心率之间的比值来评估心血管健康状况。此外，还可以通过测量血压、拍摄心电图等进一步了解学生的心血管系统功能。

（1）肺活量

肺活量是反映学生心肺功能的重要指标，是必测项目，占总成绩的 15%。通过肺活量计测量，女生 2000 毫升及格，3400 满分；男生则 3100 毫升及格，5040 满分。在进行测试时，正确的呼吸方法和姿势对提高肺活量是非常重要的。在测试过程中，学生要保持正确的姿势，用力吸气和呼气，注意不要漏气或咬住口嘴，尽量保持连续、顺畅的呼吸。

（2）台阶指数

台阶指数是指通过上下台阶的频率来评价学生的心肺耐力，是必测项目，占总成绩的 20%。这个测试可以反映学生的心血管的健康状况和耐力水平。台阶指数是反映人体心血管系统机能状况的重要指数。具体而言，如果台阶试验指数值越大，则反映心血管系统的机能水平越高，反之亦然。该指数的评估需要考虑受试者的身高、体重和肺活量。

台阶试验常被用于评估经常参加有氧代谢运动的人心血管系统的机能水平。在完成台阶试验定量负荷工作时，如果脉搏搏动次数下降，且在试验结束后脉搏的搏动次数恢复到安静状态所用的时间缩短，台阶试验指数就会增高，这也能体现出心血管系统机能水平的提高。

（3）心肺功能

心肺功能是人体心脏泵血及肺部吸入氧气的能力，它直接影响全身器官及肌肉的活动。人体通过心脏泵血将含氧血液输送到全身，同时，肺部吸入氧气，为身体提供足够的能量和养分。因此，心肺功能对于维持人体正常生理功能和健康是非常重要的，可通过测量最大摄氧量等指标评估心肺功能的提升情况。无论是初学者还是有健身经验的人，都可以通过增强心肺功能来提高身体素质和健康水平。通过适当的训练和锻炼，可以提高心肺功能，增强身体素质和健康水平。

①最大摄氧量

最大摄氧量是指人体在运动时最大摄氧量，即每分钟身体能够摄取和利用的最大氧气量。最大摄氧量既是评价有氧耐力和心肺功能的重要指标，也是评估人体耐力和有氧运动能力的重要依据。

②无氧阈值

无氧阈值是指人体在运动时血乳酸开始明显升高的临界点。无氧阈值既是评价有氧运动和无氧运动能力的重要指标，也是评估身体在长时间运动时是否容易疲劳的重要依据。

3. 身体素质指标

身体素质指标包括 50 米跑、立定跳远、握力体重指数、仰卧起坐（女生）、坐位体前屈等。这些指标可以反映出学生的爆发力、速度、肌肉力量和柔韧性等身体素质。[①] 例如，50 米跑可以评估学生的速度和爆发力，立定跳远可以评估学生的下

---

① 柯勇，彭建军. 我国优秀网球运动员专项体能训练评价指标体系研究 ［J］. 武汉体育学院学报，2018，52（11）：7.

肢肌肉力量和爆发力，握力体重指数可以评估学生的上肢肌肉力量，仰卧起坐可以评估学生的腹部肌肉力量，坐位体前屈可以评估学生的柔韧性等。

（1）50 米跑或立定跳远

50 米跑或立定跳远是测试学生的爆发力和速度，选评一项，占总成绩的 30%。男生 50 米跑 9 秒 1 及格，6 秒 7 满分；女生 10 秒 3 及格，7 秒 5 满分。立定跳远男生 208 厘米及格，273 厘米满分；女生 151 厘米及格，207 厘米满分。在测试过程中，学生需要注意不要踩线，动作规范，用力准确可以跳得更远。

（2）握力体重指数或仰卧起坐（女生）或坐位体前屈（选评一项）

握力体重指数或仰卧起坐（女生）或坐位体前屈（选评一项）是评价学生的肌肉力量和柔韧性，占总成绩的 20%。握力体重指数是手握力与体重的比值，仰卧起坐是每分钟完成的次数，坐位体前屈是推出去的距离。这些测试可以反映学生的肌肉力量和肌肉耐力水平，以及身体的柔韧性。

（3）肌肉力量

肌肉力量是评估身体爆发力和耐力的关键指标，也是评估身体损伤风险和康复效果的重要依据。肌肉力量的评价需要结合多个指标进行综合评估。在评价肌肉力量时，需要考虑肌肉力量的类型、个体差异和其他因素。同时，通过测量最大肌肉力量、肌耐力等指标评估肌肉力量的提升情况，选取适合自己的评价方法，达到最佳的评估效果。

①握力

评价肌肉力量最常用的指标是上肢握力和膝关节屈伸力量，其中，握力测试最为简便。在测定优势手握力时，如果男性小于 26 千克，女性小于 18 千克可判断为握力下降。另外，5 次起坐试验也可以作为下肢肌肉力量的简便替代方法。

②步速

选择一段长度为 10 米的场地，穿着舒适的运动鞋，以正常步行速度从起点走到终点并计时。一般来说，普通健全成年人的步行速度约为 0.9 米/秒，因此，10 米步行低于 11 秒为正常。

③肌肉含量

四肢骨骼肌肉量是测量肌肉量的关键指标，双能 X 线吸收法是测量的金标准。小腿围可以作为评估四肢骨骼肌量的简便方法，用于肌少症的筛查。

（4）柔韧度

柔韧度可以评价一个人的关节活动幅度和灵活性，从而判断其是否满足日常生活的需要，并为其提供有针对性的锻炼方案。在进行柔韧度测试时，教练员应选择合适的指标和方法，根据学生的实际情况调整测试方案。同时，在评估柔韧度时应注意准确性、可靠性和安全性，确保测试结果客观真实地反映学生的柔韧度水平。

①测量关节活动幅度

通过测量关节活动幅度，可以了解关节的柔韧度。例如，在测试手指柔韧性时，可以通过伸直手指并测量中指和无名指的指尖能伸展到的最大距离进行评估。

②被动测试法

这种方法是通过学生在他人的帮助下进行关节活动，以测试其柔韧度。例如，在测试腰部柔韧性时，学生可以躺在地上，将一只脚放在椅子上，然后由他人协助使其尽量向前弯曲腰部。

③主动测试法

这种方法是通过学生自主进行关节活动来测试其柔韧度。例如，在测试肩部柔韧性时，学生可以将双手举过头顶并尽量向后弯曲，同时保持手臂伸直。

④其他柔韧度测试方法

除了上述的三种测试方法之外，还有一些其他方法可以用来测试柔韧度，如俯卧撑指数、单腿硬拉等。

4. 运动能力指标

运动能力指标主要包括长跑测试、引体向上和俯卧撑等。长跑测试可以反映学生的耐力和心肺功能，引体向上可以反映学生的上肢肌肉力量和耐力，俯卧撑可以反映学生的胸肌、三头肌和肩膀等部位的肌肉力量。这些指标可以综合评估学生的运动能力，了解其在不同运动项目中的表现。

在定量指标评价过程中，需要注意以下几点。

（1）测试的可行性。考虑到测试的可行性，如测试场地、测试器材与测试时间等因素。

（2）指标的选择。根据实际需求，选择重要且具有代表性的指标进行评估。

（3）评分标准。制订合理的评分标准，对各项指标进行客观、准确的评分。

（4）数据的处理。对测试数据进行整理、分析和处理，以便更全面地评估学生的体能状况。

（5）综合指标。需要将各项指标综合起来，形成一个完整的评价体系。

通过这个评价体系可以了解学生的体能状况，发现其优点和不足，为后续的体能训练提供参考依据。同时，通过定期进行定量指标评价，还可以追踪学生的体能变化情况，以便调整训练计划和方法，促使其全面发展。

（二）定性指标评价

大学生体能训练的定性指标评价主要是通过观察和分析学生的表现，评估其在某些方面难以定量评估的指标，主要包括以下几个方面。

1. 锻炼态度和习惯

通过观察学生的出勤率、训练参与度、训练态度及习惯等，可以了解其是否主动、积极地进行体能训练，是否能够坚持训练并形成良好的锻炼习惯。这些指标可以反映学生的运动意识和健康生活习惯。

2. 课堂表现和参与度

通过观察学生在课堂上的表现、参与度、与教师的互动情况等，可以了解其是否能够集中精力、认真听讲、积极参与课堂活动，以及是否能够与教师和同学良好地互动交流。这些指标可以反映学生的学习态度和能力，以及社交技能和团队协作能力。

3. 体能进步和技能掌握

通过观察学生的体能进步、技能掌握及运动技巧应用等情况，可以了解其是否能够在训练中不断提高自己的体能水平，并掌握相关的运动技能。这些指标可以反映学生的学习成果和训练效果，以及其对自己身体和技能的认识和掌控能力。

4. 心理特质和意志品质

通过观察学生的心理特质、意志品质、抗挫能力和情绪管理能力等，可以了解其是否具有勇敢、坚毅、自信等良好的意志品质，以及是否具备良好的心理状态和情绪管理能力。这些指标可以反映学生的自我认知、自我调控和适应能力等，对其在体能训练中的表现和发展具有重要的影响。在进行定性指标评价时，需要注意以下几点。

（1）观察和记录

需要仔细观察和记录学生在体能训练中的表现，尽可能全面地了解其态度、行为和能力等方面的特点。其可以通过日常观察、学生自评与互评、教师评价等多种方式进行。

（2）分析和总结

对观察和记录到的信息进行分析和总结，找出其中的优点、不足及需要改进的地方。

（3）反馈和指导

将评价结果及时反馈给学生，并给予指导和建议，以便其能够不断改进和提高自己的体能训练效果。反馈应当具体、明确，具有可操作性和指导性。

需要注意的是，定性指标评价的难度较大，容易受到评价者的主观影响。因此，在评价过程中需要尽可能客观、公正地进行评价，同时，结合定量指标评价的结果，以便更全面地评估学生的体能状况。同时，定性指标评价需要不断地积累经验和完善评价方法，提高评价的准确性和有效性。

三、构建体能训练评价指标体系

（一）确定评价目的和评价对象

体能训练评价指标体系的建立，首先需要明确其评价目的和评价对象。[①] 评价目的，是指通过评价指标体系，对学生的体能训练状况进行综合评价，促进其积极参与体育活动，增强体质，提高健康水平。评价对象是指需要进行体能训练评价指标体系评价的大学生。

（二）收集评价依据

在确定了评价目的和评价对象后，需要收集与体能训练相关的资料和数据作为建立体能训练评价指标体系的依据。这些资料和数据既包括学生的身高、体重、BMI 指数、肺活量、心率、血压、血糖、血脂等身体指标，也包括学生参与体育活动的时长和频率、运动时的最大心率、安静心率的波动范围、血压的波动范围等体能指标。

（三）确定评价指标

在收集了足够的评价依据后，需要根据评价目的和评价对象的特点，确定体能训练评价指标。这些指标包括身体形态指标、生理机能指标、身体素质指标等。

（四）确定各指标的权重

在确定了评价指标后，需要根据各指标对体能训练的影响程度，确定各指标的权重。其可以通过专家调查、统计分析等方法确定各指标的权重。例如，在身体形态指标中，身高和体重的权重可能较高，因为这些指标数据对体能训练的影响较大。

（五）建立评价指标体系

将各指标按照其重要性进行组合排列，建立体能训练评价指标体系。这个体系需要综合考虑各个指标的权重，以及它们之间的相互关系。例如，在生理机能指标中，心肺耐力和肌肉力量的权重可能较高，因为它们对体能训练的影响较大。因此，在建立评价指标体系时，需要考虑心肺耐力和肌肉力量的综合作用。

（六）进行测试和验证

在评价指标体系建立后，需要进行实际测试和验证，以检验其可行性和有效性。其可以通过对大学生进行实际体能测试，验证评价指标体系的准确性和可靠性。同时，也可以根据实际测试结果不断完善的评价指标体系。

[①]　杨珊珊，韩雪.青少年篮球运动员体能训练评价指标研究［J］.田径，2019（12）：29−31.

（七）不断改进和完善

经过实践检验后，如果发现评价指标体系存在不足之处，则需要进行不断地改进和完善，以适应大学生体能训练的实际需要。例如，可以根据实际测试结果调整各个指标的权重和评分标准等，确保评价指标体系更加科学合理。此外，还需要不断地更新评价指标体系，以适应新的体能训练方法和要求。

综上所述，大学生体能训练评价指标体系的构建需要结合实际情况，通过科学的方法和程序进行，确保其可行性和有效性。同时，还需要进一步地改进和完善，以适应不断变化的实际情况和大学生的实际需求。

第二节　大学生体能训练评价方法的介绍和应用

一、体能测试运动表现的评价方法

体能测试中的运动表现评价方法可以概括为两个方面，分别是测试表现和观察评估。这些方法既可以单独使用，也可以结合使用，以评估运动员的整体体能水平和运动表现能力。

（一）测试表现

测试表现通常指的是通过各种客观的测试结果来评价运动员的体能水平。这些测试结果可能包括心率、血压、肺活量、肌肉力量、耐力等多个方面的指标。这些指标的具体数值通常是通过专业的体能测试设备或仪器来获得的，如跑步机、台阶试验仪、肌肉力量测试仪等。在获得这些数据后，通常需要进行一定的数据处理和计算，如比较不同运动员之间的数值大小、将不同指标进行加权平均以得出综合指数等。最终得出的评价结果可以是量化数值或等级，从而能够更为准确和客观地反映运动员在这些方面的体能水平。

1. 跑步测试

跑步测试可以评估运动员的耐力和速度。跑步速度可以通过短跑测试、长跑测试和间歇性跑步测试等方式进行评估。

短跑测试包括 100 米、200 米和 400 米等距离的测试，可以评估运动员的爆发力和速度；长跑测试包括 5000 米、10 000 米和半程马拉松等距离的测试，可以评估运动员的耐力和速度持久性；间歇性跑步测试包括跑步 1 分钟后慢走 1 分钟再继续跑步的方式，可以评估运动员的有氧耐力和速度。

2. 弹跳测试

弹跳测试可以评估运动员的爆发力和弹跳能力。垂直跳高和立定跳远是两种常见的弹跳测试方式。其他一些弹跳测试包括三级跳远、跳高和跳远等，可以评估运动员在不同距离和高度下的爆发力和弹跳能力。

3. 速度测试

速度测试可以通过计时器等设备测量运动员在短距离内的奔跑速度。60米跑和100米跑是两种典型的速度测试，可以评估运动员的直线奔跑速度。此外，还有弯道跑、变向跑等测试方式，可以评估运动员在不同轨迹下的速度表现。

4. 力量测试

力量测试可以通过测量运动员的推举、俯卧撑、仰卧起坐等指标进行评估。这些测试可以评估运动员的肌肉力量、爆发力和耐力等。此外，还有通过使用力量测试仪器等方式评估绝对力量和相对力量等指标。

5. 灵敏度测试

灵敏度测试可以通过特定的灵敏度训练和测试来评估运动员的反应速度和灵敏度。这些测试包括转身跑、穿梭跑、梯子训练等，可以评估运动员在不同方向、速度和身体姿势下的反应和灵敏度表现。

6. 协调性测试

协调性测试可以通过特定的协调性训练和测试评估运动员的身体协调性和节奏感。这些测试包括跳绳、平衡练习、舞蹈等，可以评估运动员在不同平面、方向和节奏下的身体协调性和节奏感表现。

7. 结合测试

除了上述的测试方式之外，体能测试评价方法中的运动表现还可以结合多种测试方式进行综合评估。例如，将跑步测试与力量测试相结合，可以综合评估运动员的速度和力量素质。

（二）观察评估

观察评估是一种更为综合和主观的评价方式，它通常包括对运动员在实际运动中的表现和动作技能的评估。这种评估不仅关注运动员在体能测试中的表现，而且关注他们在运动中的协调性、灵敏性、反应速度、动作技巧等多个方面的表现。与测试表现不同，观察评估通常需要由专业的教练或运动专家进行，因为这些评估需要具备一定的专业知识和经验才能进行。因此，观察评估并不是一种普及性的评价方式，而是更多地应用在专业运动员或高水平运动员的体能评估中。观察评估可以对运动员的态度、技术水平、体能状况、伤病情况等方面进行全面的了解和分析，为运动员的全面发展提供更有针对性的建议和指导。

1. 训练观察

教练和运动员都需要观察自己在训练中的表现，以便了解自己的进步和需要改进的地方。同时，通过观察也可以帮助教练和运动员制订更有效的训练计划。观察运动员在训练中的表现主要包括训练态度、技术水平、执行战术的能力等。

（1）做好记录

在每次训练中，教练和运动员都应该做好记录，如训练内容、训练时间、训练反应等。这些记录可以帮助教练和运动员了解自己在训练中的表现，更好地制订下一步的训练计划。

（2）观察身体状况

在训练中，教练和运动员需要观察自己的身体状况，如呼吸、心率、疲劳程度等，更好地调整训练计划。

（3）观察技术动作

在训练中，教练需要观察运动员的技术动作，如动作的正确性、协调性、灵活性等，更好地指导他们进行训练。

（4）观察训练效果

在训练中，教练和运动员需要观察训练效果，如肌肉增长、耐力提高、速度加快等，制订下一步的训练计划。

（5）根据观察做出调整

在观察评估中，教练和运动员需要根据观察到的情况做出调整。如果发现某个技术动作不正确或者某个训练效果不明显，就需要及时调整训练计划和方法。

2. 比赛观察

在体能比赛中，运动员需要观察自己和对手的比赛态度、技术水平、执行战术的能力等，以便更好地调整自己的策略和心态。

（1）了解比赛规则和裁判员的执法尺度

在比赛前，运动员需要对比赛的规则和裁判员的执法尺度进行了解，避免出现犯规和失误的情况。

（2）观察对手的技术动作

在比赛中，运动员需要观察对手的技术动作，如力量、速度、耐力和灵敏等方面的表现，了解对手的优势和劣势，更好地调整自己的策略。

（3）观察对手的战术运用

在比赛中，运动员需要观察对手的战术运用，如进攻、防守、反击等方面的表现，了解对手的战术意图，更好地调整自己的战术。

（4）观察比赛进程和比分情况

在比赛中，运动员需要了解比赛进程和比分情况，掌握比赛节奏，在关键时刻做出正确的决策，取得更好的成绩。

（5）观察自己的表现

在比赛中，运动员需要时刻关注自己的表现，如力量、速度、耐力和灵敏等方面的表现，及时发现自己的不足之处，及时进行调整和改进。

3. 身体状态观察

身体状态观察是体能训练和比赛中非常重要的一部分。通过观察运动员的身体状态，包括肌肉状态、体能状况、伤病情况等，帮助教练和运动员了解运动员的身体状态和体能状况，更好地制订、实施训练和比赛计划。

（1）观察身体的疲劳程度

教练和运动员需要观察身体在不同训练和比赛阶段的疲劳程度，如观察运动员的呼吸、面色、步态和反应速度等方面，及时调整训练计划和比赛策略。

（2）观察身体的恢复情况

教练和运动员需要观察身体的恢复情况，如肌肉、关节和韧带的恢复情况等，更好地安排训练和比赛。

（3）观察身体的抵抗力

教练和运动员需要观察身体的抵抗力，如对寒冷、炎热、高原等环境的适应能力和对感染、炎症等疾病的抵抗力等，合理安排训练和比赛计划，避免因身体原因导致训练和比赛受到影响。

（4）观察身体的营养状况

教练和运动员需要观察身体的营养状况，如膳食营养、水分摄入、维生素和矿物质的补充情况等，进一步安排训练和比赛计划。

4. 心理状态观察

通过观察运动员的心理状态，如自信心、意志力、情绪管理等，可以帮助教练和运动员了解运动员的心理状况，制订和实施训练和比赛计划，帮助运动员更好地应对比赛压力。

（1）观察情绪状态

教练和运动员需要观察运动员的情绪状态，如是否稳定、是否高涨等，了解运动员的心理状况。

（2）观察自信心

教练和运动员需要观察运动员的自信心，如对自己的能力和表现的自信程度等，了解运动员的心理状况。

（3）观察意志品质

教练和运动员需要观察运动员的意志品质，如是否坚毅、果断、自律等，了解运动员的心理状况。

（4）观察注意力的集中情况

教练和运动员需要观察运动员的注意力的集中情况，如是否容易分心、是否能够长时间集中注意力等，了解运动员的心理状况。

（5）观察心态

教练和运动员需要观察运动员的心态，如是否积极、是否能够接受失败等，了解运动员的心理状况。

二、体能训练评价方法的应用价值

体能训练评价方法在大学生体能训练中的应用具有重要意义和应用价值。通过评价学生的身体形态、身体机能和身体素质等多个方面，可以帮助学生了解自己的体能状况，发现自己在体能方面的不足和弱点，制订合理的训练计划，有针对性地提高学生的身体素质和健康水平，增强运动技能和自信心，促进高校体育教学的改革和发展。

（一）体能训练评价方法在大学生日常健身活动中具有重要作用

通过定期进行体能训练评价，可以帮助学生了解自己的身体状况和体能水平，以及在健身活动中的效果和进展，及时调整自己的训练计划和运动强度，更好地实现健身目标。同时，体能训练评价方法还可以激励学生更加积极地参与健身活动，提高自己的体能水平。

在进行体能训练后，学生可以了解自己的身体形态、身体机能和身体素质等方面的发展水平。这些指标可以作为制订健身计划的参考。例如，如果学生的心肺功能较差，可以制订相应的有氧运动计划，提高心肺功能；如果肌肉力量较弱，可以制订力量训练计划，增强肌肉力量和耐力。

同时，体能训练评价方法还可以作为健身活动效果的评估依据。通过定期进行体能训练，学生可以了解自己的体能状态的变化情况，评估日常健身活动的效果。如果通过一段时间的锻炼，学生的体能水平得到了提高，则说明锻炼方法是有效的；如果体能水平没有明显提高，则说明学生应该调整锻炼计划和方法，以更好地实现健身目标。

（二）体能训练评价方法在大学生身体自我认知方面具有重要作用

身体自我认知是指个体对自己的身体状态、形态、机能等方面的认知和评价。在大学生活中，随着学习压力的增加和生活节奏的加快，学生的身体健康和体能状态逐渐受到关注。通过体能训练评价方法，学生可以更好地了解自己的身体状况和体能水平，进而进行自我认知和健康管理，制订合理的运动健身计划，增强身体自我认知能力，促进身心健康的全面发展，提高训练效果。

体能训练评价方法可以帮助学生发现自己在身体素质方面的优势和不足，制订合理的锻炼计划和方法。例如，通过心肺功能测试可以了解学生的有氧耐力和心肺功能水平，制订能够提高学生心肺健康水平的训练计划。同样，通过肌肉力量测试可以了解学生的肌肉力量和耐力水平，制订增强肌肉力量和耐力的训练计划。

此外，体能训练评价方法还可以帮助学生了解自己的身体形态和体型，进行合理的饮食和锻炼计划。例如，通过体重和体脂率测试可以了解学生的身体脂肪含量和体型特点，制订适合学生的减肥或增肌计划，帮助学生塑造健康的体型和保持健康的体重。

（三）体能训练评价方法是大学生体育课程考核的重要依据之一

体能训练评价方法在大学体育课程中具有重要的作用，其目的在于检测学生身体形态、身体机能和身体素质等方面的发展水平，以及对学生的体能状态进行综合评估。这些测试评价指标可以客观地反映学生的体能状况，有助于教师制订合理的训练计划，促使学生积极参与健身活动，提高学生的身体素质和健康水平。

通过这些体能训练评价指标，教师可以了解每个学生的体能特点和发展趋势，从而更好地开展个性化教学和训练。同时，这些指标也可以作为体育课程考核的依据，帮助学生认识到自己在学习过程中的不足和进步，激发学生的学习动力和积极性。

三、体能训练评价方法的应用措施

建立完善的体能训练指标体系、科学设计体能训练方法、严格规范体能训练过程、综合分析体能训练结果、制订针对性的体能训练计划、定期进行体能训练、建立体能训练数据库等措施，都是应用体能训练评价方法的重要环节。同时，为了提高体能训练的质量和可靠性，必须加强对体能训练人员专业培训和定期评估体能训练方法的有效性等方面的重视程度。只有综合运用这些措施，才能更好地发挥体能训练评价方法的作用，为运动员的全面发展和竞技水平的提高提供有力支持。体能训练评价方法的应用措施主要包括以下几点。

（一）建立科学完善的体能训练指标体系

建立完善的体能训练指标体系是应用体能训练评价方法的重要基础之一。教练员应该结合实际情况，根据不同目的、不同对象、不同项目和不同需求等因素，选择合适的测试项目、制订合理的评分标准和评价方法、分配权重、建立数据库和数据采集系统，并定期评估和完善指标体系。这样才能更好地发挥体能训练评价方法的作用，为运动员的全面发展和竞技水平的提高提供有力支持。

1. 确定体能训练的目的和对象

为了评估运动员的竞技能力、预测其潜力，或评估其健康状况和指导大众健身，需要明确体能训练的目的和对象。同时，不同目的和对象的体能训练，需要建立不同的指标体系。例如，对于专业运动员来说，他们的体能训练目的是提高比赛表现，因此，需要建立以比赛表现为导向的指标体系，如力量、耐力、速度、灵敏性和柔韧性等。同时，对于专业运动员来说，除了体能素质本身之外，还应考虑他们的心理素质、恢复能力、疾病抵抗力等，因此，需要在指标体系中加入这些因素。

对于大众健身者来说，他们的目标是提高生活质量、预防疾病和提高工作效率，因此，需要建立以健康和健身效果为导向的指标体系，如心肺健康、肌肉力量和耐力、柔韧性等。对于大众健身者来说，除了体能素质本身，还应考虑他们的身体成分、心理状况等，因此，需要在指标体系中加入这些因素。

2. 基于运动项目和运动员特点选择合适的测试项目

运动项目的特点和运动员的个人情况是选择合适的体能训练项目的重要依据。不同的运动项目对运动员的体能要求不同。例如，篮球运动员需要具备快速移动、跳跃和投篮的能力，因此需要重点测试跳跃、灵敏和核心力量等指标。而长跑运动员则需要具备长时间的耐力和心肺功能，因此，需要重点测试耐力和心肺功能等指标。此外，运动员的个人情况也是选择合适的体能训练项目的重要考虑因素。例如，年龄、性别、身体形态和健康状况等因素都需要考虑。

3. 制订各项指标的评分标准和评价方法

针对每一项测试指标，需要制订相应的评分标准和评价方法。评分标准可以按照一定的规则和公式进行计算，例如，在测试运动员的弹跳能力时，可以通过计算运动员跳起的高度或距离来评分。评分标准可以是绝对性的，也可以是相对性的。绝对性的评分标准通常基于运动员的表现，而相对性的评分标准通常基于其他运动员的表现。

评价方法则可以是定性的，也可以是定量的。定性的评价方法通常基于观察和判断，如裁判员对运动员表现的评分。定量的评价方法则是基于数字和统计，如通过计算机算法对运动员的表现进行评分。

在实践中，应该根据具体的测试指标和实际情况选择合适的评分标准和评价方法，确保评分的准确性和公正性。此外，评分标准和评价方法也需要定期进行审查和更新，以适应新的运动技术和测试设备的发展。

4. 确定各项指标的权重

不同的指标对于整体体能水平的影响程度不同，因此，需要在各项指标之间分配不同的权重。权重的确定可以基于专家经验、统计分析和实际应用效果等多种因素综合考虑。专家经验可以在权重分配中发挥重要作用。例如，在确定评分标准和评价方法时，专家可以根据自己的经验和专业知识和判断决定各项指标的权重。

同时，统计分析也可以为权重分配提供依据。例如，可以通过分析大量运动员的测试数据，找出各个指标之间的相关性，确定各项指标的权重。此外，实际应用效果也是确定权重的重要因素。通过科学合理的权重分配，可以更准确地评估运动员的整体体能水平。

5. 建立数据库和数据采集系统

为了方便存储和管理大量的体能训练数据，更好地跟踪和比较运动员的体能数据，需要建立完善的数据库和数据采集系统。首先，建立一个健全的数据库是至关重要的。这个数据库可以包括运动员的基本信息、体能训练数据、训练计划和比赛成绩等内容，方便进行数据分析和挖掘。例如，可以通过对体能训练数据的分析，了解运动员的优势和不足，为他们制订更合适的训练计划；可以通过对比赛成绩的分析，了解运动员的竞技水平和潜在能力，为他们提供更有针对性的训练。其次，为了确保数据采集的准确性和可靠性需要建立一个稳定、高效的数据采集系统。这个系统应该能够准确地记录和传输数据，避免数据丢失或失真。最后，为了确保数据的规范性和可比较性，需要制订统一的数据采集标准和流程，如统一的测试设备、测试方法、数据记录格式等。

6. 定期评估和完善指标体系

随着运动训练理论和实践的不断发展和变化，为了确保体能训练评价方法的准确性和可靠性，体能训练指标体系也需要不断评估和完善。这可以通过与其他评价方法进行比较、对测试数据进行时间序列分析等方式进行，定期检查各项指标的实际应用效果，及时调整和完善体能训练评价方法，更好地服务于运动员的训练和管理。

（二）严格规范体能训练流程

为了确保体能训练的公正性和规范性，必须制订相应的测试流程和操作规范，包括测试前的准备、测试中的操作和测试后的数据处理等方面。

1. 测试前的准备

（1）明确测试的目的和对象

每一次测试都应有明确的目的，如评估运动员的力量、耐力、速度或是柔韧性等体能素质。同时，也需要明确测试的对象，是针对某一特定运动项目还是普适性的体能测试。这有助于确保测试的准确性和可靠性，并为后续的分析和比较提供基础。

（2）选择合适的测试指标

对于不同的体能素质，需要选择相应的测试指标，确保测试结果的准确性和可靠性。例如，对于力量素质，可以选择重量、推举次数或特定动作的完成情况等；对于耐力素质，可以选择跑步时间、游泳距离或特定运动项目完成时间等。

（3）确定合适的测试时间和地点

应选择运动员身体状态最佳、精力充沛的时间进行测试，以避免因疲劳或其他因素影响测试结果。测试地点应清洁、安全，且具备进行测试所需的设备和环境。

（4）准备必要的测试设备和物资

根据所选的测试指标，需要准备相应的测试设备和物资，如计时器、测距仪、重量衡量器、相关运动装备等。

2. 测试中的操作

（1）创造良好的测试环境

在测试期间，应确保测试环境安静、有序，避免其他因素对测试产生干扰。例如，可以安排在一个相对封闭的空间进行力量测试，避免风阻对测试结果的影响。

（2）严格按照操作规范进行测试

在测试过程中，必须严格遵守预先设定的操作规范，确保每个运动员都按照相同的标准和程序进行测试，避免因操作差异导致的结果偏差。

（3）准确记录测试数据

在测试过程中，需要有专人负责记录测试数据。记录人员需要熟悉测试流程和数据记录规范，确保每一组数据都能准确、及时地被记录下来。

（4）重复测试保证准确性

对于关键性的测试指标，如力量、耐力等，可能需要安排重复测试来验证结果。如果两次测试的结果差距较大，可能需要重新进行测试，以保证结果的准确性。

3. 测试后的数据处理

（1）数据审核和分析

在测试结束后，需要对记录下来的数据进行审核。例如，查看有无异常数据，数据分布是否合理，以及各个运动员的数据是否有明显差异等。通过这一步骤，可以找出并纠正数据中的异常和错误。

（2）结果反馈和改进措施制订

根据审核和分析后的数据，可以向教练员和运动员提供反馈。这种反馈应公正、客观，既要包括整体体能水平的评估，也要对具体某一方面的不足提出建议。根据反馈结果，教练员可以为运动员制订针对性的改进措施，如增加某种特定训练的强度或频率，或者调整现有的训练计划等。

（3）数据存档和总结

每次测试结束后，应将所有记录下来的数据存档，并做出总结报告。报告中应详细列出每位运动员的体能水平，以及他们在各个方面的优缺点。这些信息可以为教练员制订长期的训练计划和策略提供重要参考。

（三）培训专业的体能训练人员

培训专业的体能训练人员是确保体能训练评价方法准确性和可靠性的重要步骤之一。因此，为了提高体能训练的质量和可靠性，必须对测试人员进行专业培训。培训内容包括体能训练的理论知识、操作技能、数据处理和分析等方面的知识。同时，要确保测试人员的专业水平和职业道德素养，保证体能训练的公正性和客观性，为运动员的训练和比赛提供有力支持。

1. 确定培训目标和内容

在培训开始之前，需要明确培训的目标和内容。培训目标包括提高测试人员的专业技能、提高测试的准确性和可靠性、加强测试人员的职业道德意识等。培训内容包括体能训练的理论知识、操作技能、数据处理和分析等方面的知识。

2. 选择合适的培训师资

培训师资的选择是确保培训质量和效果的重要因素之一。需要选择有丰富实践经验和教学经验的资深教练或专业人士担任培训师，他们应该具备正确的教育观念、教学能力、专业知识、实践经验、沟通和组织能力、敬业精神和责任心，能够准确传授体能训练的理论知识和操作技能，并提供有效的教学方法和策略，帮助学生掌握相关的知识和技能。

3. 规范培训流程和操作方法

在培训开始之前，需要制订规范的培训流程和操作方法。包括培训的时间安排、地点、器材和设备等方面的准备，以及培训的授课计划、授课内容和考核方式等。同时，需要注重培训流程的合理性和规范性，确保培训质量和效果。

4. 加强实践操作和技能训练

体能训练需要具备一定的实践操作和技能训练能力。因此，在培训过程中，需要加强对实践操作和技能训练的重视程度。包括对各种体能训练仪器的使用、各种测试方法的操作、数据处理和分析等方面的实践操作和技能训练。

5. 进行培训效果评估

在培训结束后，需要对培训效果进行评估。这可以通过问卷调查、考试等方式进行。通过评估结果，可以了解学生对培训内容的掌握情况，以及培训的效果和质量，并针对不足之处进行改进和优化，提高培训质量和效果。

6. 定期进行复习和检查

在培训结束后的一段时间内，需要定期进行复习和检查，帮助学生巩固所学的知识和技能，并及时发现和解决存在的问题。可以通过组织专题研讨会、体能训练实践活动等方式进行复习和检查，帮助学生不断改进和提高自己的体能训练水平。

第三节　大学生体能训练监控机制的建立与实践

一、体能训练监控机制的基本概念

在体能训练中，监控机制是指教练员和运动员通过一系列科学方法和手段，对体能训练的过程和结果进行评估和监控，确保训练的有效性和科学性。监控机制可以帮助教练员了解运动员的训练状态和进步情况，制订更加个性化的训练计划；也可以帮助运动员了解自己的训练效果和进步情况，调整自己的训练计划。

在体能训练中，监控机制的基本概念包括以下几个方面。

（一）监控目的

监控的目的是评估体能训练的效果，了解运动员的训练状态和进步情况，制订更加个性化的训练计划。这种监控机制不仅可以帮助教练员和运动员了解训练的效果和进展，而且可以及时发现和解决潜在的问题，调整训练计划，适应运动员的需求。具体来说，监控的目的是多方面的。

首先，通过对体能训练过程的持续监控，可以评估训练效果是否达到预期，及时调整训练方案或策略。通过这种方式，监控成为一种有效的反馈机制，为教练员提供了调整和改进训练计划的依据。

其次，通过监控，教练员可以更加深入地了解运动员的训练状态和进步情况。这种了解不仅包括运动员的身体素质和技术的提高情况，而且包括运动员的心理健康状态、对训练的投入程度，以及是否存在疲劳或过度训练的风险等。这种全面的了解可以帮助教练员更好地把握运动员的训练需求，制订更加个性化的训练计划。

再次，通过监控可以及时发现和解决潜在的问题。例如，如果运动员在某项体能测试中的表现不佳，教练员可以通过监控数据发现这一情况，并分析原因，如训练方法不当、运动员身体健康状况等。然后，教练员可以采取相应的措施进行干预和调整，避免问题进一步发展并影响运动员的训练效果和健康状况。

最后，监控可以为教练员提供参考，制订更加针对性的训练计划。例如，根据运动员在某项体能测试中的表现和数据分析结果，教练员可以制订更具针对性的训练计划，提高运动员的弱项或巩固其优势。这种个性化的训练计划能够更好地满足运动员的训练需求，提高训练效果和运动员的竞技水平。

（二）监控对象

监控对象包括许多方面的内容，其中主要包括训练课程、运动员的训练表现、身体指标、运动生理指标、运动心理指标等。

第一，训练课程是监控的重要对象之一。包括对训练计划的设计、训练方法和技巧的实施以及训练过程的整体评价。通过监控训练课程，教练员可以评估训练内容是否符合运动员的需求，是否能够达到预期的训练效果，并针对不足之处进行调整和优化。

第二，运动员的训练表现是监控的重要方面。运动员的训练表现包括他们在训练中的行为、技术水平、战术运用、体能状况、比赛表现等。通过对运动员的训练表现进行监控，教练员可以了解运动员的训练水平和进步情况，制订更加针对性的训练计划，帮助他们提高技能和表现。

第三，身体指标是监控的另一个重要对象。身体指标包括身高、体重、BMI、体脂率等反映运动员身体状况和形态的参数。通过对身体指标进行监控，教练员可以了解运动员的身体状况和体型特点，制订更加个性化的训练计划，帮助他们提高体能水平。

第四，运动生理指标是监控中不可或缺的一部分。运动生理指标包括心率、血压、摄氧量、乳酸阈等反映运动员身体机能和运动能力的参数。通过对运动生理指标进行监控，教练员可以了解运动员的有氧和无氧能力、疲劳程度等，制订更加科学的训练计划，防止运动损伤和提高运动员的竞技表现。

第五，运动心理指标也是监控的重要内容之一。运动心理指标包括运动员的自信心、动机状态、情绪调节等反映心理状况的参数。通过对运动心理指标进行监控，教练员可以了解运动员的心理状况和训练态度，制订更加全面的训练计划，帮助他们提高心理素质和竞技表现。

综上所述，监控对象涉及到弱链矫正训练的方面非常广泛，包括训练课程的设计和实施、运动员训练表现的评估和提升、身体指标的监测和分析、运动生理指标的测量和控制，以及运动心理指标的评估和支持。通过对这些方面的全面监控，教练员可以制订和调整训练计划，帮助运动员不断提高自己的体能水平和竞技表现。同时，这些监控对象也为教练员提供了多方面的参考依据，使他们能够更加准确地了解运动员的训练状态和需求，制订更加个性化的训练计划，为运动员取得更好的成绩提供有力的支持。

（三）监控方法

监控方法在训练中具有极其重要的作用。通过这些方法，教练员可以全面、客观地了解运动员的训练状态和进步情况。监控方法一共有观察、测量、记录和分析四个步骤，其具体内容如下所述。

1. 观察

在观察过程中，教练员需要密切关注运动员在训练中的表现以及身体状态。这不仅包括对运动员的技术动作进行细致入微的观察，而且应对运动员的表情、体态，以及运动过程中的气息、动作连贯性等进行观察。通过这些观察，教练员可以大致了解运动员的训练水平和身体状态。

2. 测量

教练员需要通过专业的仪器设备对运动员的身体指标和运动生理指标进行测量。例如，通过使用体重秤、皮尺等工具，可以测量运动员的身高、体重等基本身体指标；通过心电图、乳酸测试仪等设备，可以了解运动员的心率、血乳酸等生理指标。这些测量结果能够帮助教练员更好地评估运动员的身体状态和运动能力。

3. 记录

在训练过程中，教练员需要将运动员的训练数据及时、准确地记录下来。这些数据可能包括运动时间、运动距离、速度、力量、心率等各方面信息。通过记录这些数据，教练员可以了解运动员的训练负荷、训练强度、训练效果等情况，为后续的训练计划提供参考。

4. 分析

通过深入分析记录下来的数据，教练员可以全面了解运动员的训练状态、进步情况、潜在的训练瓶颈。在分析过程中，教练员可以采用比较法、图表法等多种方法，从多角度对数据进行剖析，更全面地了解运动员的训练状况。此外，教练员还可以通过与其他教练员交流和分享经验，进一步提高数据分析的准确性和效率。

这些监控方法不仅有助于教练员及时调整训练计划，提高运动员的训练效果，而且有助于预防运动员在训练中可能出现的伤病问题，确保运动员的安全与健康。因此，在训练过程中，教练员应当充分运用这些监控方法，提高训练的科学性和有效性，为运动员取得优异的比赛成绩奠定坚实基础。

（四）监控流程

监控流程在训练中具有重要作用。通过这个流程，教练员可以全面、客观地了解运动员的训练状态和进步情况，及时调整训练计划，满足运动员的训练需求。监控流程主要包括制订监控计划、实施监控计划、分析监控结果和调整训练计划等环节。

1. 制订监控计划

在制订监控计划时，教练员需要根据运动员的具体情况和训练目标，确定需要监控的训练指标和监控频率。例如，对于需要提高耐力的运动员，可以设定心率、血乳酸等生理指标为监控指标；而对于需要提高爆发力的运动员，可以将力量、速度等指标作为监控重点。同时，教练员还需要考虑训练的周期、训练量和训练强度等因素，确保监控计划的科学性和可行性。

2. 实施监控计划

在实施监控过程中，教练员需要密切关注运动员的训练表现和身体状态，及时记录相关数据。这些数据包括运动时间、运动距离、速度、力量、心率等信息。为了保证数据的准确性和及时性，教练员需要采用专业的仪器设备进行测量，遵循科学的测量方法进行记录。

3. 分析监控结果

分析监控结果是监控流程的关键环节。教练员需要及时对监控数据进行整理和分析，了解运动员的训练负荷、训练强度、训练效果等情况，判断运动员是否达到了预期的训练目标，训练计划是否合理。在此基础上，教练员可以及时调整训练计划，提高训练效果和避免运动员受伤。

4. 调整训练计划

调整训练计划是监控流程的重要环节。根据监控结果，教练员需要及时调整训练计划，更好地满足运动员的训练需求。如果运动员的训练负荷过大或训练强度过高，教练员可以适当降低训练量和训练强度，避免运动员过度疲劳或受伤；如果运动员的训练效果不佳，教练员可以重新制订训练计划，加强训练的针对性和有效性。

总之，监控流程是教练员了解运动员的训练状态和进步情况的重要途径。通过科学制订监控计划、认真实施监控、及时分析监控结果和调整训练计划等环节，教练员可以更好地满足运动员的训练需求，提高训练的科学性和有效性，为运动员取得优异的比赛成绩奠定坚实基础。

二、体能训练监控机制的建立

建立大学生体能训练监控机制对于提高大学生的身体素质和运动能力具有重要意义。以下是大学生体能训练监控机制的建立步骤。

（一）设定训练目标

设定明确的体能训练目标是为大学生建立有效的体能训练监控机制的重要步骤之一。在设定体能训练目标时，需要明确每个目标的具体指标。这些指标应该是可测量和可观察的，便于评估和监控。例如，目标可以是在12分钟内完成5000米跑步，或在30秒钟内完成30次俯卧撑。这些目标具有明确的标准和指标，使得监控机制能够有效实施，确保大学生在体能训练中能够达到预期的效果。

1. 考虑大学生的身体状况

大学生的身体状况包括其年龄、性别、身高、体重、身体成分、肌肉量、脂肪量、骨骼结构等因素。这些因素可能影响到大学生在体能训练中的表现和进展，因此，需要对这些因素进行评估和分析，以便设定适合个体情况的体能训练目标。

2. 考虑大学生的实际运动需求

大学生的日常活动、运动爱好、运动目的都可能对其体能训练目标产生影响。例如，如果大学生是一名足球运动员，那么其体能训练目标可能更注重提高自己耐力、速度和敏捷性；如果是一名篮球运动员，那么在体能训练目标上可能更注重提高自己的力量、弹跳力和协调性。

（二）制订训练计划

根据设定的训练目标，制订科学合理的训练计划。该计划应该包括训练内容、训练强度、训练频率和训练周期等方面的详细安排。同时，根据大学生的身体状况和体能水平，对训练计划进行个性化的调整。

（三）建立监控指标

为了了解大学生在体能训练过程中的状态和进展，需要建立一系列监控指标。这些指标既包括身体成分、心肺功能、肌肉力量、柔韧性等方面的生理指标，也包括训练过程中的运动表现、疲劳程度、恢复状况等表现指标。

（四）实施监控措施

在训练过程中，通过定期对大学生的身体状况和体能水平进行检测，以了解其体能训练的状态和进展。这些监控措施可以包括身体成分测试、心肺功能检查、肌肉力量和柔韧性评估等生理指标的测量，以及运动表现评估、疲劳程度检测和恢复状况观察等表现指标的记录。

（五）数据分析与反馈

根据监控指标的检测结果，对大学生的体能训练状态和进展进行数据分析。通过对比不同时间段的数据，了解大学生的体能训练效果。同时，根据数据分析结果，对训练计划进行调整，提高体能训练的效果。此外，及时向大学生提供监控指标的数据分析和反馈，帮助其了解自己的训练状态和进展情况。

（六）建立健康档案

为大学生建立健康档案，完整记录其在体能训练过程中的身体状况和体能水平变化。通过健康档案的建立，可以更全面地了解大学生的体能训练效果，并为未来的训练计划的制订提供参考依据。

三、体能训练监控机制的实施

（一）训练过程中的监控

在体能训练过程中，对大学生的运动表现进行实时监控是至关重要的。这种监控不仅可以帮助教练员全面了解大学生的训练状态，而且可以及时发现和纠正潜在的问题，确保训练的有效性和安全性。

首先，对大学生的动作规范进行观察是必要的。在训练过程中，教练员应时刻关注大学生的动作是否标准、规范。例如，在跑步训练中，教练员需要观察大学生是否按照规定的动作进行，如摆臂、抬腿的幅度等。这些细节动作不仅影响着大学生的训练效果，而且可能对其身体造成潜在的伤害。因此，教练员在训练过程中需对这些动作进行细致的观察，及时给予指导和纠正。

其次，对大学生的呼吸方式进行观察也是十分关键的。正确的呼吸方式可以帮助大学生更好地控制身体疲劳，提高训练效果。例如，在长跑训练中，如果大学生采用的是浅呼吸，那么他可能会在训练中出现呼吸急促、身体疲劳等现象；而如果采用的是深呼吸，那么他就能更好地控制身体的供氧，延长训练时间。因此，教练员需要密切关注大学生的呼吸方式，并给予相应的指导。

最后，可以采用一些测量工具和方法对大学生的身体状况进行实时监测。例如，在训练过程中，可以使用心率监测设备，实时监测大学生的心率变化。通过分析其心率的波动情况，教练员可以了解大学生的身体状态、运动强度、训练效果等信息。此外，还可以采用肌肉疲劳度测试，评估大学生在训练过程中的肌肉疲劳程度。通过这些测量工具和方法的应用，教练员可以更加科学地安排训练强度和内容，避免大学生因过度训练而受到伤害。

综上所述，在体能训练过程中，对大学生的运动表现进行实时监控需要关注其动作规范、呼吸方式等多方面因素。通过运用测量工具和方法对大学生的身体状况进行实时监测，教练员可以全面了解其体能状态，制订更为科学、有效的训练计划。同时，这种监控机制还有助于及时发现和纠正训练中的不当行为和错误习惯，确保大学生在安全、有效的环境下进行体能训练，提高其身体素质和运动表现。

（二）定期评估与反馈

在训练过程中，定期评估大学生的体能训练效果是非常重要的环节。通过评估，可以全面了解大学生的体能状态、训练进展以及存在的问题。在此基础上，教练员可以及时调整训练计划和方法，满足大学生的训练需求并提高其体能水平。

首先，确定评估的时间间隔。根据大学生的身体状况和训练目标，可以合理安排评估的时间间隔。例如，可以在每个训练周期结束后进行评估，了解大学生在一定时间内的训练效果。此外，还可以在重要的训练节点（完成一个阶段的训练计划）进行评估，以便及时掌握大学生的体能变化情况。

其次，明确评估的内容和标准。评估内容主要包括身体成分、心肺功能、肌肉力量、柔韧性等监控指标。对于每个指标，需要设定合理的评估标准，以便对大学生的体能状态进行客观评价。例如，对于心肺功能，可以通过有氧运动测试（跑步、游泳等）评估大学生的心肺耐力水平。

在评估过程中，要采用多种方法和手段。除了常规的测试和观察外，还可以引入现代科技手段，如生物电阻抗分析法、超声波检测等，以便更准确地测量大学生的身体状况。此外，可以组织大学生参与自评和互评活动，让他们对自己的训练效果进行反思和总结，激发其主动性和参与性。

根据评估结果，教练员需要及时调整训练计划和方法。如果大学生的体能状态良好，那么可以维持原有的训练计划；如果大学生的体能水平没有达到预期目标，那么需要分析原因并调整训练计划和方法。例如，增加有氧运动训练的比重，提高其心肺功能。

最后，对大学生进行相应的指导和反馈。根据评估结果和大学生的实际情况，教练员需要对其在训练过程中的问题进行指导和纠正。例如，如果大学生的动作规范存在问题，可以对其进行针对性的辅导，帮助其掌握正确的动作技巧；如果大学生的恢复能力较差，可以指导其采用有效的放松方法和营养补充策略，促进身体恢复。

综上所述，定期评估大学生的体能训练效果是实现科学训练的重要环节。通过评估，教练员可以全面了解大学生的体能状态和训练进展，及时调整训练计划和方法，并对其进行针对性的指导和反馈。这种评估机制有助于提高大学生的体能训练效果，促进其全面发展。

四、体能训练监控机制的效果分析

通过监控机制在大学生体能训练中的实践分析，可以得出以下结论。

（一）监控机制有助于教练员更好地了解大学生的身体状况和训练效果

通过实时监控，教练员可以获取到大学生的心率、体温、肌肉疲劳等生理指标和表现指标，这些指标可以反映大学生的体能状态、训练进展及存在的问题。通过分析这些指标，教练员可以了解到大学生的身体状况，如其肌肉力量、心肺功能、柔韧性和协调性等方面的表现，帮助教练员制订更为合理、针对性的训练计划和方法。例如，如果大学生的心肺功能较差，教练员可以安排更多的有氧运动训练，提高其心肺耐力；如果大学生的肌肉力量较弱，可以增加力量训练的比重，提高其爆发力和耐力。

（二）监控机制有助于教练员及时发现和纠正训练中的问题

通过观察大学生的动作规范、呼吸方式等表现指标，教练员可以发现其存在的不当行为和错误习惯等问题，并给予及时的指导和纠正，避免大学生因错误的训练行为造成身体损伤或训练效果不佳，提高大学生的训练效果。例如，在跑步训练中，有的大学生可能会采用错误的呼吸方式，如深度呼吸或憋气，这会导致肺部过度扩张，增加心血管负担，甚至引发身体不适。通过监控机制，教练员可以及时发现这些问题，指导大学生采用正确的呼吸方式，如浅呼吸、有节奏的呼吸等，避免这些问题发生。

参 考 文 献

［1］耿建华．体能训练原理与方法［M］．西安：陕西师范大学出版总社有限公司，2013.

［2］时生元．浅谈我国体能训练的发展［J］．青海体育科技，2022，64（2）.

［3］符传嘉，张丹生，毛文斗．现代体能训练理论研究与实践指导［M］．吉林：吉林大学出版社，2013.

［4］刘晔，郑晓鸿．体能训练基本理论与实用方法［M］．北京：北京体育大学出版社，2011.

［5］张建强．大众体育体能训练理论与实践研究［M］．北京：人民出版社，2012.

［6］李伟，苏敷志，朱东春．大学生实用体能训练与拓展研究［M］．北京：中国商务出版社，2012.

［7］张林宝，蔡友凤，乔鹏．现代体能训练科学理论与实践指导［M］．北京：中国时代经济出版社，2013.

［8］兰红．体能训练的前沿理论与分析［J］．拳击与格斗，2022（21）.

［9］米洋，张明哲．浅析功能性体能训练特点及其在运动训练中的应用研究［J］．运动－休闲：大众体育，2023（1）.

［10］王雄，刘爱杰．身体功能训练团队的实践探索及发展反思［J］．体育科学，2014，34（02）.

［11］尹军．校园身体运动功能训练的内容和方法体系概述［J］．体育教学，2019，39（01）.

［12］马继政，杨靖，张海鹏．训练周期的基本理论依据［J］．体育科技，2020，41（06）.

［13］张人杰．高强度间歇训练的理论研究、实践运用与监控方法［J］．品位·经典，2021（16）.

［14］潘周熠燃，刘兆林．竞技体育中功能性体能训练的特点及其应用分析［J］．体育视野，2021（01）.

［15］方丹妮．基于"SMART"原则在运动损伤康复中目标设定手段的应用研究［J］．文体用品与科技，2020（7）.

［16］王超．游戏训练法在青少年运动员训练中的作用［J］．黑龙江科技信息，

2011（13）.

［17］朱恩龙，徐艳芳．关于在体育运动中加强思想工作的探讨［J］．青春岁月，2012（21）.

［18］刘博，吕赟．试论热身环节在体育课堂中的重要性［J］．当代体育科技，2020，10（15）.

［19］傅凯文．拉伸对人体的影响［J］．当代体育科技，2020，10（19）.

［20］叶子琦．PNF拉伸法在体能训练中的研究进展［J］．体育科技文献通报，2022，30（07）.

［21］崔晓春．体能训练的理论依据及运动素质转移——评《体能训练学》［J］．科技管理研究，2022，42（03）.

［22］孙玮．高校体育训练中如何提高耐力素质［J］．当代体育科技，2020，10（12）.

［23］王萍．大学生耐力素质练习的方法及注意事项［J］．田径，2019（12）.

［24］陈盼盼．对当代大学生速度素质与力量素质训练手段的初步探讨［J］．科技展望，2016，26（18）.

［25］张锋．加强柔韧素质，提升身体机能——青少年田径运动员柔韧素质训练方法研究［J］．田径，2020（08）.

［26］向赤蓉．短跑运动员专项训练的体能练习设计［J］．新体育，2023（06）.

［27］杨文剑．对我国女子竞技体操项目体能训练的思考［J］．体育视野，2021（18）.

［28］徐小平．青少年羽毛球体能训练方法探析［J］．才智，2023（20）.

［29］王苑．论高校足球运动训练中的体能训练［J］．田径，2022（05）.

［30］杨家炜．基于知识图谱的我国体能训练研究可视化分析［J］．运动精品，2021（8）.

［31］卫晓阳，徐艳，王海霞，等．抗荷体能训练方案制订及效果评价研究［J］．中华航空航天医学杂志，2020，31（1）.

［32］柯勇，彭建军．我国优秀网球运动员专项体能训练评价指标体系研究［J］．武汉体育学院学报，2018，52（11）.

［33］杨珊珊，韩雪．青少年篮球运动员体能训练评价指标研究［J］．田径，2019（12）.

［34］袁晋文．素质教育背景下高校开展体能训练的理论指导与方法创新［J］．当代体育科技，2022，12（17）.

［35］孔年欣．体能训练应对早期专项化实践策略［J］．中国体育教练员，

2022，30（2）.

[36] 周真 . 青少年体能训练存在的问题与策略研究 [J] . 青少年体育，2022（8）.

[37] 王松炜，宫炜涵 . 现代青少年体能训练的意义与具体策略研究 [J] . 冰雪体育创新研究，2022（8）.

[38] 杨武荣 . 功能性训练在中学体育教学中的应用效果浅析 [J] . 运动－休闲：大众体育，2022（11）.

[39] 李艳平 . 体育体能训练中的现代科学方法的应用 [J] . 新体育·运动与科技，2022（1）.

[40] 陈肖坩 . 以学生为主体，提升训练效果——浅谈高校体能训练提升训练效果的有效策略 [J] . 健与美，2022（10）.

[41] 杨世勇，杨棠勋，尚尧，等 . 中国奥运会冠军体能训练的理论与实践 [J] . 四川体育科学，2021，40（02）.

[42] 章筱贤 . 简析竞技体能训练理论与实践热点及启示 [J] . 真情，2021，000（001）.

[43] 殷明越，杨蕊，杨翠 . 高校篮球运动队体能训练科学化发展路径探析 [J] . 运动－休闲：大众体育，2021（7）：1.

[44] 温丽萍 . 高中体育教学中田径运动的体能训练方法研究 [J] . 新一代：理论版，2021，000（008）.

[45] 俞丽晖 . 身体运动功能训练对运动员体能训练的影响 [J] . 运动－休闲：大众体育，2021（3）.

[46] 康灵，林松，李玲，等 . 中国身体功能训练研究的热点，问题与展望 [J] . 成都体育学院学报，2021，47（1）.

[47] 晏阳天 . 我国现代体能训练的现状，问题与发展路径 [J] . 文体用品与科技，2021.

[48] 陶焘 . 项群训练理论在校园铁人三项训练中的应用 [J] . 体育科技文献通报，2021，29（2）.

[49] 黄荣 . 论篮球运动中体能训练的重要性分析 [J] . 当代体育，2021（19）.

[50] 武成涛 . 简析竞技体能训练理论与实践热点及启示 [J] . 当代体育科技，2018，8（16）.

[51] 赵刚 . 体能训练原理探讨与实践研究——评《大众体育体能训练理论与实践研究》[J] . 新闻战线，2017（20）.

[52] 王婷，郝晓岑，朱亚成 . 我国身体运动功能训练研究进展 [J] . 体育科技文献通报，2017，25（02）.